청소년 교회교육의 구체적인 방안

청 소 년   교 육
구 출   솔 루 션

여는 글

    시대적으로 교회교육이 어려운 것은 사실이지만 그렇다고 포기할 수 없다. 실제 현장에서의 고민들을 살펴보면서 청소년들을 이해해야 한다. 청소년들의 본질과 그들의 실제적 삶을 이해할 수 있는, 효과적인 신앙 교육방법을 모색하고 고민하였다. 여러 가지 교육방법이 있지만 그 중에서도 토마스 그룸의 "몫을 나누어 참여하는 실천"의 해석학적 교육방법을 인용해서 기독교 청소년교육의 한 방법론으로 제시하면서 함께 고민하고 교회 교육현장에 적용되었으면 하는 바람이 생기게 되었다.

    ADHD(주의력결핍/과잉행동장애)의 증상이 심한 경우, 한시도 가만히 있지 못하고 때로는 폭력적인 행동도 많이 일으킨다고 한다. 그런데 미국의 한 아이는 교사와 의사들까지 "그 어떤 것에도 집중하지 못한다"는 말을 들었을 만큼 산만하였다. 그러나 그 아이의 어머니는 약물치료와 함께 ADHD의 증상인 과잉 행동을 제어하기 위한 치료 목적으로 아이가 수영에 매진 할 수 있도록 했다. 지금까지 교육은 "그렇게 하지 마"라고 가르친 것이 전부였지만 엄마는 아이의 성향을 인정하고, 끊임없이 격려하고 칭찬했으며, 아이가 수영을 처음 접했을 때 얼굴을 물에 담그는 것조차 두려워했지만 기다려주었다. 그렇게 엄마를 통해서 좋은 방향으로 성장한 소년은 뛰어난 수영선수로 성장했다.

어린 시절부터 큰 발과 짧은 다리를 가지고, 긴 팔을 휘적거리며 걸어 다녀 괴물이라 놀림을 받았고, 7세에는 ADHD 진단을 받았던 이 소년은 2004년 아테네 올림픽에서는 무려 6개의 금메달을 획득했으며 은퇴하기까지 통산 28개의 올림픽 메달을 획득해 역사상 가장 많은 올림픽 메달을 거머쥔 선수로 기록된 '마이클 펠프스' 이다.

불가능한 아이를 가능하게 만든 것에는 교육의 힘이 있었다. 또한 가르침을 준 사람이 있었기에 성장도 있었고 모두에게 희망을 준 것이다. 우리는 이론을 넘어선 실제적인 교육현장의 고민을 한번 도전해 보고자 한다. 재미난 교육의 현장을 꿈을 꾸어 보고 싶은 것이다.

선험자의 경험과 방향성 제시는 후험자에게 시행착오를 줄일 수 있는 멘토같은 역할을 한다. 그래서 사람들은 본인보다 한발 앞서 달리는 사람들의 뒷모습만 보고 그냥 달려가는 경우가 많다. 하지만 그 선험자의 방법이 틀렸다면 돌이킬 수 없는 실패를 맛보게 될 것이다. 그 실패를 어떻게 수정하고 극복해야 할지, 그저 따라가기만 한 사람은 전혀 알 수 없기 때문이다. 그래서 우리는 인생의 중요한 선택의 순간에 좀 더 신중한 태도로 임해야 한다.

　우리는 누군가에 의해 교회교육을 받고 성장하였다. 과거의 추억을 생각해보면 정말 어처구니없는 시설의 교육현장에서도 재미있게 배웠고 수많은 친구들과 당연히 계속적으로 숫자나 환경에서나 성장되리라 생각했다. 하지만 경제적 성장과 교회교육의 현장은 반비례로 영향을 받게 되었다. 이제는 가르칠 대상이 없어서 심각한 교회가 많이 있다. 청소년들은 무한한 가능성이 있다고 말을 하지만 이제 사회가 만들어 놓은 외계인 같이 되었다는 것을 누구나 알고 있다.

　이들에게 다시 희망을 가지고 도전했으면 한다. "교사가 희망이다"는 말이 전해지고 있다. 우리가 가르치는 아이들도 희망이다. 청소년들을 교육하여 구출 시킬 수 있는 방법들이 제시되고 실천되고 열매 맺어지길 간절하게 소원해 본다.

2018년 8월
교회교육현장에서 장봉림 목사

contents

여는 글   003
프롤로그   011

PART 1. 해석학적 패러다임으로 본 '교육'

    1. 해석학적 패러다임 설정을 위한 기본 개념들   022
    2. 해석학적 패러다임을 지향하는 신앙교육   028
    3. 기독교교육의 해석학적 패러다임   034

PART 2. 청소년에 대한 전통적 이해와 해석학적 이해

    A. 청소년에 대한 전통적 이해   044
    1. 에릭슨의 청소년 이해   044
    2. 삐아제의 청소년 이해   050
    3. 콜버그의 청소년 이해   054
    4. 파울러의 청소년 이해   058

    B. 청소년에 대한 해석학적 이해   063
    1. 기독공동체의 일원으로 이해   063
    2. 시간 내 존재자로 이해   067
    3. 의사소통 행위로 통한 이해   070

PART 3. 해석학적 접근을 통한 청소년 교육실제
   1. 청소년 교육방법에 대한 해석학적 접근   **080**
   2. 나눔으로서의 기독교적 실천에의 접근   **083**
   3. 청소년 교육을 위한 해석학적 교육모델   **087**

PART 4. 소그룹을 통한 청소년 교육실제
   1. 청소년 문화와 또래집단   **109**
   2. 소그룹으로서 또래집단과 교육   **143**
   3. 효과적인 신앙교육을 위한 소그룹 교육의 실제   **159**

PART 5. 청소년 문화와 영성
   1. 출생률 감소현상과 교회학교 학생 수 감소현상   **207**
   2. 학생 수 감소현상에 대한 교회교육의 준비   **213**
   3. 좋은 교사와 신년 교사수련회의 필요성   **226**
   4. 청소년 문화와 영성   **238**
   5. 4차 산업혁명시대의 청소년교육   **273**

에필로그   **279**
참고문헌   **291**

청소년 교회교육의
구체적인 방안

청소년 교육 솔루션 구출

장봉림 지음

prologue
프 롤 로 그

    기독교교육에 있어서 교육방법에 대한 여러 방향이 있지만, 청소년들의 실제적인 삶과 본질을 이해할 수 있는 현실감 있는 교육을 계획할 수 있는 방법은 부족한 실정이다. 그래서 좀 더 효과적인 신앙 교육방법을 제시하기 위해 해석학적 교육방법을 통해 청소년들에게 다가서고자 한다. 해석학적 교육방법 중에 그룸(Thomas H. Groome)[01]의 "몫을 나누어 참여하는 실천(shared praxis)"의 교육방법론은 기독교 청소년 교육의 새로운 교육모델을 가능하게 한다.
    지금까지의 기독교교육은 신정통주의적 교육 방법에 의해서 이루어졌다. 신정통주의의 신학적 이론과 광범위하고 다양한 교육사상은 기독교교육 실제의 절충주의적 형식에 기여하고 있다. 그러나 이러한

---

01) 토마스 그룸(Thomas H. Groome)은 예수회 신부로서, 아일랜드에서 출생하여 그곳에서 신학과정을 수료하였고, 1968년 미국 켄사스에 있는 도지(Dodge)교구에서 서품을 받았다. 그는 1973년 포담(Fordam) 대학교에서 종교교육 석사학위를 받았고, 1975년 'Toward a Theory Method of Liberating Catechesis'란 제목으로 박사학위를 받았다. 지금 그는 워싱턴에 있는 가톨릭 대학에서 종교와 종교교육 분야의 교수단의 한 일원이다.

교육적 접근 방법은 현재적 삶을 과거에 기록된 성서의 내용과 의미 있게 연결시켜 해석해 봄으로써 결과적으로 그들 자신의 행동을 변화시키는데 있어 미흡하다는 것이다.[02] 따라서 성서 내용의 전수와 인간 행동의 변형이라는 두 가지 목적을 함께 중시하면서 그 둘을 효과적으로 강조하기 위해서는 기존의 교육방법이나 종교수업이 아닌 새로운 교육 모델이 요청된다는 것이다.

 새롭게 요청되는 교육 모델은 과거에 기록된 성서의 내용과 언어가 현재의 삶을 사는 우리들에게 연결되어 어떻게 해석될 수 있는지를 구체적으로 도와주며, 그와 같은 해석을 통해 각각의 개인들에게 변화를 줄 수 있는 실질적인 교수-학습과정이어야 한다는 것이다. 성서의 내용이 현재의 삶 속에서 전수되어야하고 또한 삶 속에서 변화를 요구하게 되는데, 이러한 두 가지 목적을 강조하기 위해서 ① 성서를 해석학적 입장에서 이해하고 ② 교육방법에 있어 효율적인 방법을 모색하고 ③ 사회과학적 지식으로부터 새로운 교육모델이 나와야 한다.

 둘째, 신정통주의적인 교수-학습 형태를 비판하는 또 다른 하나의 입장은 신정통주의적인 교육방법에서 환경적 요소를 인정하고 있지만 아직도 교육현장에서는 교사의 입장에서 모든 것이 이루어지고 있다는 것이다. 현대사회 속에서 생겨나는 여러 형태의 갈등문제를 성

---

02) 강희천, 『기독교교육사상』 (서울: 연세대학교 출판부, 1998), p. 133.

서의 내용과 충분히 연결시켜 해결하도록 학습자들을 격려하지 못하고 있음이 비판받고 있는 것이다. 신정통주의적인 교수-학습 방법이 교회 속에서 교육적인 방법으로 많은 효과를 거둔 것이 사실이지만 현대 사회의 다양성에 문제를 드러내고 있다. 획일적인 교수 방법은 젊은이들에게 거부반응을 일으키고 있다. 교사가 일방적으로 지시하는 교육방법에서 벗어나 이제는 학습자와 함께 호흡해야 하는 시대적 요청에 귀 기울여야 한다. 이러한 신정통주의적 교육방법에 장점을 살리고 새로운 교육모델을 살리기 위해 비판적 성찰이 요구되고 새로운 교육모델이 요청되므로 극단적인 교육모델을 피하면서 새로운 모델이 필요하게 된 것이다.

청소년기의 기독교교육에 관하여 최근까지 발표된 대부분의 연구들은 두 가지 공통점을 지니는 듯 보인다. 첫째, 대부분의 연구들은 '발달'이라는 개념을 축으로 삼고서, 아동기와 성년기의 중간 단계에서 뚜렷하게 돋보이는 청소년들의 정서적, 인지적, 심리성적 특성들을 타 단계와 비교하여 묘사하고 있다는 점이다. 이 같은 발달심리학적 접근 방법으로 인해 아동들은 성장의 각 단계마다 특유의 행동양식을 보이는 존재라는 새로운 이해를 얻게 되었고, 그 결과 아동을 위한 효과적인 교육 방법과 적절한 교육 내용이 발전되어 왔음은 널리 알려진 사실이다.[03] 그러나 발달심리학적 입장이나 '심리성적'[04] 해석에만 지나치게 의존하는 접근 방법은 여러 형태의 사회화를 경험하는 청소년들의 다양한 행동 양식을 설명하는데 분명 한계를 지니고 있다.

예컨대 발달심리학적 접근 방식은 같은 나이의 청소년들에게서 보이는 발달상의 특징을 범문화적인 입장에서 강조하고 있다. 그러나 문화적 배경이 전혀 다른 동양의 청소년과 서양의 청소년들, 그리고 같은 문화권 속의 사회라 할지라도 사회경제적 배경이 판이하게 구별되는 청소년들이 지니는 자아의식, 갈등 및 도피의 형태 등은 서로 분명히 다른 점을 간과하고 있다.

그리고 최근의 연구결과에 의하면, 청소년의 언어 구사 능력과 사고의 형태는 부모들의 사회문화적 배경과 밀접한 관계에 있음을 알 수 있다. 그러므로 보편적이며 범문화적인 발달 단계상의 특징만을 강조하는 발달심리학적 접근 방법은 분명 청소년기를 설명하는데 한계를 지닌다. 따라서 현대 사회 속의 청소년들을 보다 적절히 이해하기 위해서는 그들이 경험하는 다양한 사회화의 과정과, 그 과정에서 중심

---

03) Ibid., p. 269.
04) 프로이드(Sigmund Freud) 성격발달의 단계로 심리성적 발달단계를 설명하고 있다. 프로이드에 의하면 성격이 원욕(id), 자아(ego) 및 초자아(superego)로 분화되는 것은 성격발달의 전 과정 중에서 일부에 지나지 않는다. 개체의 성격발달은 성적 Libido의 위치지움에 따라 출생부터 몇 단계를 거치는데 이를 심리성적단계(psychosexual stage)라 한다. Sigmund Freud, The Standard Adition Of The Complete Psychological Works Of Sigmund Freud(London: Hogarth, 1953), pp. 22-30.

적 상징 체제로 작용하는 언어의 사용양식을 알아보는 사회문화적 접근 방법도 요구되는 것이다.

둘째, 청소년의 기독교교육에 관해 대부분의 연구들이 보여주는 또 하나의 공통점은 교육의 목적을 정의할 때 두 가지 상반되는 입장 중 하나만을 지나치게 강조한다는 점이다. 곧 "기독교교육의 목적을 기독교화인가, 아니면 사회화인가?"라는 양자택일의 형태로 질문하고 있다. 이러한 경향은 적절한 교육방법을 제시하는 면에서도 뚜렷이 구별된다. 예컨대 '기독화'를 교육목적으로 둔 경우는 성서 내용의 전달과 회심에 교육의 초점을 두기에 교사의 주도적 역할이 강조된다. 반면 '사회화'를 교육목적으로 둔 경우는 학생들이 사회 속에서 겪는 경험에 초점을 두기에 학생들의 능동적인 활동이 강조되어야 하는 것이다.

기독교교육에서도 이 같은 두 입장을 통합시키려는 시도가 일어나고 있다. 그러나 아직은 여러 면에서 논란의 대상이 된다. 특히 한국의 기독교교육 현장에서는 한 입장만을 지지하는 배타적인 성향이 짙다. 이에 대하여 본 저서에서 해석학적 접근 방법을 통해 얻을 수 있는 청소년기에 대한 새로운 이해를 준거로 기존 기독교교육의 방법과 형태를 비판하고자 한다. 또한 해석학적 패러다임 설정을 위한 기본 개념들을 이해한 후, 이 해석학적 패러다임을 지향하는 새로운 신앙 교육

방법을 고민하게 됨으로, 고민에서 멈추는 것이 아니라 한발 나갈 수 있게 될 것이다.

청소년 교육에 있어서 해석학적인 접근 방법은 청소년에 대한 이해를 도울 수 있을 것이다. 좀 더 포괄적인 청소년 이해를 위해서 청소년기 특징에 대한 전통적 이론과 해석학적 관점의 청소년 이해가 병행되면 좋을 것이다. 그래서 그룹의 입장을 중심으로 발달심리학적 접근 방법뿐만 아니라 사회문화적 접근 방법을 통해 청소년기의 특징을 살펴보고, 이를 기독교 교육적 입장에서 비판, 선별, 적용해 볼 것이다.

청소년 교육에 대한 해석학적 이해를 바탕으로 해석학적 교육 모델을 제시할 수 있다. 이러한 교육모델을 통해 청소년을 이해하고 기독교교육 현장에 어떻게 적용될 수 있는지 고민해야 한다. 또 다른 하나의 교육 모델은 청소년 문화의 특징인 또래집단에서 찾을 수 있다. 소그룹을 통한 청소년 교육모델도 해석학적 교육모델과 함께 신정통주의적 교수-학습 방법을 보완하는 새로운 교육모델로 제시될 수 있을 것이다.

청소년문화를 이해하는 것은 그들의 영성훈련에 있어서 중요한 일이다. 청소년 문화는 교육대상자들의 상황을 이해하여 교육방법론을 이끌어 내게 할 수 있는 것이다. 청소년문화와 영성의 상관관계 속에서 청소년 교육모델을 찾을 수 있다.

사회변화 가운데서도 청소년교육의 문제점을 찾아내고 대처방안을 모색해야 한다. 출생률 감소현상은 교회학교 학생 수의 감소로 이어지고 있다. 그에 따른 대책과 함께 시대적으로 4차 산업혁명의 시대를 살아가는 청소년들에게 교회는 어떤 교육이 필요한가에 대한 준비도 하고 교회교육에 적용되어야 한다.

참 어려운 시대이다. 마치 외계인 같은 아이들을 대상으로 교육을 해야 한다. 그렇다고 다음세대를 가르치고 준비하는 것을 포기할 수는 없다. 물론 이제까지 교회교육이 이것을 고민하지 않은 것은 아니다. 하지만 교회교육의 장점을 더 확실하게 부각시키고 부족한 것을 찾아 지금이라도 준비하게 된다면 다시 기회가 올 것이라고 본다.

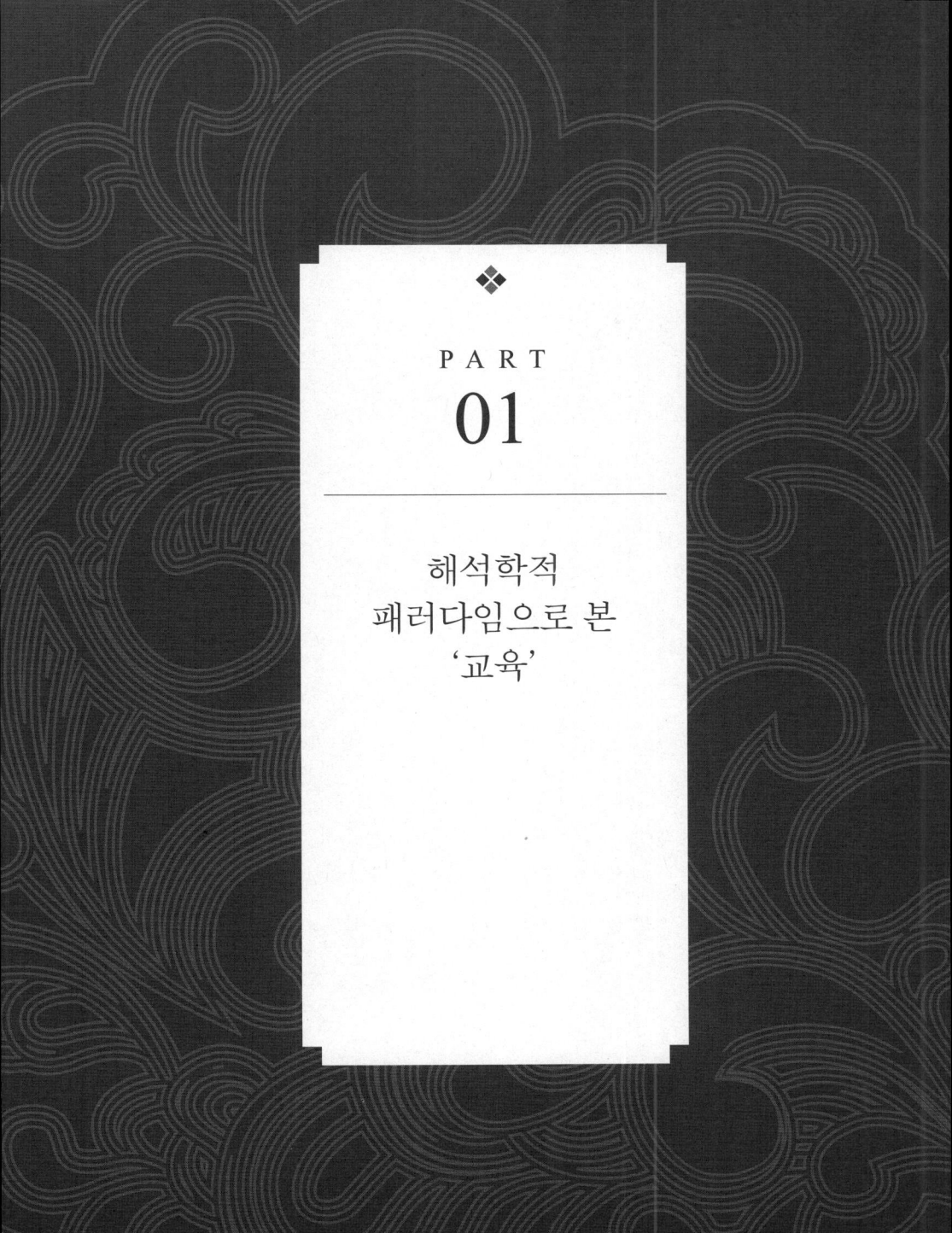

PART
01

해석학적
패러다임으로 본
'교육'

교육이라는 틀은 이미 해석학적 가능성을 포함하고 있다. 교사와 학습자, 교육내용간의 상호작용을 통하여 인간을 형성하고 사회화를 이루어 간다는 본질적 기능상 교육은 하나의 해석학적 순환의 틀이 가능하도록 구성되어 있다고 볼 수 있다. 넬러(G. F. Kneller)는 그의 교육에 대한 해석학적 조망에서 교육 일반에서 일어나는 학습자와 교사간의 상호작용이 해석의 가능성과 타당성을 제시한다고 보았다.[01]

그는 모든 교육이 전통과의 해석학적 조우를 전제로 하고 있다고 하였다. 또한 교육이라는 것이 텍스트와의 만남 속에서 학습자의 상황과 전이해 속에서 텍스트가 제시하는 바를 이해하려 하는 것이라고 보았다.[02] 이것은 교육이라는 일반적 형상 자체가 해석학적 틀을 포함하고 있으며 해석학적 패러다임을 전제로 하고 있음을 의미한다. 그러므로 교회 청소년교육도 역시 해석학적 패러다임으로 접근하는 것이 필요하다.

---

01) G. Kneller, Moment of Thought in Modern Education, (New York John Wiley & Sons, 1984), pp. 86-87.
02) Ibid.

Ⅰ. 해석학적 패러다임 설정을 위한 기본 개념들

은준관은 '교육신학'이라는 그의 저서에서 기독교교육에 대한 정의를 하나의 틀로서 설명하고자 하는 시도를 하였다.[03] 은준관은 기독교교육이 구조(structure)와 과정(process)의 두 가지 개념의 변증적 작용에 의해 구성된다고 보고 역사적으로 볼 때, 구조가 선행되는 교육론과 과정이 선행되는 기독교교육론이 나타나고 있다고 보았다. 기본 개념들에 대한 우선적인 설정은 하나의 패러다임을 설정하고 그 패러다임이 보다 다양한 상황에서 역동성을 유지하도록 하는데 중요한 요건이 될 수 있다.[04] 여기에서 기독교교육의 해석학적 패러다임 설정을 위한 기본 개념으로 직관(intuition)과 객관성을 이해하는 것이 필요하다.

1) 직관을 이해해 보자

직관(intuition)은 일반적으로 사물이나 의식 대상에 대한 감각적이고 감성적인 인식을 의미하며 오성이나 이성에 의한 판단과 사고는 중지되는 것을 의미한다. 직관은 인간 의식 최초의 작용능력이고 가장

---

03) 은준관, 「교육신학」(서울: 대한기독교서회, 1975), p. 75.
04) Burgess에게서도 비슷한 패러다임을 발견할 수 있다. Harold W. Burgess, An Invitation To Religious Education (Religious Education Press, 1975), 「기독교교육론」, 오태용 역(서울: 정경사, 1987), pp. 5-16를 참고.

단순한 작용 능력이다.[05] 그러나 근본적으로 직관이라는 것은 대상이 주어질 때에만 가능한 것이다. 그리고 그 대상은 어떠한 방식으로든지 감성을 촉발함으로서만 직관이 가능하다. 따라서 감성적 직관은 개념이라는 보충적인 자료를 필요로 한다. 개념 없는 직관은 맹목적이기 때문이다.[06]

이러한 직관은 우리의 인식의 근원이 되는데 청소년들에게 많은 영향을 주고 있다. 문제는 단순히 직관이라는 것이 인식의 원초로서 다음에 이어지게 되는 '개념정립'을 위한 기초로서의 역할만을 수행하고 있는가에 관한 것이다. 일반적으로 미학적(Aesthetical)인 관점은 이러한 직관의 문제를 중시한다. 직관은 일상적인 차원을 벗어난 전혀 새로운 시각을 인간의 인식에 제공하여 주기 때문이다. 직관적 사고라는 것은 한 평 내에 있는 목재의 값이나 벌채를 해야겠다는 생각보다는 그 나무나 숲 전체에서 느껴오는 아름다움이나 시적인 감상들을 유지하도록 하는 것이다.

이러한 감성적 사고로서의 직관에 대한 이해는 근본적으로 인간의 사고 중에서, 특히 청소년 사고의 심리에서 주고 있는 체계적인 모델과 접맥될 수 있다. 델라로사(Denise Delarosa)는 일반적으로 우리가 사물을 바라보는 것은 사물의 속성과 현재 자신의 개념구조와의 접촉을 의미하는 것이라고 보았다.[07] 한 개인이 개념구조와 표상을 접맥하는

---

05) 강신덕, "해석학적 접근에 의한 기독교교육 패러다임에 관한 연구" (서울: 서울신학대학교 대학원), 1994, p. 46.
06) Ibid.
07) R. J. Stenburg, The Psychology of Human Thougt, 『인간사고의 심리학』 이영애 역 (서울: 교문사, 1992), p. 23.

것은 자신이 이미 갖고 있는 정보체계의 배경 하에서 시행하는 것이며 따라서 여러 표상들 중 그 개인이 가장 확고하게 보유하고 민감하게 반응하고 있는 개념의 범주와 접촉하게 된다. 이것은 일종의 인지 구조내의 경제성(cognitive economy)을 고려한 것으로서 표상된 것 중 가장 빨리 정의될 수 있는 것부터 사고의 구조 속에 받아들인다는 것이 된다.[08] 물론 그 구조화는 사고하는 주체의 심적 상태나 정신연령, 성향, 전문지식의 여부 등에 따라 달라질 수 있는 것이다. 결국 개인이 직관한다는 것은 자신의 이전 경험내용과 사고 구조와 관련된 것 이상을 의미하지는 않을 것이라는 추론을 할 수 있다. 또한 직관 시에 갖고 있는 심적 상태에 따라 크게 좌우된다는 것을 알 수 있다.

이와 함께 부룬너(J. Bruner)의 사고 구조 정립에 관한 이론은 직관적 사고의 중요성을 학습이라는 차원에서 제시하고 있다. 그는 학습자가 개념을 배우는 것에 대해 자신의 내면에 있는 구조와 만나게 하고, 더 확장된 구조를 형성하는 것이라고 하였다. 그리고 구조를 촉발하게 하는 것을 "직관적 사고"라고 보았다. 이것은 제시된 여러 현상들 사이에 존재하는 연관성, 의미들을 순간적으로 직접적으로 발견하는 것을 의미하는 것이다.[09]

직관이라는 것은 학습이라는 차원에서 볼 때 사실 자체에 대한 지향적인 인식을 강조하는 현상학적 과제를 갖고 있다. 직관이라는 것은

---

08) Ibid., p. 36.
09) J. Bruner, The Prosess of Education, p. 60. 강신덕, "해석학적 접근에 의한 기독교교육패러다임에 관한 연구", op. cit., p. 49에서 재인용.

근본적으로 한 개인이 안고 있는 지향성과 사물의 그 자체로부터 다가옴이라는 상호 직접성을 갖고 있다. 상호직접적인 만남을 주선하는 직관이라는 것은 다분히 현상학적 과제가 될 수 있는 것으로 기독교교육에 있어 청소년을 이해하는데 중요한 것이다.

그룹은 한 개인이 신앙한다는 것에는 중요한 세 가지 차원 즉, 지적인 차원, 정서적 차원, 행동적 차원이 있다고 보았다.[10] 이중에서 특히 정서적인 차원에 대해 그룹은 예수 그리스도 안에서 구원의 사역을 수행하시는 하나님에 대한 신뢰와 신용의 관계 형태를 취한 것으로 보았다. 이것은 주지적 차원에서 개념을 이해한 것이 아니다. 이러한 감성은 하나님의 은총에 대한 직관적 자세를 의미한다. 이 직관을 통하여 하나님에 대한 신뢰가 생기게 되고 그로 말미암아 발생하는 신념체계들은 청소년들에게 한 개인의 주체적인 신앙의 양태를 갖게 하는 중요한 시작점이 될 수 있다. 물론 그룹은 감성적 차원에 대한 지나친 강조는 개인적이고 저 세상을 지향하려는 신앙의 극단적 형태를 추구하게 된다고 보았다.[11] 따라서 청소년교육에 직관은 하나님에 대한 신앙의 시작점이며 아울러서 개인의 신앙적 신념을 체계화시키는데 중요한 관건이 될 수 있는 것이다.

---

10) T. H. Groome, Christian Religious Education, 『기독교적 종교교육』 이기문 역(서울: 대한예수교 장로회 총회교육부, 1983), pp. 96-103.

11) Ibid., p. 105.

2) 객관성을 이해해 보자

해석학의 유형 중에 비판해석학(Critical Hermeneutics)이 있다. 이는 왜곡된 이해의 원인을 추구하는 것이다.[12] 대표적인 학자로 하버마스를 들 수 있는데, 하버마스의 이론이라는 것은 우주의 직관, 우주의 관찰이라고 보고 어떤 것에 대해 통찰할 때 한 인간은 인간 자신을 그 이론의 척도에 일치시켜야 한다고 본 것이다. 전통적인 이론은 우주에 대한 직관이나 통찰과 맹목적으로 합일한다는데 비해 현대의 비판적 이론은 합일의 상황에서 나타나는 객관주의를 비판한다는 것이다. 하버마스의 비판적 사고는 지나친 객관주의가 안고 있는 몰가치화의 문제를 극복하고 '비판적 성찰'을 가치와 실천의 문제로 귀착시키고 있다.[13]

청소년교육에서 이러한 비판이론은 궁극적으로 전통과 권위적 교조들에 의해 한 개인이 전해 받고 있는 기독교의 신앙적 의미와 실천적 의미들을 비판적으로 재구성하는 것을 의미한다. 즉 한 개인이 수용하는 많은 신앙적 개념들 속에 내포되어 있는 이데올로기적인 통제수단이나 왜곡된 현상들을 모두 제거하고 진정한 전통과 전통에 대한 타당한 해석 작업의 수행을 통하여 기독교의 진리를 받아들여야 한다는 것을 의미한다. 비판적 성찰들이 객관성을 유지하고 발전적 방향성을 모

---

[12] Josef Bleicher, Contemporary hermenneutics: Hermeneutics as method, philosophy and critique(London, Boston and Henley: Routledge & Kegan Paul, 1980), pp. 143ff. 이원일, "기독교교육 과정론 이해", 영남신학대학교 강의록, 2000. p. 116에서 재인용.

[13] Jürgen Habermas, Technik und Wissenschaft ais Ideologie, 『사회과학과 논리』 임성수 역(서울: 문예출판사, 1986), pp. 70-78.

색할 수 있는 방법은 실천을 지향하는 개별화되고 객관화된 지식을 추구하는 것이 되어야 하는데 하버마스는 지식의 실천성 문제를 인간의 주체성 회복과 해방에 대한 가능성 있는 실마리를 제공하였다. 즉 인간의 참다운 지식을 바로 해방을 지향하는 이성으 실천적 지식으로 보았다.[14]

현대 청소년교육은 바로 인간의 신앙적 개별화와 해방을 추구한다. 신앙적 해방은 추상적인 이론의 논리 나열보다는 삶의 상황 속에서 구체적인 양식을 가져야 한다. 그룹은 이러한 실천적 지식을 기독교인이 궁극적으로 갖추어야 할 덕목이라고 보고 행함이 없는 신앙을 갖는 것은 유해한 신앙에 불과하다고 보았다.[15]

물론 행하는 신앙에 대한 문제가 기독교의 모든 것이라고 할 수는 없으나 그 행함은 신앙을 형성하는데 궁극적인 목적이 될 수 있는 것이다. 이렇게 볼 때 청소년들이 궁극적으로 도달해야 할 해석의 과정은 바로 실천이 된다. 그리고 실천적인 지식은 직관적으로 창출된 주관적 신앙이 외형적 면모를 갖추게 됨으로서 구체적으로 객관화된 신앙의 주체화는 기능주의적 순종이나 주관주의적 맹목성의 양극단을 용납하지 않아야 한다. 청소년 교육에 있어 상호 주체적이고 합리적인 이성의 종합이 된 교육이 이루어져야 한다.

청소년 교육에 있어 기독교교육은 한 개인이 주관과 객관의 변증관

---

14) J rgen Habermas, Knowledge and Human Interests, 「이론과 실천」 홍윤기, 기정원 공역 (서울: 종로서적, 1986), pp. 332-333.

15) T. H. Groome, op. cit., pp. 107.

계와 전통과 상황간의 변증관계, 또한 교사와 학생간의 변증관계를 바르게 정립할 수 있도록 하는 것이다.

II. 해석학적 패러다임을 지향하는 신앙교육으로 안내

 지금까지 청소년교육을 위한 해석학적 입장에서 패러다임을 새롭게 하기 위한 개념 정리를 하였다. 이 개념들은 이제 제시할 해석학적 패러다임을 지향하는 신앙교육이론의 전개에 바탕이 될 것이다. 앞에서 해석학적 패러다임을 지향하는 신앙교육이론의 필요성을 깨닫게 되었다면 이제 부터는 어떻게 하면 이해된 청소년들을 가르쳐 볼 것인가 고민이 되는 것이다. 전혀 변화하지 않는 교회교육의 구조를 생각해보면서 패러다임 전환을 시도해 보고 싶은 것이다.

 1) 신앙교육에 있어 직관이 필요하다.
 기독교교육의 보편적 목적은 '신앙'을 가르치는 것이다. 신앙이란 하나님에 대한 관심과 신뢰를 증진하고 자신의 삶을 증진된 방향대로 살도록 하는 것을 의미한다.
 삶을 기반으로 하고 있다는 문제에 대하여, 에벨링(G. Ebelling)은 신앙을 '삶 자체에서 하나님과 만나는 것'이라고 보았다. 그는 예수 그리스도가 우리를 위해 죽으셨다는 것을 믿는 믿음이 우리의 삶 가운데서 나타나게 될 때 하나님을 만나게 되는 것이 실현된다고 보았다.[16] 또한 신앙은 궁극적으로 하나님에 의해 전달되는 것이며 인간의 임의적인 해석에 의해 규정되는 것이 아니라는 것을 중요한 개념으로 제기하였다.[17] 이러한 주장에 따라 신앙은 다음과 같이 정의될 수 있다.

첫째, 신앙은 근본적으로 하나님에 의한 선물이라는 것이다. 둘째, 신앙은 근본적으로 한 개인에 의한 수용과 해석의 주관성을 띠고 있다는 것이다. 따라서 한 개인의 신앙을 이해하는 과정은 초경험적이고 감성적인 차원일 수 있다. 이것은 일종의 신비적인 사건이며 이러한 과정을 통하여 지난 역사 속에서 많은 신앙인들이 존재해 왔다.

신앙을 교육하는데서 시발점이 될 수 있는 '직관'은 인간의 삶에 함께 하고 있으면서 실존의 상황들을 충분히 고려한 것이다. 그리고 실존적인 신앙의 물음과 대답에 있어서 기독교의 전통과 성서, 삶의 양식, 신앙의 양식들은 다양한 객관적 학습자원으로 변경되어야 하며 그 다양한 교육자원들은 각 학습자들의 삶에서 학습자들의 주체적이고 직접적인 만남을 통하여 직관되어야 한다. 이런 과정을 통해서만 객관

---

16) G. Ebelling, Das Wessen Des Christichen Glaubens, 「신앙의 본질」 허혁 역 (서울: 대한기독교출판사, 1974), p. 100.
17) Ibid.

화되어 있는 학습자들은 학습자들의 삶 속에 있는 내면세계 속으로 들어갈 수 있으며, 학습자들의 삶 속에 해석적 생동감을 갖게 할 수 있는 신앙의 출발점이라고 할 수 있는 것이다. 따라서 신앙을 교육하는 출발점으로 필요한 직관은 해석학적 청소년교육에 있어 두 가지 의미로 정리할 수 있다.

첫째, 하나님을 통해 한 인간에게 주어지는 은총은 그 인간의 삶 속에 실존적 질문과 응답을 동시에 요구하는 것이다.[18] 그리고 한 인간은 실존적 질문과 응답을 기존의 삶의 경험과 신앙체계 안에서 받아들이고 해석해야 한다. 그러나 여기서 해석은 지시적이고 문자적인 해석의 과정일 수 없다. 그 질문은 세계 내에 존재하는 실존적인 한 인간에게 주어지는 것이고 그 인간에게 실천적 신앙의 응답을 요구하고 있기 때문이다. 여기서 해석자이자 학습자로서 한 인간은 기독교 전통의 선이해와 자신의 삶에서 얻어진 선 경험을 통한 현상학적 직관을 체험하게 된다. 그것은 깨달음과 각성의 순간이 된다. 쉬프랑어가 제시하는 돌파의 순간이기도 하다. 이 순간을 통하여 학습자로서 한 인간은 성서와 계시의 의미를 발견하게 되는 것이다.

둘째로 직관은 근본적으로 감성적이고 주관적이다. 그리고 직관은 한 개인의 독립적이고 주체적인 통찰의 순간을 경험하게 한다. 따라서 해석의 패러다임 안에서 학습자로서 한 개인이 경험하는 신앙적 직관은 그 개인만이 경험하고 그 개인의 삶에만 의미 있는 직관이 되는 것

---

18) J. Moltman, Der qekleuzigt Gott, 「십자가에 달리신 하나님」김균진 역(서울: 한국신학연구소, 1979), p. 297.

이다. 송순재가 제시하는 자신만의 고유한 삶의 의미를 발견하게 되는 것은 바로 여기서 가능하게 된다. 하나님의 신적 계시와 인간의 상황적 성찰은 신비적이다. 그리고 그 신비적인 순간을 통하여 한 개인은 주체적인 구원과 해방의 체험을 갖게 된다. 이것은 그 직관의 경험을 체험한 개인 외에는 누구에게도 주어지지 않는 고유하고 개별적인 것이다. 이 개별적인 직관을 통하여 한 개인은 개별화의 신앙을 체득하는 해석의 과정을 스스로 전개하게 되는 것이다.

2) 객관적인 참여를 제안한다.

기독교교육의 주관성을 지향하는 해석은 이차적으로 학습자의 삶 주변과 내면에 기초되어 있는 객관성들과의 만남을 추구해야 한다. 주관성을 지향하는 해석의 과정은 직관에 의한 초월자와의 만남을 가능하게 하는 여건을 조성하는 것을 주요한 관건으로 보고 궁극적으로 주관적인 개별화를 목적으로 삼았다. 그러나 이제는 그 주관화된 신앙이 삶에 깊이 자리를 잡고 이미 내면적으로 구조화된 인지적, 정서적, 행위의 구조들과 조화를 이루어 다른 타인과 기독교 전통과의 만남에서 객관성과 합리성을 유지하는 진정한 개별화를 목적하는 것이다. 그것은 학습자가 이미 직관적으로 수용한 신앙의 제 형태들이 지나친 주관화로 몰락되지 않고 삶 속에서 자신의 내면적 구조와 외적인 구조사이에 접맥을 시도하는 것이다. 따라서 이제부터는 아직까지 제기되지 않은 해석학의 객관성의 문제를 다루게 된다.

기독교 신학과 방향성을 전통과 현재적 상황 사이의 변증적 조화로 볼 때, 이러한 조화를 위해서 기독교 전통들과 성서적인 준거들이 필요하다. 이것은 해석학적으로 타당성을 인정받는 '준거'가 된다. 기독교 신앙이 우리 시대에서 끊임없이 해석되고 각각의 개개인에게 주관적인 경험으로 유지될 수 있는 것은 기독교 전통과 그리스도의 복음 등의 내적인 준거가 존재한다는 근거에 의한 것이다. 그러나 내적인 기준들과 함께 고려되어야 하는 것은 해석된 의미가 표현되는 데 있어서 주관주의로 빠지지 않게 하는데 중요한 해석적 준거가 되는 것이다.[19]

해석학의 전통에서 이와 같이 두 가지 논제는 끊임없이 제기 되는 문제이다. 우선 내적인 타당성의 문제는 하이데거와 리꾀르, 하버마스의 세 학자로부터 근거를 얻을 수 있다. 하이데거는 이러한 내적인 타당성을 선 이해의 개념으로 제시하고 있다.[20] 이것은 물론 딜타이니 슐라이에르마허의 객관성과는 근본적으로 다른 것이다. 하이데거는 이 선 이해가 보편적으로 존재함을 통해서 실존적인 존재의 인식 간에 타당성을 인정받을 수 있다고 보았다. 리꾀르의 텍스트 객관성은 근본적으로 전통에 입각해 있다. 그는 "텍스트의 세계가 근본적으로 저자와 독립해 있으며 그것은 해석자에게 독자적인 객관성을 제시해 주는 것이다"라고 하였다.[21] 따라서 이러한 객관성은 해석자가 그 의미를 발견하는데 적절한 타당성을 제공한다.

---

19) W. Wink, The Bible in Human Transformation (Philadelphia: Fortress Press, 1973), p. 62.
20) M. Heidegger, Sein und Zeit, 『존재와 시간』 전영범 역(서울: 시간과 공간사, 1992), pp. 123-125.
21) Ibid.

외적인 객관성은 부룬너의 이론에서처럼 학습자가 자신의 개념 구조 속에 새로운 것을 받아들이는 과정에서 필요로 하는 분석적인 사고에서 그 가능성을 얻을 수 있다. 부룬너는 이 과정이 학습자 내면에 있는 지식의 구조와 새로 들어온 개념과 접촉을 하고 재구조화하게 되는 것이라고 보았다.[22] 학습자는 이 과정을 통하여 자신의 지식 구조를 보강하고 확충하게 되는 것이다.

실천을 통한 체계화는 그 객관성을 인정받을 수 있는 준거를 제시해야 한다. 한 개인이 그 표현에 대한 객관적인 인준을 받는 것은 그 실천적인 문제에 있어서 인간 상호 존중성에 대한 체험을 통해 가능한 것이다. 이 상호 존중성은 바로 자신의 실천과 타인의 실천 간의 의사소통과정을 의미하는 것이며 그 과정을 통해서 인간은 인격적인 상호 실존적 의미를 발견할 수 있는 것이다. 따라서 이 객관화의 과정은 외면적으로는 해석대상이 스스로 제기하는 의미에 대한 객관적 조화를 추구하는 것이다.

결론적으로 전통으로부터 얻은 타당성과 현실의 인격적인 상호관계로부터 얻은 객관성은 궁극적으로 한 개인이 신앙을 자신의 삶에 수용하는데 있어서 개인 스스로에게 의미가 되고 외적인 전체적 주변 환경의 조화를 유지하는 진정한 개별화를 얻게 되는 것이다. 주관과 객관의 변증적인 작용과 패러다임은 한 개인 안에서 해석의 방법을 통한 전통과 상황간의 만남, 텍스트와 콘텍스트의 만남을 가능하게 하는 것

---

22) J rgen Habermas, Technik und Wissenshaft als Ideologie, op. cit., pp. 96-97.

이다.

III. 기독교교육의 해석학적 패러다임

종교교육이 하나이며 전체의 유일한 한 부분이라고 할 때, 종교교육은 특별한 환경에 구애받지 않는다. 그러한 특별한 환경은 훈육의 요소이지, 훈육과 동등한 것은 아니다. 교육이라는 말도 종교적이라는 단어 또는 고쳐 말해서 기독교라는 단어를 수식 또는 제한을 가하는 뜻이 있다. 기독교적이라고 말하는 것이 더 낫다고 하는 것은 그러한 관점에서 글이 쓰여 졌다는 것이다. 그룹은 기독교적 종교교육은 모든 교육과 마찬가지로 복합적인 활동이라고 한다. 기독교 종교교육은 시간 안에 존재하는 순례자들에게 우리의 현재 속에 있는 하나님의 활동과 기독교 신앙 공동체의 이야기와 하나님의 나라의 비전과 이미 우리 가운데 있는 그 자손들에 대해 의도적이고도 계획적으로 유의하게 하는 시간 안의 순례자들과 더불어 행하는 정치적 활동이라고 한다.[23] 기독교의 전통과 신앙의 형태, 교리 이론적 체계, 기독교적 행동양식 등을 창조적으로 전수해야 하는 기독교교육의 장에서 계속적인 교육이 이루어져야 한다.

---

23) T. H. Groome, 『기독교적 종교교육』, op. cit., p. 57.

오랫동안 전통을 강조하여 삶 속에서의 내면화된 신앙 표현이 잘 정립되지 않았다. 이것을 구체적 개별적인 신앙의 표현으로 드러낼 수 있도록 하는 입장에서 정의되어져야 한다. 다원성의 현대 사회 속에서 특수한 종교적 전통과 학습자의 일반적이고 세속적인 종교적 삶의 변증관계에 대한 규명은 해석학적 입장에서 규명되어야 하고, 이러한 개념을 바탕으로 해석학적 입장에서 기독교교육의 패러다임을 정의해 보고자 한다.

해석학적 패러다임의 지향을 살펴보면, 현대신학은 다원화된 현상으로 현대에 도전되는 세 가지 현상이 있다. 첫째는 기독교 자체의 해석적 다원화의 도전이다. 이것은 기독교의 전통이 하나라 하더라도 그에 대한 해석은 다양성과 상이성을 띠고 있다는 것이다. 두 번째는 종교적인 다원주의이다. 이것은 현대의 기독교가 여타종교와의 관계 속에서 그 독특성과 우월성을 주장할 만한 장을 잃고 상대화 되어가고 있다는 것이다. 세 번째는 세속주의 도전이 더 한층 가열되고 있다는 것이며 이에 대한 기독교의 응답이 아직까지도 어떠한 형태로든 미온적이라는 것이다.

그룹은 해석학적으로 신앙을 세 가지 차원으로 보았다. 본질적이고 구성적인 세 차원이 있는데 그것은 주관적인 지적확신과 정적인 신뢰관계와 아가페적 사랑을 지닌 활력 있는 삶을 말한다. 이 세 가지 차원들은 세 가지 활동들로 표현된다.

① 지적으로 믿는 것으로서의 신앙(faith as believing)
② 정적으로 신뢰하는 것으로서의 신앙(faith as trusting)

③ 행하는 것으로서의 신앙(faith as doing)이다.

1) 지적으로 믿는 것으로서의 신앙

스미드는 '지적 믿음을 신앙과 동일하게 간주하는' 개념작용이 지배적이라는 데서 '엄청난 혼돈'이 발생되고 있다고 주장한다.[24] 기독교 신앙은 확실히 'belief' 이상의 의미를 지닌다. 특히 'belief'가 서구의 계몽운동 후대의 정신 풍토에서 'belief'를 담은 진술들에 대한 지적인 도의라는 뜻으로 축소될 때 그러하다.

2) 정적 신뢰로서의 신앙

영어 단어 'faith'는 '신뢰하다'는 뜻의 라틴어 'fidere'에서 유래하였다. 따라서 신앙 안에 거한다는 것은 그 근본적 의미에 있어서 신뢰함의 활동을 의미한다. 기독교 신앙의 '지적으로 신앙함'이 주로 인식적 행위를 지시하듯이 신뢰하는 활동은 주로 정적이다. 그것은 신앙 안에 거함이 지니는 신뢰적 차원이다. 오늘날 교회에서 예수를 따르며 믿는 다고 하는 성도들에게 암암리에 작용하는 문제점이 하나 있다. 그것은 예수와의 거리감이다. 예수를 분명히 자신의 구주로 받아들이기를 원하지만 추상적인 한 인물에 지나지 않는 거리감을 느끼는 것이다. 이

---

24) John Dewey, Experience and Education (New York: The Macmillan Company, 1938), p. 19.

와 같은 거리감은 신앙생활에 방해가 되는 요소이며 문제점을 일으킨다. 그러므로 이 문제점을 일으키는 근본 원인을 검토하여 해결해야 한다.[25]

"예수를 너희가 보지 못하였으나 사랑하는도다 이제도 보지 못하나 믿고 말할 수 없는 영광스러운 즐거움으로 기뻐하니"(벧전 1:8). 이 말씀은 본문의 중심이며 감동적인 내용이 된다. 요약하면 예수를 보지 못하였으나 사랑하고 신뢰하고 즐거워한다는 것이다. 이것을 신앙의 정적인 요소라고 한다. 이와 같이 마음의 정이 강한 사람은 머리로만 차갑게 따라가는 사람보다 영적 생활에서 더 강하다.

'정'이란 무엇인가? 사전에 보면 심리학적으로 "마음을 이루는 두 요소 중에 하나로서 이지적인 요소에 대하여 극히 감동적인 요소"라고 한다. 중요한 것은 그 뿌리가 마음에 있다는 것이다. 신앙생활에도 이것이 중요한 위치를 차지한다. 예수와 우리와의 관계가 깊은 마음의 정으로 연결되지 아니하면 그 신앙은 삭막하게 된다. 그러므로 이 신앙의 정적 요소는 예수 그리스도를 내 삶에서 실감나게 하는 접촉점이 된다. 정이 있으므로 주님의 사랑을 체험하게 되는 것이다. 이러한 정적인 신앙의 요소가 신뢰받기 위해서는 감각적인 요소에만 신뢰를 가져서는 안 되는 것이다. 신앙에 지적요소가 결여됨으로 청소년들이 꿈과 환상을 쫓아가고 싶은 마음이 생기는데 극복할 수 있도록 정적인 부분에서도 신앙의 요소를 찾아 가르쳐야 할 것이다. 또한 예수를 사랑하는 마음의 정

---

25) 옥한흠, 2017년 3월24일 설교 인용.

이 생기게 되면 어려운 문제를 쉽게 이겨내는 힘을 가지게 된다. 이러한 이해를 바탕으로 청소년들에 접근함이 필요한 것이다.

3) 행함으로서의 신앙

그리스도 안에 있는 하나님 나라에 대한 응답으로서의 기독교 신앙은 하나님의 뜻을 행하는 것도 포함해야만 한다. 보다 정확하게는 행함이라는 것은 활력 있는 아가페의 삶을 실천하는 것, 즉 자기 이웃을 자기처럼 사랑하므로 하나님을 사랑하는 것이다.

신앙과 행함은 동시적으로 함께 있어야 한다. 다른 식으로 표현한다면 신앙은 행함 속에 있다. 따라서 전통적으로 가정되어 온 것처럼 신앙을 먼저 갖는 것이 문제이고 이 신앙이 이 세상에서 하나님 나라에 응답하여 살도록 인도하는 것은 아니다. 신앙은 응답 속에서 존재한다. 응답 없이 신앙은 존재하지 않는다.

기독교 공동체가 공통의 예배를 드리기 위하여 모일 때 기독교적 실천의 삶에의 봉헌이 상징화되고 거기 함께 응집된다. 또한 역으로 그 예전적인 활동으로부터 기독교적 섬김의 삶을 살아야 한다는 새로운 위탁이 흘러나오게 되는 것이다. 이같이 하여 예전은 기독교 신앙의 3중적인 활동을 통한 그 신앙의 표현인 동시에 자원인 것이다.

그룹은 이러한 현실들이 신학을 하고 있는 위치이며 경험적으로 현존하고 있는 신학의 대상이라고 보았다.[26] 따라서 변경된 신학의 모형은 이 현실을 해석해야 한다. 두 번째는 다원적이고 일상적이고 변화무쌍한 현실 속에서 척도가 될 수 있는 기독교의 복음이다. 그러나 여기서 이야기하는 복음은 무조건적이고 초월적인 하나님의 계시를 의미하는 것이 아니다. 그것은 경험들 안에서 구약과 신약성서를 통하여 이미 많은 언어와 구조로 해석되어진 말씀이다. 따라서 그 복음의 경험은 우리의 현재적 경험 속에서 늘 새롭게 해석되어질 때 가치가 있는 것이다.[27]

기독교 공동체 속에서 개인의 요구와 객관적인 기독교의 전통적 진리가 상호 변증적으로 만나게 되고 그 안에서 실천적인 해석의 과정이 발생한다는 것은 일차적으로 다음 세대와의 비기독교인과의 만남을 통한 기독교의 확대를 의미하고 있다. 이러한 과정은 기독교의 종교 외형적인 관심이나 그 형식에 대한 관심만이라기 보다는 한 개인의 구체적인 실천의식이나 행위들을 위한 교육적 해석의 관심을 요구하게 된다.

주관적인 개인의 경험과 객관적인 기독교 공동체의 경험이 변증적으로 해석되어 새롭게 구체적인 삶에 적용되어진다는 해석학적인 조망은 기독교의 내면화를 지향하는 조직적인 프로그램을 요구한다는 것을 의미한다. 즉 객관성을 띠고 있는 기독교의 실체들을 한 개인이

---

26) Alfons Auered, Konturen Heutiger Theologie, 『현대신학의 동향』 서인석외 공역(경북: 분도 출판사, 1984), pp. 59-60.
27) Ibid.

사회화의 과정 안에서 수용한다는 것은 그 사회화 과정의 개념이해의 문제라기보다는 어떤 실제적인 과정을 통해야 가능할 것이라는 관심이 중요하다는 것이다. 그 과정은 결국 전통 주도적인 것도 아니고 현재 상황 주도적인 것도 아닌 양자 간의 상호 변증적 준거가 고려되어야 한다.

결론적으로 사회 속에서 기독교교육은 그간의 규범적인 접근방법이나 설명적인 접근방법 등의 다양한 학문적 정립을 시도해 왔다. 그러나 이러한 학문적 정립은 그 체계나 방법론을 위해서는 유용할 수 있으나 교육의 구체적 실천 영역에 대한 문제에서는 미흡한 요소들을 많이 갖고 있었다. 이제 사회 속에서 이론적인 접근은 학습자들의 주체적인 삶과 개별화된 신앙적 양태를 위한 해석학적 변증 모델을 필요로 한다.

현대 기독교교육의 해석학적 패러다임은 직관과 종합이라는 순환적 과정을 가지고 삶 속에서 계속적인 성숙을 지향해야 한다. 이러한 순환적 과정을 통하여 기독교교육은 텍스트와 콘텍스트의 만남, 그리고 전통과 전통의 연속성의 문제, 이론과 실천의 문제를 통합적으로 조망할 수 있는 해석학적 패러다임이 될 수 있다.

PART
02

청소년에 대한
전통적 이해와
해석학적 이해

기독교교육에서 해석학적 패러다임은 사회 과학적인 입장에서는 신앙과 삶이 분리될 수 없음을 강조한다. 이것은 현대 신앙교육의 터전이 흔들리게 된 이유를 찾아내고, 또 교회가 학교식 교육방법을 사용함으로써 직면하게 된 단점을 비판하고 있다. 다시 말해서 해석학적 패러다임은 교실만이 아닌 교회와 가정과 사회 전체의 신앙공동체적 교육이 이뤄져야 함을 강조한다. 이러한 해석학적 청소년교육으로 접근하기 위해서 우선 발달심리학적인 청소년 특징을 이해해야 한다. 그런데 이론적인 부분이고 오래전 이야기라서 고민은 되지만 기초는 될 것이다.

A. 청소년에 대한 전통적 이해

　발달심리학은 출생부터 사망까지의 인간의 신체적, 심리적 변화를 연구하는 학문으로 인간을 이해하는 데 필수적이다. 그러므로 지금까지 인간을 발달론적으로 이해해온 청소년에 대한 에릭슨(Erik H. Erikson)의 정서발달이론, 삐아제(Piaget)의 인지발달이론, 콜버그(Lawrence Koglberg)의 도덕발달이론을 기본적으로 이해해 보고 싶다. 그리고 이러한 이론들을 기초로 한 파울러(James W. Fowler)의 신앙발달이론도 도움이 되었으면 한다.

1. 에릭슨(Erik H. Erikson)의 청소년 이해

　1) 기본 개념으로 청소년
　에릭슨은 프로이드(Freud)의 심리성적인 발달이론을 바탕으로 하여 인간의 발달을 심리사회적인 측면에서 그의 새로운 이론을 전개했다. 그는 프로이드의 이론을 확대하기는 했지만 에릭슨의 이론은 근본적인 차이점을 가진다. 에릭슨은 인간행동의 기초로서 원자아가 아닌 자아를 더 강조했다. 또 아동의 자아형성에 있어서 심리역사적

(psychohistorical) 환경을 중요시하고 있는데 그의 이론은 다음과 같은 특성들이 있다.

첫째, 단계에 기초한 이론이다. 에릭슨은 인간의 발달이 시간적인 순서 속에서 상승하는 여덟 단계로 진행된다고 보았다. 한 단계의 좋은 진보는 다음 단계에서의 좋은 진보를 위한 기회를 증진시키는데, 왜냐하면 적극적인 성장이란 축적되기 때문이다.[01]

둘째, 발달과제이다. 각 발달단계는 각기 달성해야 하는 발달과제(development task)로서 발달적 위기에 놓이게 된다. 여기서 말하는 위기란 절박한 재난을 뜻하는 것이 아니고 성장, 회복, 그리고 분화를 위한 자원들을 집결, 결정하면서 발달의 방향을 정하는 결정적 순간인 전환점을 의미한다.[02]

셋째, 에릭슨의 삶의 주기론은 인간의 발달이 순환적임을 말한다.

넷째, 인간발달 과정은 대립되는 인격적 특성, 즉 하나의 적극적인 측면과 부정적인 측면을 동시에 갖는 대극적 단계론이다.

다섯째, 인간의 발달이 후성설(epigenetic)적 근거 위에서 진행된다는 점에 가장 큰 의미가 있다. 에릭슨이 이 후성설적 발달특성에서 말하려는 핵심은 인간의 발달과정은 환경에 의하여 영향을 받는다는 것이다.

여섯째, 각 단계의 위기의 극복과정에서 덕성(virtues)이 존재하며,

---

01) J. W. Fowler, Stages in Faith, 『신앙의 단계들』 이재은 역(서울: 대한기독교출판사, 1986), p. 67.
02) 박정애. "해석학적 청년 교육 방법에 대한 일 연구," 이화여대 교육대학원, 1995, p. 33.

그 위기와 관련되는 사회적 제도와 질서를 에릭슨은 제시한다. 덕이란 본래적인 힘, 억제, 용기의 결합을 의미한다.

일곱째, 인간의 발달과정에는 의식화의 요소가 있다. 즉 인간이 그의 위기를 극복하는 과정 중에는 개인들의 일상의 상호작용에서 어떤 것을 경험하고 행하는 논리적이면서도 문화적으로 유형화된 의식화(ritualization)의 요소가 있다는 것이다.

2) 청소년 이해

에릭슨은 이러한 특징들을 도입해서 인간정서의 8단계 이론을 제시했는데, 각 단계마다 발달시켜야 할 정체성의 긍정적이고 부정적인 양상이 있다. 그 중에서도 청소년기를 '정체성 대 정체성 위기'(identity vs. identity crisis)의 단계로 보았다. 이 단계의 목표는 청소년들이 성인 사회에서 의미 있는 위치를 가지도록 준비하는 역할과 기술을 준비시키는 것이다.[03] 이 단계의 위험성은 역할 혼돈이다. 아동에서 성년으로 가는 과도기적인 이 단계를 프로이드는 성욕기로 보았지만, 에릭슨은 이 청소년기에 성적인 것보다는 사회적인 것에서 더 갈등을 겪는다고 보았다. 이 시기는 전 단계들에서 형성되었던 가치와 이념이 새롭게 전환되는 시기이며, 위기의 시기라고 생각한다. 이 때 나타나는 위기현상은 정상적이며 창조적인 위기이며, 자기 정화의 과정을 통해서 정체성 형성에 공헌한다.

---

03) Jack Snowman & Robert Biehler, Psychology Applied to Teaching (Houghton Mifflin, 2002), p. 28.

정체성이란, 인간이 독특한 존재이며, 사회 속에서 무엇인가 의미 있는 역할을 스스로 하고 있다는 감정으로써 한 인간의 내적 불변성과 연속성을 유지하면서 다른 사람에게도 이것을 적용시키는 경험으로부터 생긴 확신을 말한다.[04] 그러나 정체성의 혼란에 빠지면 의미 있는 목표를 향해 전진할 수 없고 자기 폐쇄적이고 무서운 고독감을 갖게 된다. 이 시기의 위기를 잘 극복하면 충성이라는 덕성이 나타나며, 이념적인 의식화의 요소가 나타난다. 그러나 이 요소가 왜곡되면 전체주의라는 의식주의가 발생한다.

프로이드의 이론을 확대한 에릭슨은 성적 관심 부위의 변화는 특유한 자아 양식(modes)의 변화를 동반한다는 현상을 지적하면서, '발달'이란 인간들이 사회화의 상호작용에서 일반적으로 보이는 자아 활동의 양식이나 성향에 의해서도 정의되어질 수 있음을 제시했다.[05]

이런 시각에서 청소년기는 '정체성 대 정체성 위기'라는 특징적 자아양식으로 묘사되고 있다. 심리사회적인 측면에서 정체성이란 "사회 속에서 한 개인이 소유하고 있는 지속적인 자아상"을 말한다고 볼 수 있다.[06] 에릭슨에 의하면 자아정체성의 발달은 출생초기부터 시작하여 일생동안의 발달인데, 스스로 정체감을 느끼기 시작하는 것이 청소년기라고 한다. 청소년기에는 급격한 생리적 변화와 심리적인 갈등을 접하게 되어 자아에 대한 새로운 의식을 갖기 시작되는데, 대부분

---

04) Ibid., pp. 39-40.
05) 강희천, 「기독교 교육사상」, op. cit., pp. 271-272.
06) 박정애, op. cit., p. 43.

의 경우 그 의식은 청소년기 이전의 것과 판이하게 구별되므로 정체감(identity)의 혼란을 일으킨다는 것이다.

에릭슨은 이 혼란의 직접적인 원인을 성적 충동이라기보다는 공동생활 속에서 겪는 심리적 갈등으로 보았다. 이런 혼란 가운데 진행되는 정체감의 형성 과정에서 보이는 일반적인 특징은 부모나 기존 관념으로부터의 분리(separation) 현상이다. 비록 내면화된 가치관으로부터의 분리는 청소년의 자아 개념 형성에 일시적인 해답을 주는 듯 보일지 모르나, 분리 그 자체만으로써 완전한 정체감을 형성시킬 수는 없다. 따라서 청소년들은 새로운 가치 질서와 세계관을 찾아 이에 자신을 '결속'시킴으로써 자아 정체감을 형성하려 한다.

바로 이 과정이 청소년기의 특성을 보여주는 현상인데, 에릭슨은 이를 '분리-결속'(separation-attachment)이라는 유추개념으로 설명한다. 곧 부모나 내면화된 가치관에 의해 세워진 자아개념에서 떠나, 역사적 현실 속의 자신과 그 뿌리를 찾으면서, 무한한 선택의 가능성 속에서 하나의 자아상을 찾아 이에 자신을 결속시키려는 3단계의 과정이 바로 청소년기라는 것이다. 따라서 청소년기는 '분리'의 현상에서 야기되는 갈등, 자아정체감을 찾으려는 방황, '결속'의 성향에서 비롯되는 고민과 결단으로 채워지는 기간이며, 에릭슨은 이를 가리켜 정체감 혼란→정체감 위기→정체감 확립(identity confusion, crisis, formation)이라고 묘사했다.[07]

---

07) 강희천, op. cit., pp. 272-273.

이런 과정을 거치는 청소년기의 행동상의 특징은 이유 없는 반항, 기존질서의 부정, 가출, 그리고 성(性)도덕에 대한 의도적 거부 등이다. 또한 서둘러 자아정체감을 형성하려는 청소년들은 사회적으로 고정 관념화된 성인의 모습을 자신의 미래상과 동일시하려 하기에 자아에 몰두하는 현상을 강하게 나타내기도 하며, 혹은 자신의 당면 과제가 아닌 타인의 고민거리나 사회적 병폐를 주요관심사로 삼음으로써 정체감 혼란에서 비롯된 고통으로부터 도피하려는 성향을 보이기도 한다는 것이다.[08] 이런 이유로 에릭슨은 청소년기를 위기의 단계라고 설명하는데, 이 때 위기는 단순하게 위험한 상황이 아니라 혼돈 가운데서 바람직한 정체감을 가려내고, 선택하고, 결정하는 상황을 뜻한다. 그러므로 성인들은 청소년들의 반항적 행동을 부정적인 시각으로만 볼 것이 아니라, 오히려 그들로 하여금 자아정체감을 확립할 수 있도록 돕고, 관심과 인내를 보여야 한다는 것이다.

위에서 살펴본 에릭슨의 정서발달이론은 청소년기의 기독교교육을 재조명하는 데 있어서 몇 가지 시사점을 제공한다. 먼저, 청소년들을 위한 기독교교육은, 단순한 성서지식의 전달이나 윤리적 행동의 강조라는 측면보다는 정체감 형성에 도움을 주며 기독교인의 사회적 역할을 구체적으로 제시하는 맥락에서 마련되어져야 한다는 점이다. 다음으로 청소년기의 결단(commitment)은 역사적 실재인 '나'와 하나의 가능성인 미래의 '나'를 적절하고 의미있게 연결시키는 '해석학적' 기

---

08) Ibid., p. 273.

반 위에서만이 내려질 수 있으므로, 기독교교육도 이를 중시하며 청소년들로 하여금 성서와 자신과의 관계를 바르게 해석할 수 있도록 도와야 할 것이다.[09]

2. 삐아제(Jean Piaget)의 청소년 이해

1) 삐아제가 바라본 청소년 기본개념

삐아제는 인지라는 개념을 단지 지적 과정이나 산물에 국한시키지 않고 의식, 사고, 상상, 추론, 문제해결 등과 같은 고등 정신 과정을 의미하는 것으로 정의하면서, 인간의 지능은 개인과 환경과의 끊임없는 상호작용의 결과로서 발달한다고 가정하고[10] 인지발달이론(cognitive developmental theory)을 주장했다. 그는 인간의 인지적 활동을 유기체가 그의 환경에 적응해 가는 과정으로 보았다. 바로 이 적응과정에 있어 삐아제는 하나의 인지적 적응구조를 가상하고 이를 '셰마'(schema)라고 불렀고, 이 셰마가 동화와 조절의 순응과정을 통해 발달해 나간다고 보았다.[11] 삐아제는 동화(assimilation)에 대해 다

---

[09] Ibid., p. 275.

[10] J. Piaget & B. Inhelder, The Child's Conception of Space (London: Routledge and Kegan Paul, 1956), p. 162.

[11] 박신경, "Piaget의 인지발달 이론에 관한 새로운 논의들: 취학 전 아동의 이해를 중심으로", 신학과 목회 제V집(영남신학교, 1991), p. 144.

음과 같이 말하였다.

    동화(assimilation)란 외부의 환경을 유기체에 맞도록 적응시키는 과정인 반면, 조절(accommodation)은 환경 조건에 유기체 자체를 적응시키는 과정이다. 동화는 아동이 새로운 사상이나 관념을 기존의 도식(schema)에 흡수시키는 적응과정으로서 새로운 사실은 기존도식의 일부가 된다. 그러나 조절은 새로운 사상에 알맞게 기존의 도식을 변화시키기 때문에 유기체 자체의 변화가 불가피하다. 한편 도식이란 유기체가 외계의 사물을 인지하고 대응하는 데 사용하는 '이해의 틀'이라고 할 수 있는데, 도식은 생래적인 것이 아니며 환경과의 접촉을 통하여 형성되는 것이다.[12]

    정상적인 성장은 동화와 조절 사이에 빚어진 긴장의 해소 과정을 통하여 가능하다. 긴장이란 과거의 반응양식과 새로운 반응양식 사이의 갈등을 의미한다. 지적인 성장은 아동이 새로운 상황에 적응할 때 일어난다. 이러한 적응상태를 평형(equilibration)이라고 한다.[13] 삐아제는 출생으로부터 청년기까지에 일어나는 지적성장을 인지구조의 질적 차이에 의해서 4단계로 구분하고 있는데, 그 중에서도 3단계와 4단계는 사춘기 이전과 이후의 청소년들이 지니는 인지적 특성을 이

---

12) J. Piaget & B. Inhelder, op. cit., p. 163.
13) 김태련, 장휘숙, 『발달심리학』(서울: 박영사, 1987), pp. 15-16.

해하는 데 도움을 준다.[14]

2) 청소년 이해

6세에서 12세 사이의 아동이 속한 3단계를 구체적 조작기(concrete operational stage)라고 부르며 그 인지적 특성은 다음과 같다. 첫째, 보존개념을 획득한다. 보존개념이란 수, 길이, 넓이, 부피 등을 그 차례나 형태를 바꾸어 다른 방법으로 제시해도 그것들이 변하지 않는다는 것을 아는 능력을 의미한다. 그러나 보존 개념을 갖지 못하면 눈에 보이는 현실만을 인지할 뿐 변화의 가능성을 고려하지 못한다. 둘째, 규범이나 규칙을 하나의 관점에서만 보기에 절대적인 것으로 여기며, 사물을 보는 관점이 아직은 자아 중심적이다. 셋째, 사물들 간의 관계성을 고려할 수 있기 때문에 분류할 수 있고 순서대로 나열할 수 있다. 그러나 이 시기의 아동들은 구체적 사물과 관련되어 있는 문제해결에서는 대단히 유능하나, 순수하게 철학적 혹은 추상적 개념에 관한 가설생성에는 아직 미숙하다.

다음은 12세 이후부터 성인기까지 지속되는 발달단계를 삐아제는 형식적 조작기(formal operational stage)라고 명명하였다. 이 시기의 청소년들은 첫째, 구체적이고 실제적인 상황을 넘어서 순전히 상징적인 추론을 할 수 있다. 자료를 조직하여 과학적으로 추리하여 가설을 세우고 체계적으로 검증할 수 있다. 둘째, 제한된 부분에만 집착하던

---

14) J. Piaget & B. Inhelder, op. cit., p. 164.

자아 중심적 사고에서 벗어나 조합적 사고(combinational thinking)를 할 수 있다. 조합적 사고란 하나의 문제를 해결하기 위하여 모든 가능한 해결책을 논리적으로 검토할 수 있는 능력이다. 삐아제는 이 발달단계가 불변적인 순서로 진행되지만 각 단계를 거치는 개인의 연령에는 차이가 있다고 제안하였다.[15]

청소년 행동에 대한 삐아제의 설명은 자신의 이론과 여전히 일관성을 갖는다. 그는 청소년사고와 인성의 특성을 정상적인 발달의 결과로 본다. 곧 청소년의 사고와 행동의 대부분이 앞에 일어난 발달로서 설명될 수 있다는 것이다. 이러한 청소년기와 그 이전의 인지구조의 발달은 그들의 행동특성을 설명하는 데 자못 유의하다고 하겠다. 일반적으로 형식적 조작기에 해당하는 청소년은 형식적 조작기의 인지적 기능을 완성했거나 완성 중에 있다. 거듭 말하지만 논리적 조작은 논리적인 광범한 문제를 해결하게 한다. 이러한 점에서 인지구조의 질적 발달은 '완성점'에 이르렀다고 해도 과언은 아니다. 그러니까, 일반적으로 청소년이면 누구나가 모든 문제를 성인과 똑같이 논리적으로 해결할 수 있는 정신적인 채비를 갖추었다고 말할 수 있다. '그런데 왜 어른과 달리 사고하느냐'라는 질문이 일어난다. 삐아제는 청소년의 사고를 독특하게 하는 것은 대체로 아동 수준의 인지발달과 거기에 수반되는 사고의 자기중심성에서 비롯된다고 믿는다.

삐아제의 이론에 의하면 청소년들은 이처럼 추상적이고 통합적인

---

15) 김태련, 장휘숙, op. cit., p. 18.

인지 능력을 가질 수 있기 때문에 정의, 자유, 사랑 같은 추상적 이념을 이해할 수 있으며, 여러 가지 명제를 통합하여 새로운 질문을 할 수 있다. 이러한 청소년기의 인지적 특성을 기독교교육에 적용을 한다면 먼저, 청소년들에게 막연한 성서내용의 해설이나 감정에 호소하는 형태의 교수 방법은 효과적이지 않을 수도 있다. 왜냐하면 한 명제의 진위여부나 여러 명제 사이의 논리적 일치까지 구별할 수 있는 능력을 지닌 청소년들에게 어떤 명제의 무조건적 수용이나 신앙만을 주입하는 교육은 바람직하지 않기 때문이다. 다음으로 청소년들은 미래와의 관련 속에서 현실을 보는데 민감한 인지적 특성을 지니기 때문에 그들로 하여금 미래 사회와 그 속에서의 자신의 역할과 위치에 대해서도 신중하게 생각하게 하는 교육 방법이 필요하다.

3. 콜버그(Lawrence Kohlberg)의 청소년 이해

1) 콜버그가 바라본 청소년 기본개념

인간의 도덕적 발달을 도와주는 것이 도덕교육이라면, 이 도덕적 발달이란 인지적인 면뿐만 아니라 비인지적인 요소 즉 사회적, 정서적 면과 행동적인 면까지 포함하기 때문에 그 교육을 어떻게 할 것이냐 하는 것은 현장에서 일하는 교사들에게 늘 심각한 질문이 되어왔고, 사회과학자들 사이에서도 도덕성에 대한 연구과정에서 끊임없는 논

란이 있어 왔다.[16]

인간의 도덕적 발달에 대해서는 콜버그의 이론이 대표적인데, 그는 존 듀이(John Dewey)의 교육철학에 근거하여 삐아제의 인지발달 이론을 도덕적 사고를 바탕으로 상세히 설명하며 완성하였다. 콜버그는 도덕적 이론이 고정된 단계들을 통하여 진보한다는 것과, 구조를 통하여 가속화될 수 있다는 것을 믿는다.[17] 그는 도덕성 발달이 그 순간의 환경이나 보상 기회 등에 영향을 받는 상대적인 것이 아니라, 모든 사람에게 공통적이며 절대적인 구조를 바탕으로 하는 것임을 주장한다. 이러한 구조는 근본적으로 인지적이라는 것이다. 그리고 인간의 도덕성을 크게 세 가지 차원으로 보는데, 그것은 '전 인습적 도덕성'과 '인습적 도덕성'과 '후 인습적 도덕성'이며, 이것들은 다시 여섯 단계의 발달단계로 나눠진다.

2) 청소년 이해

여섯 개의 발달단계 중에서도 청소년기는 '인습적 도덕성'을 강조하는 3, 4단계에 해당된다. 먼저 10대 초기인 3단계의 청소년들은 '착함'을 '동기와 감정'의 측면에서 지향하며 타인과의 관계 속에서 자신의 도덕적 관점을 취하게 된다. 이들은 공유된 합의나 기대를 인식하면서 이를 개인적인 입장보다 더 중시하기 시작한다. 이 단계를 지난

---

16) 박신경, "도덕적 발달에 있어서 역할취하기 : 콜버그의 인지적·발달심리 학적 이론", 신학과 목회 제Ⅳ집(영남신학교, 1990), p. 142.
17) Jack Snowman & Robert Biehler, op. cit., p. 59.

10대 후기인 4단계의 청소년들은 '법과 권위'를 지향한다. 즉, 이들이 중요하게 여기는 것은 사회의 권위와 질서 유지를 위한 엄격한 법에 복종하는 하는 것이며, 권위를 존중하는 것은 필수적이다.[18] 그러나 소수의 청소년들은 사회 질서의 필요성과 법의 합리성을 인정하면서도 사회적 계약보다는 인간의 존엄성, 자유, 정의와 같은 개인의 절대적 가치를 더 중요하다고 판단하여 '법 대 보편적 원리' 또는 '법적 권리 대 도덕적 권리' 사이에서 쉽게 도덕적 판단을 하지 못하는 딜레마에 빠지기도 한다. 이것은 법이란 사람들로 하여금 화목하게 생활하기 위해 만든 장치이기 때문에 구성원들의 동의와 민주적 절차를 통해 변경될 수도 있다고 주장하는 5단계 청소년들의 '후 인습적 도덕성'을 보이는 것이라고 볼 수 있다. 콜버그의 이론은 몇 가지 특징을 지니는데 그것은 다음과 같다.

첫째, 각 단계의 개념은 연속성을 지니고 있다. 다시 말해 인간은 각자 도덕적인 판단의 단계를 순서대로 거쳐 가야 한다는 것이다. 둘째, 다양한 문화적 환경 속에서 각 단계의 개념은 보편성을 지니고 있다는 것이다. 이는 도덕성 발달은 단지 한 개인이 속한 문화의 규율이나 가치관의 학습에 의해 이루어질 뿐만 아니라 어느 문화에서나 이루어지는 보편성을 지니고 있는 것이다. 셋째, 각 단계의 개념은 동일성을

---

18) Ibid., p. 61.

보여준다.[19]

이러한 콜버그의 이론은 과연 도덕성 발달단계가 불변적인 순서로 전개되는지, 그 발달과정에 퇴행은 없는지, 문화권이 달라도 그 발달과정이 보편적인지, 도덕적 판단과 도덕적 행동 사이의 상관관계는 무엇인지 등의 논란이 아직 남아 있기는 하다.[20] 그러나 그의 도덕성 발달이론은 기독교교육에 있어서 청소년을 이해하는데 몇 가지 시사점을 준다.

우선, 인간이 만들 수 있는 최선의 사회란 사회 질서의 필요성을 이해하면서도 자유와 정의와 같은 보편적 원리에 대한 통찰력을 지닌 구성원들로 이루어진 사회라고 정의할 때, 청소년들로 하여금 먼저 그들이 속한 사회의 도덕적 판단 기준을 인식하게 한 후에, 그보다 나은 단계로 능동적으로 나아가게 하는 기회를 제공해야한다는 점이다. 일반적으로 기독교 윤리 교육의 형태는 도덕 판단의 유형을 고려하지 않고 다만 종교적 규범을 주입하기 위해 청소년들이 수동적인 입장에서 듣기만 하는 것이었다. 그러나 도덕적 문제에 대해 능동적으로 사고하도록 돕기 위해서는 새로운 형태의 교육방법이 요구된다.[21]

다음으로 기독교교육은 대부분의 청소년들이 '인습적 도덕성'의 단

---

19) Eugene S. Gibbs, A Reader in Christian Education, 『한 권으로 읽는 교육학 명저 24권』 김희자 역(서울: 도서출판 디모데, 1999), p. 78.
20) 강희천, 『기독교 교육사상』, op. cit., p.280.
21) Ibid.

계에서 '후 인습적 도덕성'의 단계로 진행되는 과정에서 겪는 혼란 가운데서 긍정적으로 높은 수준의 도덕적 판단에 이르도록 도와주는 교육을 실시해야 한다. 또한 도덕적 판단뿐만 아니라 도덕적 행동교육에도 관심을 기울여야 할 것이다.

4. 파울러(James W. Fowler)의 청소년 이해

1) 파울러의 청소년 기본개념

파울러의 저서 「신앙의 발달 단계」는 종교(religion)와 신앙(faith)의 차이점을 구분하는 데서 시작한다. 비교종교학자인 스미드(Wilfred Cantwell Smith)의 작업을 뒤이어 파울러는 다음과 같이 이야기하고 있다. "종교란 미술 전시관과 같은 축적된 전통이며 신앙이란 종교보다는 한층 심오하고 개인적인 것으로, 축적된 전통의 형태를 통해 이해돼 온 초월적인 가치와 능력에 대한 한 개인이나 집단의 반응이다. 신앙과 종교는 이러한 관점에서 서로 밀접한 관계를 가지고 있다" 신앙과 종교는 서로를 성숙시킨다. 그러나 신앙과 신념(belief)을 같은 말이라고 생각해서는 안 된다. 신앙은 믿음이 형성된 초월적인 존재에 대한 신뢰와 충성의 관계며, 신념이란 지지하는 개념들을 소유하는 것이다. "신앙은 마음이나 뜻이 중심점을 향해 조정되도록 하는 것이다."[22]

파울러는 각 개인의 신앙의 형태는 유형화할 수 있다고 보고 신앙 발달을 일으키는 '구조적 특징'을 일곱 가지로 제시하였다. 그것들은 논리의 형태, 역할 수행 능력, 도덕 판단의 형태, 사회적 자각의 범위, 권위의 위치, 세계관의 형태, 상징의 역할이다.[23] 이 구조적 특징을 준거로 하여 파울러는 신앙의 발달 유형을 6단계로 구분하였다. 그 중에서도 청소년기는 3, 4단계에 해당된다.

2) 청소년 이해

제 3단계에 해당하는 '비분석적-관습적 신앙'에서는 사람의 세계 경험이 가족을 넘어 확장된다. 그 여러 가지 경험의 영역으로는 직업, 친구들, 사회 현실, 전달매체, 그리고 종교 등이 포함된다. 이 단계에서 신앙은 복잡하고 다양한 영역들 가운데서 일관성 있는 방향 제시를 해주어야 한다. 즉 신앙은 이 단계에서 가치와 정보들을 종합해주어야 하며, 자기 주체성의 기초를 마련해 주어야 한다. 이 3단계의 신앙은 주로 청소년기에 나타나는 것이 보통이지만, 많은 성인들도 이 단계에 지속적으로 머무르기도 한다.

제 3단계에 있는 사람들은 가치와 신조들 속에서 살고 있다. 그러나 때로는 그러한 가치와 신조에서 벗어나서 명시적으로 혹은 체계적으

---

22) Eugene S. Gibbs, op. cit., p. 502.
23) 강희천, op. cit., p. 282.

로 그것들을 검토, 반성하기도 한다. 이 단계의 청소년들은 하나의 '이데올로기'를 지니고 있지만, 그것을 대상화시켜서 검토하지는 못하며, 심지어 이데올로기를 가지고 있다는 사실조차 인식하지 못하는 경우도 있다.[24] 또한 이 단계가 출현하기 위해서는 개인적인 신화, 즉 자아정체감과 신앙에 있어서 자기 존재에 대한 신화와 궁극적인 환경의 이미지 안에서 자신의 과거와 기대하는 미래가 통합되어진 신화를 구성하는 능력이 있어야 한다.

한편 이 단계는 두 가지 위험과 약점을 지니고 있다. 그 중 하나는 다른 사람들의 기대와 평가가 강제적으로 내면화되어 후에 나타나야 할 자율적인 판단과 행동에 혼란이 올 우려가 있다는 것이다. 또 다른 하나의 위험은 인간관계에서 경험한 배신감으로 인해 궁극적 존재에 허무주의적 절망을 느끼거나, 아니면 인간적 배신에 대한 보상으로 인간의 일과는 무관한 하나님과의 친밀한 관계에 파묻힐 수도 있다는 것이다.[25]

제 3단계가 깨지고 제 4단계로 옮겨갈 수 있게 하는 요인들은 다음과 같은 것들이다. 지금까지 가치 있는 것이라 믿어 온 권위들 사이에 심각한 모순이나 충돌이 발견되었을 때, 혹은 이제까지는 신성하여 깨뜨릴 수 없는 것이라고 여기던 관습이나 정책이 공적인 지도자에 의해 크게 변화하였을 때, 또는 우연히 어떤 것을 경험하게 됨으로

---

24) J. W. Fowler, op. cit., pp. 216-217.
25) Ibid., p. 216.

써 자기의 신조나 가치가 어떻게 형성되고 변화되어 왔으며 또 그것이 다른 집단과의 관계 속에서 얼마나 상대적인가를 반성하게 되었을 경우 등이다.

이러한 요인들로 인해 '주체적-반성적 신앙'이라고 불리는 제 4단계가 시작되면서 나타나는 두 가지 본질적 특징은, 이제까지 자기가 막연히 생각해 왔던 가치체계에 대하여 거리를 두고 비판적 태도를 취한다는 점과, 실행적 자아가 대두한다는 점이다.[26] 이 때 개인은 새로운 자기 주체성을 형성한다. 이 4단계에서는 3단계에서 이루어진 인간관계와 관점들을 계속 유지되지만 몇 가지 특징이 덧붙여진다. 먼저 이 시기의 사람들은 타인의 이념과 그 밑거름이 된 집단 경험을 중요하게 여기며 다른 사람을 이해한다. 다음으로 제 4단계는 사회적 관계들을 체제의 관점에서 이해하게 된다.

이러한 4단계로의 전이는 언제 일어나든지 그 사람의 삶에 있어서 하나의 상승을 의미하며, 그 전이의 과정은 5-7년 혹은 그 이상이 걸리기도 한다. 제 4단계의 주체적-반성적 신앙으로 넘어가는 것이 특별히 중요한 이유는, 청소년 후기나 성년기에 그 자신의 결단이나 생활태도, 신조, 자세 등에 대하여 심각하게 책임을 느끼기 시작하는 것이 바로 이 과도기에 일어나기 때문이다. 이 4단계로의 전이가 일어나는 동안 두 개의 양극화 현상을 피할 수 없게 된다. 즉, 특수와 보편, 절대와 상대, 주관성과 객관성 등인데, 만약 그 중 하나만을 선택하여 강조

---

26) Ibid., p. 224.

하면 절대주의라 하여 타인의 신앙을 포용하지 못하는 한계를 지니게 된다.

파울러의 이러한 이론이 종교와 신앙을 분리시켜 놓고 자아 발달과 신앙 발달을 거의 동일하게 정의한 점과, 신앙을 지나치게 인지적 차원에서만 정의한 점 때문에 논란의 여지가 남아 있기는 하지만, 그의 이론은 기독교교육에 시사하는 바가 크다. 먼저 그는 신앙의 발달을 아는 것(knowing), 느끼는 것(passion), 행하는 것(relation)의 균형 있는 통일체로 정의함으로써, 지나치게 정적인 차원의 신앙만을 강조하던 기독교교육의 형태를 비판하게 한다.

교회는 신앙 공동체이지만 인간들의 집단이므로 항상 개혁되어지는 공동체가 되어야 한다. 이런 관점에서 기독교교육의 형태는 청소년들로 하여금 인습적 수준의 신앙을 지속적으로 성찰하도록 도우며, 자신의 신앙에 대해 책임성을 의식하도록 격려하며, '주체적-반성적 신앙' 형태가 지니는 자기과신적(narcissism) 한계와 자기중심적 약점을 인식하도록 돕는 교육이 되어야 한다.[27]

---

27) 강희천, op. cit., pp. 284-285.

B. 청소년에 대한 해석학적 이해

청소년 교육에 있어 해석학적 접근 방법 중 토마스 그룸(Thomas H. Groome)의 해석학적 방법론은 주관적 해석 유형의 대표적 방법이다. 그룸은 현대의 변증법적 해석학의 방법을 통해 신앙과 생활의 현장에서 동일한 모습이 이루어지는 것을 추구하는 교육을 꾀하고자 한다. 그의 교육 이론은 '교육'이라는 용어의 정립에서 시작하여 기독교 신앙교육의 목적을 밝히고, 신앙과 삶의 분리를 초래한 근본 이유가 인식문제에 대한 잘못된 이해에서 비롯되었다는 것이다. 이 해석학적 이론을 바탕으로 청소년을 기독공동체의 일원으로 이해하고 그룸의 시간 내 존재자라는 이해와 함께 의사소통 행위를 통한 청소년 이해를 하고자 한다.

1. 기독공동체의 일원으로 이해

청소년은 기독교 공동체의 일원으로서 기독교적 앎을 추구하는 존재이다. 기독교적 앎이란, 개인의 내적 경험뿐만이 아닌 관계성이라는 외적 경험을 통해 형성되며, 지식이나 신념의 단순한 전수가 아닌 행동화되어야 할 삶의 방식이다. 이러한 앎을 위해서 공동체를 통한 교

육방법을 사용해야 한다.[28]

공동체 교육의 필요성은 학교식 교육이 지식 전달에만 치우침으로써 인간의 전인적 발달을 해치고 있다는 반성에서 비롯된 것이다. 한국교회는 학교식 교육 모형을 무비판적으로 교육에 적용함으로써 교회가 본래 지니고 있어야할 공동체로서의 삶을 오히려 저해해온 경향이 있다.[29] 교회의 공동체로서의 삶은 예수 당시로부터 오늘에 이르기까지 기독교회의 존재 양식이며 또 목적이었다. 사도 바울은 이 교회 공동체를 '그리스도의 몸'이라고 했고, 이 몸에 속한 크리스천들은 지체의 각 부분을 이루어 각자의 은사에 따라 그리스도를 섬기도록 가르쳤다.[30]

1-3세기까지의 교회는 이러한 공동체로서의 정체를 계속 유지해왔다. 콘스탄티누스의 대전환을 계기로 교회는 제국교회로서의 특징을 강화해갔으니 중세의 긴 역사 속에서 수도사들의 공동생활의 장이 된 수도원이 기독교의 공동체적 정체를 계승해왔다. 이 전통이 서구 교회의 유산으로 남게 된 것이다.

기독교 공동체는 교육목적이 신앙을 증진시키는 것으로 인식해 왔

---

28) 리차드(Lawrence O. Richards)는 성경을 믿고 안다는 사람들이 성경대로 살지 못하는 원인이 성서교수방법의 잘못된 선택에 있다고 보았다. 기존의 형식적인 학교식 교육방법은 신념이라는 인격의 어느 한 요소에만 초점을 두고 있으며, 전인격을 다루기 위해서는 학습자의 실제 환경에서 이루어지는 비형식적인 교육방법이 더 효과적이라고 말한다. Lawrence O. Richards, Creative Bible Teaching, 『창조적인 성서교수법』 권혁봉 역(서울: 생명의 말씀사, 1972), p. 19.

29) C. Ellis Nelson, Where Faith Begins 『신앙교육의 터전』 박원호 역(서울: 한국장로교출판사, 1996), p. 179를 참고.

30) Lawrence O. Richards, A Theology of Christian Education, 『교육신학과 실제』 문창수 역(서울: 정경사, 1980), pp. 71-79.

다. 그래서 신앙을 기독교 공동체의 교육적 과제이자 직접적인 목적으로 삼는다. 그러나 신앙교육도 교육적 성격을 배제할 수 없기 때문에 시간 안에서의 교육적 성격도 포함한다. 따라서 기독교 신앙교육은 현재 임재하시는 하나님의 행동에, 기독교 신앙공동체의 이야기에 그리고 이미 도래한 하나님 나라의 비전에 참여하는 것이라고 정의할 수 있다.[31]

그룹은 그의 책 제 2부[32]에서 기독교 신앙교육의 목적에 대해 언급한다. 그는 기독교교육의 궁극적인 목적(meta purpose)이 예수 그리스도 안에 나타난 '하나님 나라'이고, 이 목적을 실현하기 위한 목적(purpose)으로 '기독교 신앙교육을 위한 교육'과 '인간의 자유를 위한 교육'을 말한다.

그룹은 신앙의 목적이 개인 영혼에 있다는 사실을 인정하면서도 이런 응답의 배타성, 개인성, 피안성을 지적한다. 그래서 그는 이러한 자세가 예수 그리스도에 의해 가능해진 구원에 대한 손상되고 부정확한 이해를 가져온다고 한다. 그는 신앙인들이 개인 구원 이상의 것을 표현하는 상징과 궁극적인 목적을 추구해야 한다고 본다. 예수 그리스도 안에 있는 하나님 나라로 이끌도록 하는 것이 바로 신앙교육의 궁극적인 목적이라는 것이다. 하나님 나라는 역사 전체를 통해 하나님의 현재적 활동을 나타내는 상징이며, 하나님의 선물이다. 하나님

---

31) Thomas H. Groome, Shared Christian Praxis, Lumen Vitae, vol. 31(1976), pp. 56-57.
32) Thomas H. Groome, Shared Christian Praxis, ibid. pp. 90-110.

나라와 권능은 십자가에 달리고 부활하신 그리스도 안에서 구체화되었고, 하나님 나라에 응답하기 위해 인간은 모든 사람들을 사랑하며, 회개의 삶을 통해 계속적인 응답을 해야 한다.[33]

그래서 기독교 신앙교육은 예수 그리스도 안에 나타난 하나님 나라에 응답하며 살아가는 삶으로서 세 개의 필수적이고도 구성적인 차원, '믿음으로서의 신앙', '신뢰로서의 신앙', '행동으로서의 신앙'으로 표현된다.[34]

이러한 신앙교육을 제시하면서 그룹은 기독교공동체로서의 교회는 언제나 사회 속에서 다양한 가치의 도전을 받고 있으며, 교회 자체가 늘 갱신되어야 할 집단이므로, 기독교공동체의 사회화과정 내에는 반드시 자신의 가치에 대한 비평적 성찰이 이루어져야 할 것을 주장하였다. 그는 삶을 기반으로 하여 형성되는 해석학적인 앎이 가능해지도록 하기 위해서 성서교육은 공동체를 통한 경험을 고려한 교육방법을 활용해야 하며, 공동체를 통한 교육과정 내에 공동체의 전이해가 성서의 전통적 신앙 이야기와의 만남과 대화를 통해 비평적으로 성찰될 수 있는 과정이 포함되어야 한다고 주장했다.

---

33) Ibid., pp. 90-93.
34) Ibid., p. 96.

2. 시간 내 존재자로 이해

그룹에게 있어 기독교 신앙과 인간의 자유는 매우 밀접하게 관련된 것으로 신앙은 인간을 자유에로 인도한다. 살아있는 기독교 신앙에 대한 개인의 응답이나 혹은 하나님 나라의 초대에 대한 공동체의 응답은 자유롭고 인간의 자유를 증진시킬 수 있어야 한다. 그래서 교육적 행위도 기독교적 비평의식이 더욱 고무되도록 하는 차원에서 계획되어져야 한다.

그리스도인들은 예수 그리스도의 죽으심과 부활하심을 통해 우리에게 유효하게 된 하나님 나라의 은총에 의해서 자유로운 존재가 된다. 그룹은 인간 자유에 대한 탐구가 기독교 신앙에 적극적인 공헌을 하는 것을 확신한다.

전통 교회에서 주도적인 개념이 되었던 '믿음으로서의 신앙'은 이성적이고 지적인 차원만을 강조함으로써 신앙은 이데올로기화되고, 신앙의 감정적이며, 실천적인 차원이 간과된다고 한다.[35]

개신교의 전통에서 발견되는 '신뢰로서의 신앙'에 대해 그룹은 신뢰적 차원에 대한 지나친 강조는 구원을 개인적이고 피안적인 것으로 이해하게 만들기 쉽다고 비평한다. 또한 그는 그리스도 안에 있는 하나님 나라에 대한 응답으로서의 기독교 신앙이 하나님의 뜻을 실천하는 가운데 아가페의 삶에서 구체화되는 '행동하는 신앙'이 되어야 함

---

35) Ibid., p. 102.

을 역설한다.

신앙에는 세 차원이 있는데 우선, 예비 신자들에게는 신앙전통이 지니는 교리를 가르치고, 신앙을 지닌 사람들에게는 영적인 발전이 이루어지도록 하며, 전 인류를 향한 깊고도 영속적인 친교의 유대와 선한 의지를 증진시켜야 한다. 또한 신앙의 행동적 차원에서 볼 때, 그리스도인들은 하나님 나라의 은총과 명령에 응답해야 한다. 결국 기독교 신앙은 일생동안 계속되는 발전적 과제라 할 것이다.[36] 그룹은 신앙과 마찬가지로 교육에서도 세 가지 차원이 있다고 다음과 같이 말한다.

교육은 '이끌어 가는 행위'이다. 이끌어 가는 행위의 세 가지 차원은 '과거에서 오는 차원'과 '현재의 과정'과 그리고 '이끌어 가는 것이 이루어지는 미래의 차원'이다. 이것은 교육의 '이미', '현재 실시되고 있는', '그러나 아직'의 세 차원을 말하는 것으로 이 차원들은 분리되어서는 안 되지만 분석을 위해서는 구별될 수는 있다.[37]

첫째, '이미'의 차원은 과거에 대한 전제나 관심으로써, 학습자나 혹은 교육자가 이미 알고 있는 것을 말한다. 이것은 개인의 경험보다는 공동체의 전통과 전승에 관계된다. 그룹은 이 차원에 대한 지나친 강

---

[36] 교회헌장 21항, 회칙 현대의 교리교육 25항, 교리교육 이란 지침서 30항에서는 일생에 걸친 신앙의 발전적 과정에 따른 신앙 성숙성 교육에 대해 언급하고 있다.

[37] T. H. Groome, "=Shared Christian Praxis, op. cit., p. 30.

조는 올바르지 못하다는 사실에 대해 프레리(P. Freire)의 '은행 저축식 교육 개념'과 화이트헤드(Whitehead)의 "교육은 트렁크 안에 물품을 채워 넣는 과정이 아니다"라는 말을 빌려 지적한다.[38] 둘째, '실현되어지는 현재의 과정'은 현재에 대한 관심으로서 지식이란 현재의 경험에서 만나지고 발견되는 것임을 강조하는 것이다. 과거와 현재의 앎에 대한 갈등에 대해 그룸은 "앎은 우리 가운데 이미 있었던 것의 일깨움으로써 되는 것이다"라는 플라톤(Platon)의 주장과 "앎은 그 기원이 감각적인 경험에 의한 것이다"라는 아리스토텔레스(Aristoteles)의 주장을 둘 다 반영해야 한다고 주장한다.

그는 현재의 경험과 흥미가 지나치게 강조되면, 쉽사리 과거의 경험이 망각되고 미래에 대한 책임성이 무시된다고 보았다. 셋째, '아직' 실현되지 않은 미래 차원은 과거의 유산과 현재의 창조성에서 솟아난 것이지만 과거도 현재도 넘어선 새로움을 지닌 것으로 파악된다. 그룸은 미래 차원이 전적으로 현재 차원에로 밀폐되면 그 결과는 길들여지는 교육이 되고, 성장과 변형보다는 개인적, 사회적 정체를 낳는다고 하였다.[39]

이상에서 교육의 본질에 대한 기본 개념으로서 시간의 세 차원을 살펴 보았는데, 그룸은 이런 시간의 차원의 교육을 가장 잘 표현하기 위해 '순례'라는 말을 사용한다.[40] 그는 '순례'라는 단어가 기독교 전

---

38) Ibid.
39) Ibid., p. 35.
40) Ibid., p. 33.

통에서 빠뜨릴 수 없는 언어의 착상이라고 보고, 교육자들은 학생들이 '시간 안에 있는' 순례자로서 과거 순례여행의 유산을 유실하지 않고 의도적으로 기억하며 현재에 이용할 수 있게 해야 하며, 순례여행의 계속성을 유지하면서, 현재와 과거가 모두 열려진 미래를 향해 창조적이고 변형시키는 활동이 되도록 교육해야 한다고 말한다.[41] 그리고 교육의 정치적 성격이 잘 드러나기 위해서는 교육활동의 권력이 학생들과 더불어 누리도록 사용되어야 한다고 본다.

정리하자면, 교육은 의도적이고 계획적으로 사람들로 하여금 현재와 그 현재가 포함하고 있는 과거의 유산과 전인(全人) 그리고 공동체를 위해, 현재가 지니고 있는 미래의 가능성에 주의를 기울이도록, 시간 안에서 순례자들과 더불어 행하는 정치활동이라고 정의할 수 있다.[42]

3. 의사소통 행위로 통한 이해

인간이 가진 특징 중 하나가 '언어'를 가지고 있다는 점이다. '언어'는 '이해'와 '해석'을 가능하게 하는 매체이다. 가다머(Han-Georg

---

41) Ibid., p. 43.
42) Ibid., p. 50.

Gadamer)는 인간을 영향사적 존재로 보고 인간의 존재방식인 '이해'의 현상을 인간의 현재 지평과 역사의 지평간의 대화 속에서 일어나는 지평융합의 과정으로 보았다. 다시 말하면, 인간은 이해라는 삶의 형태를 통해서 자신과 주변세계와의 관계를 인식하게 되는데, 이 '이해'란 어느 한 개인의 주관적 행위가 아니라 '현재'가 있기까지 역사를 통해 사람들에 의해 '해석'되어 왔던 전통적 관점들이 영향을 주고 있는 상황 속에서 역사의 텍스트와 주고받는 물음과 대답의 행위라는 것이다. 따라서 '이해'란 과거와 현재가 끊임없이 융해되어 가는 전승 속에서 해석자 자신을 스스로 전이(transposing)시키는 행위라고 묘사할 수 있다.[43]

그룹은 전 인격적인 교육이 이루어지기 위해서는 새로운 교육방법이 요청된다고 보며, 기존의 '전달식 체계'는 전통적인 교리의 내용에 대한 지식을 증원시키는데 불과하다고 비판한다. 교육의 사명은 학생들을 무조건 효과적으로 사회화시키는데 있는 것이 아니라, 사회의 변화, 교회의 개혁, 그리고 기독교인의 개인적 성숙을 위해 현재 삶에 대한 비판의식을 불러일으키는 활동을 하는 것이라고 한다. 이 비판의식을 가능케 하는 것이 '언어'라는 매체이다. 언어란 객관적이며 가치중립적(value-free)인 인식 매체이기 때문에 가장 합리적이며 논리적인 판단을 이끌 수 있다고 여겨져 왔다. 기독교교육에서 교사의 역할은 청소년들의 삶 속에 나타난 갈등에 대해 이 언어라는 매체를 통

---

43) 강희천, 『기독교 교육사상』, op. cit., pp. 40-41.

해 의식하도록 돕고, 그 갈등을 해결하기 위해 하나님의 은혜를 전달하는 자원으로서의 성서본문을 끌어오도록 돕는 것이다. 이러한 교육을 적절하게 실행할 수 있는 방법으로 그룹은 '몫을 나누어 참여하는 실천'(Shared Praxis)모형을 제시하였는데, 그 구성요소 중 몇 가지를 살펴보면 다음과 같다.

우선, 현재의 행동(present action)이다. 현재의 행동이란 세계에 대하여 의도를 지니고 있는 모든 행동을 의미하며, 바로 이 행동이 비판적 성찰의 대상이 된다. 인간은 자신의 활동에 대해 성찰할 때 자아에 대해 성찰하기 때문에 모든 성찰은 주로 '자기성찰'이다. 그렇다면, 어떤 교육이 자아성찰을 촉진할 수 있으며 그 성찰의 대상은 무엇인가? 이에 대해 과정사상가들은 다음 두 가지 차원을 이야기한다. 우선 자기성찰은 인간의 경험을 중시하는 차원에서 수행되어야 하며, 다음으로 성찰의 영역과 대상은 총체적이며, 포괄적이어야 한다는 것이다.[44]

다음으로, 그 구성요소는 대화(dialogue)이다. 함께 나누는 기독교적 실천은 본질적으로 상호역동성(commual dynamics)의 구조를 가지고 있기 때문에 대화의 사건은 함께 나누는 청소년의 기독교적 실천에 있어서 필수적이다. 여기서 '대화'란 자기 자신과, 타인과, 하나님과의 대화를 말한다.

대화는 일차적으로 '자신과의 대화'로부터 시작한다. 자아의 심층에서 자신의 전기적 사실들(biographies), 즉 자기 자신의 이야기와 비전

---

44) Ibid., p. 122.

과 반성적으로 대화하는 것이다. 자신과의 대화가 외면화되고 자신의 이야기와 비전을 다른 사람과 나눔으로써 '타인과의 대화'는 이루어진다. 그런데 이 대화를 구성하는 두 가지 활동이 말하기(telling)와 귀 기울임(listening)이다. 보통 대화라고 말할 때, 쌍방이 서로 말을 주고 받는 것으로 오해하기 쉬우나 대화에는 말하는 것만큼이나 귀 기울임이 중요하다. 귀 기울임이란 단순한 들음(hearing)을 넘어서서 화자가 전달하고자 하는 것을 가슴으로 들으려고 하는 행위를 말한다.[45] 이 말하기와 귀 기울임의 사건을 통해 우리는 자신과 타인에 대한 긍정(affirmation)과 함께 자신과 타인의 진정한 만남(confrontation)을 이루게 된다.[46]

마지막으로 함께 나누는 기독교적 실천의 대화는 '하나님과의 대화'로 나아간다. 기독교 신앙 안에서 어떻게 응답할 것인지에 대해 분별하고 선택하기 위해서 대화의 참여자들이 자신들의 삶과 기독공동체의 이야기와 비전간의 대화 속에 참여하게 될 때, 그들은 자신과 그리고 타인들과 대화하며 하나님과 대화하게 된다. 기도의 과정(prayerful process)이라고 할 수 있는 하나님과의 대화는 궁극적 결단과 선택을 위해 하나님께 의지하고 그분의 음성에 귀 기울이는 행동이다.

청소년교육을 포함한 대부분의 교육 활동은 인간 상호간의 커뮤니

---

45) Thomas H. Groome, Christian Religious Education : Sharing Our Story and Vision(Harper & Row, 1980), p. 189.
46) Ibid.

케이션을 통하여 수행된다고 볼 수 있다. 전통적인 사회에서는 몸짓이나 언어라는 특정의 의사소통 매체에만 의존하는 교육형태가 지배적이었다. 그러나 기술공학의 발전에 힘입어 다양한 커뮤니케이션 매체를 개발해낸 현대 사회에서는, 총체적인 의사소통을 촉진하는 시청각 교재나 교육공학(educational technology)적 학습 자료에 의존하는 교수-학습 형태가 점차 파급되어가고 있다. 커뮤니케이션이라는 용어는 일상적으로 인간간의 의견 교환이나 정보전달을 의미하는 말로 사용되고 있으나, 현재 청소년교육의 현장에서 진행되고 있는 커뮤니케이션의 매체와 과정을 다음의 세 가지로 비판해 볼 수 있다.[47]

첫째, 커뮤니케이션이라는 인간 행위에 대한 구체적인 인식의 변화가 요청된다. 의사소통이란 단순한 의사 전달이 아니라 다양한 관심, 특성, 전 이해를 지닌 유기체들 간의 의도적 혹은 비의도적 상호작용이라는 사실을 인식하지 못한 교사들은 학생들을 향해서 일방적인 독백을 하고 있다고 볼 수 있다.

둘째, 다양한 유형의 커뮤니케이션 '매체'는 그 매체의 특성과 기능을 고려하는 맥락에서, 그리고 청소년교육의 다양한 현장을 구별하는 과정에서 선정되어야 한다.

셋째, 청소년교육에서의 커뮤니케이션은 신학적 명제뿐 아니라 사회과학적 이론에 근거하여 그 형태와 과정이 구성되어져야 할 필요성이 있다. 그러므로 바람직한 커뮤니케이션이란 교육의 내용

---

[47] 강희천, op. cit., pp. 99-100.

(message)과 방법(media)을 연계시키면서, '교사-학습자'간의 커뮤니케이션과 '교육 환경-학습자'간의 커뮤니케이션을 함께 중시하는 형태이어야 한다고 정의할 수 있다.[48]

이러한 커뮤니케이션에 대한 이해는 근원적으로 성서에 기초하고 있다. 하나님이 인간에게 나타나고 관계 맺으시는 모든 형식이 커뮤니케이션의 구조와 유사성을 이루고 있다. 이런 존재 양식에 근거한 인간의 삶의 양식도 커뮤니케이션의 구조를 갖고 있는데 이러한 구조가 죄에 의해 파괴되었고, 그 회복이 그리스도에게서 이루어졌다.[49] 그러므로 청소년교육의 목적은 하나님과 인간, 인간과 인간 사이의 단절된 관계와 커뮤니케이션을 회복시키고, 교회 속에서 회복된 커뮤니케이션을 경험하고 그 사역을 수행할 수 있도록 하는 것이라고 정의할 수 있다.

그런데 청소년과의 대화를 시도하는 부모는 있으나 쉽게 성공했다고 자부하는 사람은 많지 않다. 그만큼 대화와 소통이 중요하다는 것은 인정하지만 쉽지 않은 문제이다. 특히 교회 속에서 청소년들을 가슴에 품고 가르치기 위해 기다리고 있는 교사들이라면 다시 한 번 생각해야 한다. 쉽지 않다는 것을, 그리고 준비가 부족하다는 것을 인식해야 한다.

---

48) Ibid., p. 100.
49) 권용근, "기독교교육과 커뮤니케이션", 신학과 목회 제VII집(영남신학교, 1993), pp. 133-134.

PART
03

청소년 교육에 대한
해석학적 시도

시대적으로 새롭게 요청되는 기독교교육의 모형으로 기독교교육의 해석학적 접근에 의해 시도된 해석학적 교육방법이 있다. 해석학이 다른 시간, 공간, 언어를 가진 텍스트와 해석자를 연결시키는 것을 관제로 삼듯이 기독교교육의 해석학적 접근은 성서의 의미를 청소년들의 삶의 세계를 통하여 이해하도록 한다. 특히 본장에서는 청소년 교육에 있어 해석학적 시도를 하고자 한다.

　해석학적 교육모형 중에서 성찰이라는 프락시스 접근 방법을 통해 현 사회에서 청소년들이 취해야 할 구체적인 행동양식을 성서와 연결시켜 새롭게 규명하여 그룹의 몫을 나눔으로서의 기독교적 삶의 실천 모형에 관심을 갖고, 구체적인 기독교교육의 실천적 접근을 하고자 한다. 그룹의 해석학적 교육모델은 오늘날 청소년 교육현장에서 유용하게 적용될 수 있을 것이다.

Ⅰ. 청소년 교육방법에 대한 해석학적 접근

다원화된 사회 속에서 신앙교육 모델의 변화가 요구되고 있다. 새로운 교육방법으로는 기독교 신앙전통과 학생들이 현재적 상황, 경험을 성찰하여 이를 변증법적으로 통합시키는 교육방법이 요구되고 있다. 해석학적 접근방법은 기독교교육의 주요 내용으로서 기독교 전통과 인간의 경험을 선택하고 있다는 점에서 그 가능성을 시사하고 있다. 해석학적 접근방법에서는 기존의 내용과 유사성을 지니고 있지만, 그 근본적 차이는 기독교 전통과 인간의 경험을 대립관계로 보지 않고 이를 초월해 보려는 입장을 취한다. 곧 종교적 삶을 신앙만큼 중시하면서 기독교교육의 과제를 신앙과 생활의 연결, 성서적 지식과 문화의 연결, 그리고 개인과 사회와의 연결에 두고 학생들로 하여금 상관관계를 종교적으로 해석하는 과정 중 새로운 '의미'는 다시금 신앙의 내용이 되어 그들 장래의 삶을 의미 있게 형성하는 근거가 된다.[01]

따라서 배우는 학생들로 하여금 현재적 신앙행위와 기독교 전통에 대한 관심을 갖게 함으로서 하나님께 대한 신앙의 응답을 하면서 삶을 살아갈 수 있도록 이끌어 주는데 효과적이며, 또 참 인간성의 회복을 가능케 하는 교육으로서의 신앙과 신앙의 삶 사이에 간격을 줄일 수 있는 교육방법이다.[02]

---

01) 강희천, op. cit., p. 295.
02) 오인탁, 은준관, 정웅섭, 고용수, 김재은외 9인, 『기독교교육론』(서울: 대한기독교교육협회, 1985), p. 399.

해석학적 접근의 교육모형이 추구하는 목표는 청소년들로 하여금 능동적으로 자신의 생활과 관심에 직접적인 관련이 있는 성서의 내용을 찾아 그 의미를 해석함으로써 지적, 신뢰적, 행동적 차원의 신앙을 지니도록 하려는 것이다.[03] 또한 이 모형은 종교적 삶의 범위를 성서의 이해나 예배로 제한시키는 것이 아니라, 기독교인으로서 현 사회에서의 삶에도 적극적으로 참여하도록 하는 행동적 차원의 신앙을 중시한다. 그러기에 행동에 대한 비판적인 성찰과 해석을 강조하는데 그 해석은 보편적, 일반적인 해석이라기보다는 독특한 삶의 현장에서 경험하는 구체적 해석이라는 특징을 지닌다.

정체감의 혼란으로 방황하는 청소년들에게는 자신의 과거와 현재를 확인하면서 밝혀낸 '역사적 현실인 나'를 '미래의 나'와 의미 있게 연결시킴이 우선적으로 요청되는 과제이므로, 이를 위해서는 해석의 틀과 훈련을 통해 발전된 해석능력이 선행되어져야 하기 때문에 무엇보다 청소년들이 그들의 삶 속에서 해석학적 활동을 요청 받고 있는 것이다. 또한 인지적 측면에 있어서도 '형식적 조작'능력을 지니기 시작한 청소년들에게는 감정에의 호소나 성서내용의 전달이라는 교육형태보다는 자신이 직접적으로 관심을 지닌 당면 과제나 삶의 경험을 성서와 연결시켜 보면서 그를 통해 기독교의 명제를 이해하도록 돕는 해석학적 방법이 교육내용의 수용 태도에 있어 더욱 적극적이며, 자

---

03) T. H. Groome, Christian Religious Education, op. cit., pp. 57-66.

발적일 수 있다.⁰⁴⁾ 따라서 성찰된 현재에 대한 긍정적 수용과 미래에 대한 희망을 구체화하도록 돕는 해석학적 기독교교육은 청소년기 기독교교육에 적극적으로 수용되어져야 할 교육형태라고 볼 수 있다.

분명히 청소년기는 개인의 생애에 있어 독특한 시기로, 설명하기 힘든 특징을 보인다. 따라서 다양한 행동으로 표출되는 청소년기의 특징을 간단하게 규정지어 그에 적절한 교육을 실시하기란 어려운 일이다. 지금까지는 주로 발달심리학에서만 청소년 이해를 시도해왔으나, 다양한 사회 구조와 계층 문화로 이루어진 현대 사회에서는 사회문화적, 언어사회학적 접근에 의해서도 청소년 이해가 이루어져야 할 필요가 요청된다. 다시 말해서 청소년을 이해하기 위해서는 그들이 지닌 독특한 성향을 파악해야 함은 물론 그들 각자가 지닌 가치관, 세계관을 반영하는 그들의 언어와 행동을 사회과학적 분석 방법으로 이해할 필요가 있다는 것이다.

이에 대해 기독교교육은 아직도 교수-학습의 과정보다는 주입암기식의 교수법에 주로 의존하고 있어 대화나 집단 토론에 익숙하지 못하다. 그러나 성숙된 자아 개념을 형성하도록 촉진하며, 책임성을 바탕으로 하는 사회관과 이웃 사랑이라는 행동적 차원의 신앙을 발달시키도록 격려하는 해석학적 기독교교육의 모델은 분명히 기독교교육이 수용해야 할 교육형태라고 볼 수 있다.⁰⁵⁾ 이런 교육형태가 받아들

---

04) 강희천, op. cit., p. 298.
05) Ibid., p. 300.

여지게 되면 청소년들은 '해석자'의 입장에서 자신의 신앙과 삶을 연결시키게 될 것이다.

II. 나눔으로서의 기독교적 실천에의 접근

그룹은 자신의 해석학적 기독교교육을 '몫을 나누는 기독교적 실천'(shared Christian praxis)의 모형을 통해 전개한다. 이것은 구조적 측면에서 가다머의 역사해석학에 크게 의존하고 있다. 즉 그룹의 '몫을 나누는 기독교적 실천'은 역사의 지평 속에서 변증법적 이해를 추구하는 기독교교육이다. 가다머처럼, 그룹에게 있어서 역사-기독공동체의 전승는 현재에 영향을 미치며 미래를 규정하는 것이다. 그러나 한편 그룹은 비판적 해석학에서 제기하는 가다머의 역사해석학에 대한 약점을 간과하지 않는다. 그래서 그룹은 하버마스와 프레이리가 제시하는 비판적, 실천적 관심을 수용하고 있다. 그룹의 비판적, 실천적 성찰은 그룹의 몫을 나누는 기독교적 실천 속에서 기독교 신앙을 이해하는 중요한 축으로 작용한다.

그룹은 하나님의 통치(the reign of God)아래 체득된 기독교신앙(the lived christian faith)과 인간의 전인적 자유(the wholeness of human freedom)를 몫을 나누는 기독교적 실천의 궁극적 목적으로 제시한다. '몫을 나누는 기독교적 실천'이란 사람들이 자신들의 역사적 사역(agency)과 사회문화적 현실을 비판적으로 성찰하고, 기독공동체의 이야기와 비전에 비추어 봄으로써, 자신들의 사역을 하나님의 통치를 향한 기독교 신앙의 창조적 실천으로 전유(appropriation)하는 참여적, 대화적 교육을 말한다. 이 몫을 나누는 기독교적 실천은 '실천'(praxis)과 기독공동체의 '전승'과 '몫을 나눔'(shared)이라는 세 가지 구성요소로 이루어진다.

첫째, 실천이란 현재의 사역과 의식(consciousness)을 의미하는 현재의 행동이다. '현재 행동'이란 우리가 개인적이고 대인 관계적 그리고 사회적인 관계의 삶을 살 때 신체적, 정서적, 지적, 영적으로 행하는 것 모두를 포함한다. 또한 현재 행동에 대한 비판적 성찰은 현재의 행동을 부여한 '과거들'을 드러나게 하고, '미래들'에 대한 의식이 생기게 한다. '비판적 성찰'은 현재를 평가하기 위한 비판적 추론, 현재에서 과거를 폭로하기 위한 비판적 기억, 현재에서 미래를 내다보는 창조적 상상을 요구하는 행위이다.

현재 행동에 참여하는 비판적 성찰은 '대화'로 이루어진다. 대화한다는 것은 마르틴 부버(M. Buber)가 말한 것과 같이 '나와 너'의 주체 대 주체의 인격적인 관계 속에서 형성되는 것이다. 기독교 공동체의 이야기와 비전에 대해 대화한다는 것은 참여자가 생각한 현재의 경험으로부터 전통과 함께 대화한다는 것이다. 이 대화는 공동체의 산물로서 그리스도께서 우리를 이끄시는 '장'이 된다.

둘째, 기독공동체의 전승(The Story)의 '이야기'는 단순한 이야기가 아니라, 하나님의 백성 전체와 그들의 신앙 전통이 표현되어지고 구체화되어진 이야기를 의미한다. 하나님은 인간의 삶 속에서 역사하시며, 역사를 통해 인간은 순례의 길을 산다. 하나님의 행동과 초대에 응답해온 기독교 신앙 공동체는 여러 가지 전례 속에서 삶의 스타일을 부가하는데 이러한 신앙 전승의 표현들은 기독교 공동체의 이야기의 뼈대를 이루고 있다. 이런 이야기는 하나님의 은혜에 의한 구속적인 사건을 경험하게 한다. 이 이야기는 역사적인 현존 안에서 정점을 이룬다. 하나님이 항상 우리와 함께 하신다는 약속은 예수 그리스도를 십자가에 못 박으시고 일으키심으로 그의 뜻을 알리고, 초대하고, 실현된 하나님의 나라에 활기 있게, 응답하도록 함으로써 마지막 완성을 향해 앞서 가시는 하나님을 알게 한다.

'비전'이란 창조를 향한 하나님의 비전이며, 하나님의 통치권에 대한 신실함에 응답하도록 초대하는 것이다. 창조를 향한 하나님의 의지와 약속은 하나님의 나라이다. 완성된 하나님 나라의 약속은 참 희망으로서 우리에게 다가온다. 새 세계는 예수 그리스도 안에서 확실히 약속되어졌고, 실현된다. 그러나 그것은 현 세계에서 신앙 행동의 역사적 과정에 참여함으로써 이루어진다.

셋째, 몫을 나눔(shared)이란 상호적 파트너쉽(mutual partnership), 능동적 참여, 그리고 자신과 하나님과 타인과 그리고 기독공동체의 이야기와 비전과의 대화를 포함하는 말이다. 지금까지의 교육에서 교사는 대답하는 사람이며 의미의 창조자인 반면, 학습자는 지식을 담는 그릇이며 지식을 사용하는 소비자에 불과했다.[06] 그러나 기독교인은 그리스도의 몸에 참여하는 지체들(롬 12:5)이다. 따라서 기독교교육은 공동체적 성격을 지니며, 기독교교육의 과제로서 신앙의 정체성과 사역을 위한 교육과 기독공동체의 한 일원으로서의 '함께 몫을 나누는 과정'을 필요로 한다.

그룹은 이러한 구성요소를 지닌 '몫을 나누는 기독교적 실천'의 의미를 커네이션(conation)을 추구하는 교육(conative pedagogy)에다 둔다. 그렇다면 그룹이 말하는 커네이션이란 무엇인가? 그는 몫을 나누는 기독교적 실천에 참여하는 이들을 '관계 속에서 사역을 수행하는 주체'(agent-subjects-in-relationship)라고 부른다. 다시 말하면 인간은 역사와 세계 가운데 숙명적으로 처해지게 되는 관계(한계성)라는 한 축과, 자신의 존재의미를 깨닫고 역사와 세계 속에서 관계사역을 수행하는 관계(가능성)라는 다른 한 축을 지니고 있다는 것이다. 그룹에게 있어서 '몫을 나누는 기독교적 실천'의 기독교교육은 양 축을 연결해 주는 다리역할을 한다.

기독교교육이란 하나님께서 다스리시는 역사와 세계 가운에 있는 인간으로 하여금 자신의 사역을 깨닫고 기독교인으로서 그 사역을 수행해 나가게 하는 것이다. 이렇게 자신의 사역을 수행하기로 결단하는 상태를 '커네이션'이라고 부른다. 그룹은 이 커네이션을 "관계 속에서 사역을 수행하는 주체인 전 인격적인 존재가 타인들과 함께 참

---

06) T. H. Groome, Christian Religious Education, op. cit., p. 194.

여함으로써 무엇이 가장 인간적이고 생명을 부여하는 것(진리)인지를 알고 바라며 행동할 때 생기는 것"[07]이라고 정의한다. 커네이션은 교육을 교육 그 자체의 한계 안에서만 보려고 했던 과거의 한계를 넘어서서, 역사와 세계 안에서 삶을 살아가는 인간 존재의 지평 속에서 이해하려는 노력의 결정체이다.

커네이션을 추구하는 교육으로서 몫을 나누는 기독교적 실천은 초월적(transcendent) 특성과 존재론적(ontological) 특성과 정치적(political) 특성을 가진다. 커네이션을 추구하는 교육이란 역사 속에서 사회적 존재로서의 사람들의 삶과 관련을 맺는 교육을 말한다. 즉 "하나님, 자아, 타자, 그리고 모든 창조물들과 바른 관계 속에서 사역을 수행하는 주체"를 지향하는 교육이다.[08]

III. 청소년 교육을 위한 해석학적 교육모델

그룹은 그의 성서교육의 이론적 근거를 프레리의 '의식화 교육'과 아리스토텔레스 및 하버마스의 '인식 방법론'에 두고 그를 바탕으로 연구해 낸 '몫을 나누는 실천' 방법을 성서교육에 적용할 것을 제안한

---

07) T. H. Groome, Sharing Faith: A Comprehensive Approach to Religious Education and Pastoral Ministry- The way of Shared Praxis (Harper San Francisco, 1991), p. 123.

08) Ibid., p. 13.

다. 그는 현재의 삶의 행위와 경험을 비판적으로 또 변증법적으로 성찰하는 가운데 우리 자신들의 이야기들(stories)과 비전(vision)들을 기독교 공동체 이야기(The Story)와 비전(The Vision)에 비추어서 자각하게 하고 발전하게 하는 상호관계적인 성찰적 인식 방법을 말한다.[09] 다음 다섯 가지 구성 요소는 변증법적 해석학의 비판원리에 따라 역동적으로 진행되는 5단계의 교육과정이다.[10]

제 1단계는 현재 행위에 대한 자각단계이다.

어떤 신학의 기초이론을 주입하려는 것이 아니라 한 개인의 인식을 표현하는 과정으로 교사는 학습자로 하여금 현재 행위를 직시하고 분명한 진술을 하도록 도와준다. 이 단계에서 질문들은 부드럽게, 비협박적인 태도로 해야 하고, 낯선 사람들이 모였을 경우에는 길을 터는 작업(ice-breaking)과 공동체를 구성하는 작업이 필요하다.

제 2단계는 학습 참여자들의 이야기와 비전들에 대한 비판적 성찰을 하는 일종의 의식화의 단계이다. 이 단계는 연령 수준의 차이에 따라 각각 다른 형태를 취하는데, 모든 참여자들은 중심 주제와의 관련 속에서 '우리가 행하는 이유 그리고 그것을 행함에 있어서 우리가 소망하는 것'에 대해 성찰을 한다.

---

09) T. H. Groome, Shared Christian Praxis, op. cit., p. 198.
10) Ibid., pp. 299-340를 참조.

제 3단계는 기독교 공동체의 이야기(The Story)와 비전(The Vision)으로부터 확실한 자원을 얻는 단계이다. 이 단계에서는 그룹에 참여한 사람들로 하여금 관심을 갖는 주제에 대한 기독교 공동체의 이야기, 비전 혹은 하나님 나라의 빛에서 응답을 얻게 하는 기회를 제공한다. 즉, 제 2단계의 비판적 성찰의 주제에 비추어 교리내용, 성서내용을 이끌어내어 설명하며, 이를 통해 자신의 행동 안에서의 갈등을 해결하기 위한 신앙적 근거를 형성하고 현재의 행동과 성서 혹은 교리내용을 연결시켜 해석하도록 촉진시킨다.

제 4단계는 기독교 이야기(The story)와 참여자들의 이야기들(stories) 사이의 변증법적 해석 단계이다. 이 단계에서는 개인의 이야기들에 비추어 기독교 공동체의 이야기를 평가하고, 기독교 공동체의 이야기에 비추어 참여자들의 이야기들을 비판한다. 이 단계에서는 과거에 쓰여진 성서, 교리내용이 현재 학습자들에게 어떤 의미를 지니는지 이해하며, 해석의 틀(frame of reference)을 갖추도록 요청한다.

제 5단계는 기독교 비전(The vision)과 참여자들의 비전들(visions) 사이의 변증법적 해석의 단계이다. 이 단계는 학습자들로 하여금 미래를 위한 개인적인 신앙의 응답을 선택하게 하는 기회를 제공하는 단계이다. 즉 미래의 행동에 관한 실천적 결단을 내리는 시간으로, '우리는 어떻게 행동해야 하는가'라는 질문에 관해 구체적인 행동을 선택한다. 그러나 비록 이 단계에서 존재론적 해석이나 개인적인 신앙

응답의 실천적 형태를 선택하도록 격려한다고 할지라도 이는 개인주의적 편협성이나 주지주의적 합리화를 지향하게 하는 것이 아니라, 사랑, 정의, 책임성 같은 신앙 공동체의 기본적 입장에 안내되어지도록 하는 특징을 지닌다. 따라서 이 단계에서는 구체적인 행동의 결단이 공동적으로 모색되어진다.

이러한 그룹의 다섯 가지 단계의 행동은 신앙과 삶의 합일을 위한 교수 방법론임을 알 수 있다. 이 방법론에 대해 그룹은 다음과 같은 유의사항을 제시한다.[11]

첫째, 각 행동을 효과적으로 진행하기 위해서는 창조성과 상상력이 요청되어지는데 이를 위해 위의 행동들을 순서대로 진행해야 하지만, 창조적 사고를 통해 행동을 다양하게 배열하거나 전체적 흐름 속에서 유지해야 한다.

둘째, 몫을 나누는 실천의 실제에 있어서 중요한 것은 환경 즉 분위기의 문제이다. 모임 전의 분위기는 포근하고 환영하는 개방과 신뢰의 분위기가 되어야 하며, 환경에도 주의를 기울여야 한다. 특히 청소년들 교육의 경우에는 더욱 그러하다.

---

11) Ibid., pp. 326-340를 참조.

셋째, 시간문제에 있어서 학습과정의 연속성을 가지고 순서에 따라 진행되어야 하며, 각 단계의 소요시간은 약 10분씩 배정하면서 전체 시간이 40분을 넘지 않도록 하고 성찰, 대화, 평가하는데 대한 충분한 시간이 주어져야한다. 이를 위해서는 안락한 장소에서 약 12명 정도의 소그룹 형태가 바람직하다고 본다.

넷째, 교사는 학습자들이 주체라는 것을 분명히 인식하고 하나님 말씀이 현재 역사하시는 말씀이 되도록 참여자들을 후원하고 촉진시키는 일에 특히 유의해야 한다.

그룹의 이 5단계의 교육과정은 그의 저서 『Christian Religious Education』을 바탕으로 해서 청소년들의 삶과 기독교 전통과 이야기 사이의 변증법적인 해석과정을 통해서 청소년 교육을 위한 해석학적 교육모델을 구성할 수 있게 한다.

해석학적 교육모델의 첫 단계는 청소년들이 현재의 앎과 행동에 관해 명명(naming)하기를 요구받는 단계이다.[12] 이 단계에서 청소년들은 그들의 생각, 활동, 인간관계 등의 모습을 내어놓고 현재의 행동을 자각하게 되며, 이 때 명명은 그들 자신의 관점에서 이론이 아닌 실제적 경험과 실천에 대한 것이어야 한다. 물론 경험은 추상적이고 신비

---

12) T. H. Groome, Christian Religious Education, op. cit., pp. 208-211.

적이고 간접적인 것이 아니라, 청소년들이 과거와 현재에 체험했거나 체험하고 있는 구체적이고 직접적인 것이어야 한다.

두 번째 단계는 청소년들이 이야기와 비전을 나누는 단계이다. 첫 단계가 자아정체감의 위기를 겪고 있는 청소년들의 다양한 경험을 이야기하고 그 행동에 대해 명명했다면, 이 단계는 청소년들이 현재 행동의 이유, 그 행동의 결과들에 대해 정당한 비판적 성찰(critical reflection)을 시작하는 단계이다.[13] 이 단계는 현재 행동에 관하여 명백한 것을 파악하기 위해 청소년들로 하여금 사회적 상황, 규범들, 가정들에 대한 의식에 도달하도록 촉진하는 단계로 그들의 삶의 구조를 드러나게 한다. 여기서 사용할 수 있는 효과적인 교육방법으로는 그룹토의 및 사례연구 등이 있다.

세 번째 단계는 청소년의 개방적 공동체와 관심을 갖는 주제와 관련된 기독교 공동체의 이야기와 만나고, 그 이야기가 하나님 나라와 빛 가운데서 초대하는 비전 또는 응답을 만나기 위해 행동하는 단계이다.[14] 그룸이 말한 것처럼, 청소년들이 성서와 기독교 전통에 접할 수 있도록, 개방적 교사는 청소년들에게 토론 주제에 맞는 성서본문과 기독교 전통을 소개함으로써, 청소년들이 성서와 기독교 전통 속

---

13) Ibid., pp. 211-214.
14) Ibid., p. 214.

에서 자신을 성찰하도록 도와야 한다.

네 번째 단계는 현재 청소년들의 이야기에 비추어서 기독교 이야기를 비판하고, 과거 기독교 이야기에 비추어서 현재 청소년들의 이야기를 비판하는 변증법적 해석의 단계이다.[15] 이 단계에서 교사는 청소년들로 하여금 과거에 쓰여진 성서의 의미와 현재 그들이 경험하는 삶을 스스로 연결시켜 보며, 그러한 연결의 해석과정을 통해 실천적인 앎을 지니도록 촉진시키는 의도적인 노력을 기울여야 한다. 이 때 청소년들이 하게 되는 비판 작업은 비판 자체를 목적으로 하는 것이 아니라, 기독교 공동체의 앎을 성찰하고 그것을 사유하고 발견함으로서 그것에 대한 새로운 앎을 명명하기 위한 것이다.[16] 청소년들은 이 과정을 통해 교회의 전통을 성찰하게 되고 그 속에서 인간의 가능성과 잠재력을 발견하게 되며 잃어버렸던 의미를 회복할 수 있게 된다.

마지막 단계에서 청소년들은 현재의 행동 속에서 구체화된 비전들을 하나님 나라의 비전에 비추어서 비판하고, 그 비전에 대한 적절한 응답이 될 미래의 행동에 대하여 결정해야 한다.[17] 이 단계에서 요구되는 교육적 사명은 청소년들의 정체성의 확립을 저해시키는 사회의식과 제도 및 종교적 편견들과 규정들을 바로 고치며, 새로운 가치체

---

15) Ibid., p. 217.
16) Ibid., p. 220.
17) Ibid.

계형성의 추진력이 되는 기독교의 비전을 제시하며, 그로 인해 청소년들이 새로운 가치를 창조하는 일에 동참하도록 인도해야 한다. 또한 청소년들이 '하나님 나라에 대한 비전'에 비추어서 오늘날 자신들의 실존문제를 해석하면서 새로운 미래를 위한 실존적 결단을 내리도록 도와야 한다.

이 다섯 단계의 교육모델은 학생들의 삶의 현장에서 일어나는 그들의 경험에 대한 성찰과 하나님 말씀을 내면화하는 변증법적인 해석과정을 통해 미래에 대한 희망을 증언하도록 돕는 접근방법이다. 이것은 폐쇄적인 단 하나의 순서를 따르기보다는 전체적인 흐름 속에서 공동체의 상황에 맞게 유동적으로 진행되어야 한다. 그렇게 될 때 이러한 교육과정은 청소년 개개인의 삶의 변화뿐만 아니라, 공동체적 삶에 대한 깨달음과 책임성에까지 연결되어질 수 있을 것이다.

그러면 이와 같은 변증법적 해석의 5단계 과정을 통한 교육모델을 가지고 실제적인 교육모델을 만들어 보겠다. 그 대상은 청소년들이며, 주제는 '청소년들의 삶에 영향을 주는 영상문화'(영화)이다.

변증법적 해석 5단계 교육모델

목 적 : 성서 본문을 통해 청소년들에게 신앙교육이 이루어지도록 하는 데 있다. 텍스트와 청소년의 만남이 목적이다.

본 문 : 마태복음 9장 35-38절

방 법 : 그룹의 5단계 과정을 교육모델로 한다.

제 1단계 : 현재 청소년들의 행동에 대해 명명하는 단계
청소년들이 좋아하는 영화들이 그들의 삶에 어떠한 영향을 주고 있는가? 교회의 청소년들이 영화를 보는 것이 필요한가? 영상문화는 청소년들의 영적인 생활을 회복시키고 복음을 전파하는데 얼마나 효과적으로 사용되고 있는가?

제 2단계 : 청소년들의 이야기와 비전들을 나누는 단계
영상문화가 청소년들의 생활 속에서 끼치는 부정적인 영향들은 다음과 같다.
① 사회적 질병 : 사회적 편견과 지위적 편견, 인종 차별, 잘못된 성역할의 고정 등
② 신체적 질병 : 영화자체가 신체적인 질병을 야기하는 것은 아니지만, 청소년들이 영상 매체에 매여 있기 때문에 운동부족으로 인한

신체의 불균형의 부작용이 유발한다고 할 수 있다.
③ 정서 질병 : 어린 여학생이 성폭력을 당하는 것을 보면 남성 혐오증을 유발한다(대인관계의 어려움). 공포영화로 인한 불안감 등
④ 영적 질병 : 예를 들어 '전설의 고향'을 본 후에 갖게 되는 잘못된 귀신관 등.

이렇게 영상문화는 긍정적인 영향을 주기보다는 우리의 신앙을 약하고 병들게 만드는 경향이 있다. 그러면 어떻게 하면 기독교교육의 입장에서 영상문화를 긍정적으로 활용할 것인가?

제 3 단계 : 기독교 공동체의 이야기와 비전을 만나는 단계
만일 예수께서 이 시대에 오신다면 영화에 대해 어떻게 말씀을 하셨을까? 영화를 문화의 한 영역으로 볼 때, 예수께서는 알곡과 가라지나 공중의 새와 들의 백합화 등 그 시대의 가장 친숙한 문화와 환경을 사용하시면서 복음을 전하셨다. 마태복음 9장 35절에 보면 예수의 사역의 내용을 알 수 있고, 또 그 사역과 문화가 연관성을 가짐을 알 수 있다.
① "모든 성과 촌을 두루 다니사 저희 회당에서 가르치시며"는 '가르침'의 사역을 나타내며,
② "천국 복음을 전파하시며"는 예수의 사역이 그냥 모여든 사람들을 가르치는 것에 거치지 않고 12명의 제자들을 파견하시는 것과 같이 일상적인 삶 속에서도 그리스도의 종 됨을 나타내는 것이다.

③ "모든 병과 모든 약한 것을 고치시느니라"는 '세상일의 회복'을 의미한다. 교회는 세상의 잘못된 측면을 고치고 어려운 측면을 도와야 한다. 일례로 영화 '거짓말'에 대한 대응을 교회가 관여한 것은 잘한 것이라고 할 수 있다. 복음이 이 땅에 제대로 전파되게 하는 것을 방해하는 사회적 현실에 관심을 가지고 지적하여 회복시켜야 한다.

제 4 단계 : 기독교 이야기와 청소년들의 이야기들 사이의 변증법적인 해석하는 단계

영상문화가 청소년들에게 미치는 부정적인 측면 중에 교회는 특히 영적인 질병을 치유하는 사역을 우선적으로 감당해야 한다. 그러면 어떻게 영상문화를 대할 것인가?

① 청소년들은 영화를 볼 때 너무 감각적 판단에만 의존한다. 영화를 느낌과 감성, 재미 등에만 치중해서 볼 것이 아니라 내용을 분석하고 성서적 관점에서 판단할 수 있어야 한다.
② 또 모든 영화를 자기중심적으로 판단해서는 안 된다. 따라서 우리는 성서적 판단의 가치관을 필요로 한다.
③ 기독교 세계관으로 영화를 보아야 한다. 세계관이란 신앙보다 범위가 넓은 것으로 성서적 시각을 바탕으로 세상의 움직임을 바라보고 읽는 것이다. 기독교 세계관을 가지게 되면 영화의 내용이 기독교적인지 아닌지를 분별할 수 있게 된다.

예를 들면 '스타워즈'와 기독교 세계관과는 차이가 있다. '스타워즈

Ⅰ'의 우주의 기원은 에너지(force)라고 할 수 있고, 기독교의 우주론은 하나님이 창조하신 것이라는 것이다. '스타워즈'는 학생들에게 요즘의 서구에서 유행하는 동양의 세계관을 지도하는 데 좋은 자료이다. 이 영화는 우주의 가장 핵심적인 근원을 force라는 단어에 초점을 맞추고 있다. 이 영화 속에서 전투에 임하는 조종사들에게 "May the force with you!"라고 말하는 것은 하나님이 너와 함께 한다는 것과 같다고 할 수 있다. 그러나 여기서 보여주는 궁극적인 우주의 원리는 기독교 세계관과 다르다는 것을 알아야 한다.

제 5 단계 : 기독교 비전과 청소년들의 비전들 사이의 변증법적 해석의 단계

청소년들이 기독교 세계관을 가지고 영상문화(영화)를 분석하는 방법으로 몇 가지 측면을 들 수 있다.

① 예술적 측면 : 하나님은 모든 것을 가장 완벽하고 아름답게 창조하셨는데, 인간이 문화를 만들 때에도 예술적인 측면이 고려되어야 한다는 것이다.

② 사회적 측면 : 영화를 둘러싸고 있는 그 사회가 영화와 어떤 관계가 있는가? 예를 들면 "폭력적 장면이 사회에 어떤 영향을 줄까?" 하는 것이다.

③ 내용적 측면 : 주제가 무엇인가? 주인공의 행복의 열쇠는 무엇인가? 그것은 성서적 사실인가? 무엇이 옳고 그른가? 무엇이 인간을 구원할 수 있는가? 영웅관은 무엇인가? 등의 질문을 통해 내용을

분석해야 한다.

영상매체가 무조건 부정적인 것만은 아니다. 좋은 영화는 청소년들의 감성을 풍부하게 하고 상상을 통해 새로운 세계를 보게 한다. 또 새로운 지식을 주며, 의사소통을 돕는 교육적 기능도 담당한다. 수련회 등에서 강조되는 영화 등은 선악의 기준을 제시하며 교화의 기능도 갖고 있다. 영상문화가 청소년들의 삶 속에 피할 수 없는 한 부분이라면, 그것들의 부정적인 영향을 긍정적인 면으로 전환하고 부정적인 요소를 배제하고, 긍정적인 면을 부각하는 것이 기독교교육에서 교사들의 사명이라고 할 수 있을 것이다.

PART
04

소그룹을 통한
청소년교육

기독교 교육을 하는데 있어서 성경이 갖는 역할과 중요성은 역사적으로 시대가 변해도 강조되고 있다. 그런데 성서를 가르쳐 일생에 큰 영향력을 줄 수 있는 교육 시기는 어릴수록 좋다는 것은 누구나 인정한다. 특히 청소년 때 자아를 확립하고 인생의 목표를 세우는 데 있어 성서의 교육은 유익한 영향을 줄 수 있을 것이다. 사회적인 역할의 강화와 부모와 어른들에게 의존하던 아동기에서 벗어나기 위한 과도기적 모습으로 나타나게 되는데 청소년들을 내적인 것을 채우기 위해 탐구와 자신의 위치를 확인하게 된다. 이러한 시기에 있는 청소년들은 반항과 독특한 신세대적 행동양식을 보이게 되고 사춘기적 방황은 많은 사람들을 당황케 하고 사회문제로 대두되기도 한다.

이러한 점을 고려하여 교육하는 방법을 그 시대 상황에 맞게 고려해야 하는데, 구체적이지 못하거나 교육목적의 부재는 교육내용과 방법을 선정하는데 어려움을 겪을 뿐만 아니라, 교육의 성과에 대한 기대가 힘들다. 학습자에게 학습내용을 효과적으로 경험할 수 있는 적합한 교육방법을 선택하는 것은[01] 교육목적에 이를 수 있는 가장 중요한 것이라 하겠다.

다양한 교육방법에 대한 연구와 적용이 필요하지만 대부분의 교육은 획일화된 교육정책에 의해 가르쳐지고 교육되고 있는 실정이다. 그러다 보니 시간이 지날수록 교육받는 입장에서는 흥미가 떨어지고 교육에 대한 기대를 하지 않는다. 특히 교회에서 실시되고 있는 교육의 대부분은 전인적 신앙인으로 교육함에 초점을 두지 않고 많은 집회를 통해 일방적인 교육 형태를 취하고 있다. 지도자와 인격적 만남과 치유를 기대하기 힘든 교육방법을 사용하는 경우가 허다하다.

급변하는 시대 속에서도 피교육자에게 관심을 가질 수 있고 인격적 만남이 가능한 교육방법 중의 하나가 소그룹의 교육적 구조를 유지하는 것이다. 소그룹의 중요성은 미래 사회의 특징적 변화일 뿐만 아니라 예수의 인력관리의 중요한 관점이다.[02] 소그룹은 구성원 간에 상호작용할 수 있는 소수의 인원으로 구성되기 때문에 학습자를 개인적으로 깊게 파악하고 학습자에게 필요한 교육을 할 수 있기 때문이다.

이러한 소그룹 형태의 교육은 행동범위와 양식이 모두 또래집단에 의해 움직이는 청소년들에게 적절한 교육방법이다. 인격을 형성하여 가는 과정에 있는 청소년들에게 인격적 만남의 장점이 있고 또한 소수의 학습자들에게 다양한 교육방법을 적용할 수 있는 형태는 바람직

---

01) 여광웅 외 3인, 『교육심리학』(서울: 양서원, 1995), p. 195.
02) 이성희, 『밀레니엄 조직 리포트』(서울: 규장, 1999), p. 95.

한 교육방법이다. 청소년들의 현실은 다양한 개인적 문화를 추구하고 있다. 지나치게 다양함으로 교사가 이를 용납하거나 충족시켜 줄 수 없을 때가 많은데 교회 속에서도 집단적인 교육에서 개인적인 독특한 형태의 학생이 나올 때 문제 학생으로 취급하여 버리게 된다. 소그룹 형태 교육에서는 자기를 표현하는 학생을 받아 줄 수 있고, 교사의 표현도 친밀감 있게 할 수 있어 상호 작용하는 교육이 가능해진다. 소그룹의 교육구조가 이러한 상호작용과 인격적인 만남을 가능케 하므로 교육성취의 가능성을 높여주는 좋은 교육 형태이다. 그러나 청소년 교육에 있어 이 소그룹 교육에 대한 활용에 있어 부정적인 결과도 있음을 알아야 한다.

    교회 교육의 현장에서 교사와 학습자간에 인격적 만남이 되는 교육에는 많은 가능성을 내포하게 되는데 이러한 교육 방법은 청소년들의 신앙을 교육하는데 역동성이 있는 형태를 갖출 수 있다. 과거의 세계적인 추세는 대형기업과 대규모 집회가 자랑스러운 시대였다면 이제는 정보시대로서 큰 것으로 승부할 수 없고 새로운 기술과 작은 것이 아름답다는 평을 받게 되는 시대가 된 것이다. 교회 성장 중심시대에 한국교회는 교회성장의 모델을 대형교회로 이해하였다. 그 동안 한국교회가 잊고 있었던 점 가운데 하나는 교회 성장이란 한 지역교회가 성장하는 것 외에 작은 교회가 많이 증가되는 것을 의미한다는 사실이다.[03]

---

03) Ibid., p. 96.

소그룹 형태의 만남의 클래스 룸은 과정 중심의 강점을 변증법적으로 종합하려는 형태이다. 심층적으로 한국교회가 응용되어야 하는 모델로 요청된다. 지식 중심인가 삶 중심인가, 객관성인가 주관성인가, 내용을 중요시 하는가 경험을 중요시 하는가의 어느 한 면만을 택일하는 문제가 아니라 양면을 동시에 적절하게 동일성을 이루면서 교수-학습의 변화를 일으키는 만남의 구조가 모색되는 형태가 되어야 한다.[04]

교회에서의 교육은 항상 지식의 삶의 주체가 참여하며 대화되는 만남을 통하여 이루어져야 한다. 교회의 교육에서 가장 깊은 관심은 학습자로 하여금 교회의 근본 메시지와 생동감 있게 대면하도록 하여야 한다. 하나님에 관한 어떠한 지식을 전달하려는 것이 아니라 인격적으로 하나님과의 만남을 시도하는 것이다.[05] 인격적 만남을 통한 교육방법으로 소그룹 속에서 이뤄지는 만남을 통한 교육이다. 이제 시대적으로 대규모적 사업이나 대규모적 모임은 이뤄지기 힘든 시대이다. 정보시대는 개인적인 소형시대이다. 교회와 기업도 소형이 인정받는 시대이며 개인적 성향을 완전하게 인정받는 것을 원한다. 어떠한 부류의 사람도 인정받으며 효율성을 위해서라도 소규모적 단위로 관리와 교육이 이뤄지게 된다.

---

04) Wayne R. Rood, The Art of Teaching Christianity, (Nashville & New York: Abingbon press, 1968), pp. 61-63.
05) James Blair Miller, Teaching Resources for Christian Learning, Marvin J. Taylor(ed.), An Introduction to Christian Education, (Nashville: Abingdon, 1980), p. 218.

청소년 교육에 있어서 형식화된 예배나 프로그램이 오히려 교회에서 청소년을 떠밀어내는 일이 되어서는 안 된다. 청소년들이 교회 활동에서 공과 시간이 재미가 없고 또 학생들의 삶의 변화에 가장 적은 영향을 미치고 있다면, 성경 공부에 대한 교회의 새로운 변화가 필요하다. 교회교육에 있어 사용했던 소그룹 형태방법이 적절한 방법이었음에도 불구하고 그 장점이 나타나지 않았고, 소그룹 교육을 하면서도 주입식 교육과 강의식 교육에 머물렀다는 문제점에 대한 대안을 제시하고자 한다.

소그룹을 통한 청소년 교육모델을 설명하기 위해서 첫째, 청소년들에게 있어 가장 영향을 주고 있는 문화에 대해 살펴보고 어떤 형태의 문화가 이들을 지배하고 있는지 확인하고 청소년들의 교육을 위한 접근 방법과 청소년이해를 새롭게 하고자 한다. 또한 청소년의 개인적인 형태보다 또래집단 속에서 나타난 특성과 또래집단의 기능을 살펴봄으로서 또래집단에게 어떤 형태의 교육이 필요한지를 살펴보고자 한다.

둘째, 청소년 교육을 하는데 있어 소그룹 형태의 교육을 하게 될 때 교육의 효과성을 살펴보고 교회교육의 목표에 이르게 될 수 있는 의도적이고 목적 지향적 형태를 발견하게 된다. 소그룹 교육이 절대적 교육형태가 아니므로 그 장단점을 찾을 수 있고, 청소년들의 라이프 스타일과 사고는 서구화되고 자기만의 세계를 추구하고 있는 상태이다. 이러한 청소년들에게 정보시대에 적절한 매체를 활용하므로 청소년들의 관심을 갖게 해줄 수 있는 소그룹 형태의 교육방법을 제시하고자 한다.

셋째, 교회의 청소년교육에서 또래집단을 이해한 소그룹 활동을 하고자 하는데 있어 성경은 중심적 Text가 되는데, 교회에서 소그룹으로 만나게 되는 이유는 대화가 일방적이지 않고 상방이 통행되는 대화를 갖고자 하는 데 있다. 그래서 소그룹 멤버들이 필요한 성서교육을 하게 된다.

교육 속에서 서로를 알게 되고 친교를 나눔에 있어서도 자연적으로 형성된 또래집단을 무시하고 이들을 이끌어낼 수 없다. 교회가 교회로서 해야 되는 일 가운데 가장 중심이 되는 것이 예배인데, 형식을 싫어하고 가만히 청취하는 것을 싫어하는 청소년들에게 참여할 수 있고 자신도 예배 속의 일원이라고 믿게 해주는 것이 필요하다는 것을 지적하고자 한다.

청소년들은 교회에서 머물 수 있는 시간은 잠깐인데 비해 대부분의 시간을 학교에서 또래들과 지내게 된다. 소그룹을 통한 교육모델은 또래집단 속에서 교육되고 체험된 것을 증거하는 훈련으로서 최종적인 제자화 사역의 일꾼이 되게 하고 신앙고백이 삶 속에서 이루어지게 되는 것이다.

Ⅰ. 청소년 문화와 또래집단

청소년 문화는 청소년들을 이해하는데 가장 중요한 부분이다. 청소년들이 갖고 있는 유일한 사고와 이념, 감정, 장래포부 등을 나타내는 수단으로서 그들로 하여금 청소년 문화를 통해 자기들만의 독자적인 생활과 세계를 체험하게 하고, 그 때 자기가 누구인가를 발견하게 되고 자아 정체성을 확립하게 하며, 그들 내부에 내재해 있는 사상, 감정, 잠재 능력 등을 자유롭게 표현하며 또 그것들을 스스로 창조하도록 한다는 점에서 매우 중요한 의미를 갖는다.[06] 이러한 이유에서 청소년 문화에 대해 함께 이해해 보고 싶은 것이다.

1. 청소년 문화의 개념과 중요성

청소년 문화(Youth culture)는 부분 문화의 한 형태로 이해되어야 할 것이다. 즉, 청소년들에게 독특하게 존재한다고 생각되는 행동양식이나 가치관 및 태도 등을 청소년 문화라 할 수 있다. 청소년 문화는 행동이나 복장, 언어 등 외부적으로 관찰할 수 있는 부분도 있으며 혹은 이념적이며 이상적인 면에서 청소년들의 정신적인 영향을 제시해

---

06) 권이종, 『청소년 교육』(서울: 한국방송통신대학교, 1992), p. 87.

주는 면도 있다.[07]

청소년 문화를 감각적인 면에서만 이해하려고 하는 것은 잘못이며 오히려 이념적인 면에서 검토하는 것이 더 중요하다. 포괄적이고 일반적인 문화의 정의를 보면, "문화란 곧 특정한 사회의 성원들이 생활하는데 있어서 제반 문제에 대처할 수 있도록 사회 성원 간에 공유하고 있는 학습에 의해 사회적으로 전승된 사물과 지식, 언어와 가치관, 규범 등을 일컫는다"라고 정의되고 있다. 그러므로 문화는 지식과 신앙, 기술, 가치관, 규범, 언어 등을 그 구성 요소로 하고 있다.

청소년 문화의 중요성을 최초로 강조하고 이를 적극적으로 장려한 독일의 교육개혁자 구스타프 비네켄(Gustav Wyneken)은 청소년 문화의 중요성을 구체화하여 독자적인 언어, 사상, 복장, 생활 형태들을 정당화하였다. 그리고 청소년 문화는 그들이 자아정체성을 표현하는 과정이며 예술적인 생산 활동으로 보아야 하기 때문에 그들의 문화 형성에 기성세대들이 깊이 개입하거나 어떠한 형태로든 강한 영향력을 행사해서는 안 된다고 하였다. 또한 케네스 케니스턴(Kenneth Keniston)은 청소년 문화를 젊은이들을 해방시키는 것, 즉 과거의 통념들을 무비판적으로 받아들이는 데에서 해방되고, 어린 시절의 미신으로부터 해방시키고, 그들의 느낌을 보다 자유스럽게 표현할 수 있도록 해방시키며, 권위에의 불합리한 예속으로부터 해방시키는 것으로 보고, 청소년들이 청소년 문화를 통하여 이렇게 해방될 때 그들은

---

07) 문현상, 전정태, 「신교육 사회학」(서울: 법문사, 1995), p. 164.

보다 인간적이고 창조적이며 자유인이 될 것이라고 하면서 청소년 문화의 형성을 옹호해야 한다고 강조하였다.

이렇게 볼 때 청소년 문화는 청소년 자신을 바람직한 삶의 방향으로 유도할 뿐만 아니라 성인 주도 문화에 새로운 자극을 주며, 그 사회가 앞으로 지향해야 할 방향에 가장 민감한 반응을 보인다는 점에서 중요성이 대단히 크다고 할 수 있다.[08]

청소년기가 중요한 이유를 들자면 여럿이 있겠지만 그 중에서도 과도적 인생과 자아 정체성의 확립이라는 측면이 있다. 청소년기는 이제까지 부모의 영향으로 형성된 인격체에서 스스로 판단하고 스스로가 추구하는 인생의 틀을 만들기 시작하는 때이다. 그래서 이제까지 강압적으로 배워온 생활에 대한 부정과 반항적인 생활 형태를 보여주게 된다. 그렇다고 스스로 해결할 능력이 있는 것도 아니다. 과도기에 있는 인간의 특성을 그대로 보여주는 것이다. 책임성에 대해 배우게 되고 자율성이라는 입장에 놓이게 될 때 모든 생활에 도움을 받아 살던 때와 독립된 인격체로 결정해야 하는 것에 대한 두 개의 생활양식이 교차하게 된다.

과도기에 놓인 인간 개체를 '주변인'(marginal man)이라고 하는데 주변인의 특징은 정서적인 불안정과 예측되지 않는 행동이라고 할 수 있다. 청소년들에게 쉽게 나타나는 특성이라 하겠다. 이러한 특성이 청소년들이 만들어 내는 문화에 영향을 주게 되는 것이다. 신체적, 생

---

08) Ibid., p. 88.

리적, 인지적, 심리적, 사회적인 측면에서 많은 변화가 일어나고 부딪혀 오는 요구가 많으며 또 미래를 위한 선택과 결정이 강요되는 시기이다.

A. Allport는 청소년기를 '자기에 대한 탐색기'에 대해 말하면서 정체감의 형성이 전 생애에 걸친 과정 중에서 청소년기에 가장 위기를 맞이하게 된다는 것을 강조하였다. E. Erikson은 이것은 '정체감 위기'(identity crisis)라고 하였다.[09] 청소년기에는 인간의 다른 발달 단계에서 볼 수 없는 개인 생활에 있어서 기본적인 변화를 수반하고 있으며, 발달에 따른 행동양식이나 사회적 지위의 변화를 동반하고 있다. 그것은 청소년기가 아동과 성인의 중간에 놓여 있기 때문이다.

청소년기에서는 아동기와 성인기 사이에 행동양식에 있어서 현격한 차이를 보이게 되는데 '과도기적 성격'을 가지고 있다고 한다.[10] 이러한 이유로 책임에 있어서 일종의 유예기간을 갖게 된다. 성인은 사회에서 나름대로 구성원으로 자리 잡고 사회적 책임을 지게 되지만 청소년들은 자기 스스로 통제할 수 있는 자율적인 인간이기를 사회로부터 기대 받고 있는 연령층이다.

아동기와 성인기의 대조적인 성격은 인간발달에 따르는 소속집단의 변화와도 관련되어 있다. 연령층으로 공통적인 특성을 가진 청소년들에게는 이러한 특성을 만들어 내게 되는 것이 또래집단의 특성이

---

09) 김태련, 장휘숙, 『발달심리학』(서울: 박영사, 1998), p. 321.
10) 정웅섭, 『기독교 교육 개론』(서울: 대한 기독교 교육 협회, 1976), p. 184.

라 할 수 있다. 또래들에게서 떨어져 나가지 않기 위해 같은 문화 속에서 생활하고자 노력하는 것이다.

청소년은 중첩된 문화 속에서 살고 있는 '주변인'이라는 것이다. 주변인으로서 청소년기의 중요성은 성인이 되기 위한 준비단계로서 성인들을 통해 많은 것을 답습하지만 쉽게 나쁜 것을 받아들이는데 문제가 된다. 과도기 인생에 성인들의 문화에 도전하는 반항적인 형태의 문화도 나타난다. 청소년기는 인생의 아름다운 꽃을 피우기 위하여 노력하는 과정이며, 이러한 과정은 청소년 개인의 것일 뿐 아니라 청소년들이 속해 있는 사회의 것이기도 하다.

2. 청소년 문화(외모, 여가, 언어, 음악)

청소년 문화는 연령으로 볼 때는 14세에서 19세에 있는 젊은이들이 구성하여진 문화라고 본다. 청소년 문화의 맛이 심상(Image)적으로 돌출 되는 특징이 있는데, 특별난 의상이나, 유별난 두발모양, 장신구, 그들만이 통하는 언어들로 생활하는 것으로 우리들에게 시각적으로 청소년이라는 것을 알려준다.[11] 어른의 입장에서는 이러한 특성이 마치 비행의 전조처럼 생각되어 계속해서 헤어스타일이나 몸매에만 관심을 가지는 문제아로 취급하는 것이 아닌가 하는 우려가 있다. 청소

---

11) 김형모, 『10대를 이렇게 도우세요』(서울: 쪽지출판사, 1991), p. 214.

년의 경우에는 사춘기에 접어들어 자기들의 정체성을 찾기 위한 많은 노력을 하고, 일상적이고 전통적인 것에서 벗어나려는 것과 권위적인 것을 혐오하게 된다. 그러나 아직 형성되지 않은 자아로 인해 주변인과 비교하면서 자신을 인식하다 보니 청소년들은 나름대로의 패션을 형성하게 된다. 이러한 청소년 문화의 특징을 간략하게 몇 가지로 찾아서 이해해 볼 수 있다. 그런데 이해를 한다고 하지만 받아들이기 어려운 것이 많이 있다.

1) 청소년 외모 문화

청소년이 되면 다른 사람들의 눈을 민감하게 느끼게 된다. 더운 여름인데도 마스크를 하고 교회에 나온 아이를 보면서 왜 그렇게 했느냐고 묻게 되면 화장을 하지 않아서 부끄럽다고 한다. 이러한 대답은 청년들이나 어른들이 하던 말들인데 문화가 많이 달라진 것이다. 청소년들이 겪고 있는 실제적인 생활가운데 외모 때문에 차별받고 외모로 인정받는 경험을 하면서 어떤 이론보다 외모를 중요하게 생각하는 사고를 갖게 된다.

세계화로 인한 현대인의 미적 기준은 서구적인 이미지를 선호하며 이를 부추기는 역할을 대중문화의 각종 매체가 하고 있다고 본다. 이러한 획일적인 미의 기준에 도달하지 못한 청소년들로 하여금 자신의 '외모'에 불만을 가지게끔 하고 이를 충족하기 위해 지나친 소비를 조장하며 자신감과 자존감을 저하시킨다. 비교우위의 가치를 외모에 치중하게 함으로서 청소년들이 지나치게 한정된 편견을 갖도록 유도하는 경향이 있다.

오늘날 세계화로 인해 더욱 분명해진 서구 지향적 미(美)의 패러다임이 가지는 문제점의 가장 큰 핵심은 청소년들이 자신을 외모를 비추는 거울 속에 가두지 말고 시선을 밖으로 돌려 더 멀리 더 높은 곳을 바라 볼 수 있게 해야 한다고 본다. 환경과 외모는 하루아침에 바뀌는 것이 아니다 그러므로 가치 기준 즉 생각을 바꿔주는 것이 옳은 대처방법일 것이다. 관심을 돌려 하늘을 바라보며 꿈을 꿀 수 있게 해줄 수 있다면 더 없이 좋을 것이다. 그러나 장기적인 '외모'라고 하는 선천적인 환경에 의해 그 억압구조를 완전히 벗어날 수 없는 점과 삶의 목적 및 과정상의 만족과 관련한 '생존'의 의미를 약화시킨다는 의미에서 더욱 심각하다고 볼 수 있다. 일부 청소년들은 지나친 다이어트로 성장에 심각한 문제가 생기는 것을 몸에 대한 폭력이라고 보기도 한다. 그것은 외모를 위해 투자한 시간과 노력, 비용들이 자신의 욕구를 만족시켜 주지 못하며, 오히려 건강을 해치고, 건강한 정신세계와 자아를 무너뜨리는 위험요소를 가지고 있기 때문이다.

그렇다면 청소년 문화를 주도하고 있는 외모지상주의란 무엇인가? 외모지상주의란 외모가 개인 간의 우열과 성패를 가른다고 믿어 외모에 지나치게 집착하는 루키즘(lookism)을 일컫는 용어이다. 외모가 연애, 결혼 등과 같은 사생활은 물론, 취업, 승진 등 사회생활 전반까지 좌우하기 때문에 외모를 가꾸는 데 많은 시간과 노력을 기울이게 된다는 것이다. 한국에서도 2000년 이후 루키즘이 사회 문제로 등장하였는데 대표적인 예로 얼짱 문화를 들 수 있다.

사진을 찍어도 얼짱 각도라는 말이 있을 정도로 외모가 사람을 판단하는 기준이 된다는 것은 잘못된 문화의 흐름인 것은 분명하다. 그런데 이러한 시대적인 흐름을 인식하지 못한 교육은 청소년들에게 접근할 수 없다. 그래서 청소년들을 이해하는데 있어 외모에 대한 생각들을 이해하고자 하는 것이다.

청소년들의 외모지상주의 문화에 대해서 학자들은 이 같은 경향이 잘난 외모를 선호하는 사회 풍조에서 비롯된 것으로 보고 있다. 아무리 좋은 학교를 나왔다고 하더라도 외모가 받쳐주지 않으면 결혼을 할 수 없고, 학창 시절에 아무리 학점이 좋았더라도 역시 외모 때문에 번번이 면접에서 탈락하다 보니 자연 외모에 신경을 쓸 수밖에 없다는 것이다. 또 어떤 사람은 외모지상주의가 당나라에서 인재를 뽑을 때 4가지 기준에 의해서 뽑는 신언서판에서 비롯됐다고 보고 있다.

외모지상주의가 사회에 악영향을 끼진 것들은 무엇이 있을까? 외모지상주의는 자신의 외모에 대한 자신감을 가질 수 있고, 자신의 개성을 표현할 수 있는 방법이라는 바람직한 측면도 있다. 또 외모관련 상품을 판매함으로써 경제성장에 어느 정도 긍정적인 기여를 하기도 한다. 하지만 그에 못지않게 부정적인 측면도 많다. 먼저 성형수술이 성행함에 따라 성형외과 등 의학의 기형화를 초래하였고, 날씬함에 대한 강박관념은 다이어트 열풍을 일으키면서 건강을 해치게 되었다.

교회 내에서 청소년들을 지도하다 보면 얼굴성형을 하여 연예인이 되고 싶다는 아이들을 쉽게 만나볼 수 있다. 지금 청소년들에게 문제가 되는 것이 소외에 대한 것인데 외모를 더 중요하게 여기게 된다면 왕따는 더욱 심해지게 될 것이다. 공부를 열심히 해서 미래를 준비하는 것보다 성형외과로 달려가는 청소년들이 생길 것이고, 자신감을 얻기 위한 잘못된 방법을 계속 찾게 될 것이다. 요즘 시대는 아무리 능력이 좋아도 첫인상이 좋지 않으면 면접에서 떨어지는 시대이다. 얼굴이 태어나서부터 잘생기지 않은 사람들은 모두 취직을 못하며 얼굴이 잘나지 않으면 승진도 못하는 세상, 외모지상주의는 능력위주의 사회를 외모위주의 사회로 바꿔 놨다. 또 외모가 뛰어나다고 해서 일도 잘한다는 보장은 없다. 하지만 우리는 외모지상주의에 길들여져 이러한 심각성을 느끼지 못하고 있다.

외모차별주의라는 또 다른 얼굴을 지니고 있어 오히려 청소년들에게 아픔을 주고 있다. 여기에 대중매체의 성의 상품화와 일등 우선의 치열한 경쟁을 우선으로 여기는 현실이 가세해 아직 가치관이 정립되지 않은 청소년을 내몰고 있는 셈이다. 다시 말해 외모가 인종과 종교, 성만큼이나 차별의 이유로 자리 잡은 것이다. 이로 인해 청소년들에게 겉모습만 보고 잘난 사람과 못난 사람을 차별하는 비정상적인 현상이 일어나게 된다. 그래서인지 교회에 오는 청소년들이 주일에 입술을 빨간 화장을 하고 또래들에게 뒤처지지 않기 위해서 전혀 얼굴에 맞지 않는 화장을 하고 오는 것을 보게 된다. 가치관도 없고 방향도 없고 목적도 없는 듯한 느낌을 주고 있어 악순환이 되지 않도록 관심을 가져야 한다.

그렇다면 청소년 외모지상주의적 문화의 문제점에 대한 대책은 무엇인가? 청소년들의 외모문화에 가장 많은 영향을 주는 것은 대중매체라고 할 수 있다. 하루 종일 스마트폰을 보고 있는 청소년들에게 있어서 이것은 심각한 문제이다. 광고회사에서는 청소년들에게 조금 더 자극적인 것을 정보로 제공하고 왜곡되고 과장된 형태로 청소년들의 가치관을 흔들어 놓고 있다. 그런데 이윤추구가 목적인 기업의 광고를 막을 수 없다. 이 같은 환경에 노출된 청소년들에게 학교에서도 포기한 가치관 형성과 비전에 대해서 교회는 계속적으로 교육하는 것이 필요하겠다.

　기독교단체에서는 정부에 국가적 차원에서의 대책방안에 대해 요청해야 한다. 이윤확대를 목적으로 선정적 광고, 허위광고 등을 제작한 광고사에 대해 경고 조치를 내리고 엄격한 광고 규제의 절차를 요구해야 한다. 광고의 목적이 이윤추구를 위한 것이지만 목표에 도달하는데 이용되는 수단이 크게 잘못된 것이라면 처벌을 받아야 마땅하다고 생각한다. 자동차 선전을 하는데 등이 파인 옷을 입은 여자가 나온다든가 과자선전을 하는데 짧은 미니스커트 차림에 에로틱하게 혀로 과자를 먹는 장면은 광고 제품과의 연관성을 전혀 찾을 수 없다. 그러므로 정부는 이런 광고사들에게 일을 저지른 사람이 그 일을 해결해야하는 것이 세상의 이치이듯 말초신경을 자극하는 이런 광고에 대해 책임을 짊어질 의무가 있다고 하여 최소한의 견제는 해야 할 것이다.

　공익광고협회에서는 외모지상주의의 폐해를 적나라하게 담은 내용의 광고를 제작하여 사람들로 하여금 외모지상주의가 얼마나 심각한

지를 환기시켜야 한다. 이런 공익광고를 제작한다고 해서 청소년들의 얼짱 문화의 확산에 어느 정도 제동을 걸지의 여부에 대해서는 미지수이지만 첫 술 밥에 배부른 법은 없다. 지속적이고 정기적인 언론매체의 외모지상주의 심각성 보도로 점차 무관심했던 사람들이 한번이라도 이 문제에 관심을 가지고 생각해본다면 외모지상주의에 심각성을 사람들은 몸으로 느끼고 그에 대한 대책방안을 모색할 것이다.

교회교육에서는 내면의 인격을 강조하여 청소년들의 마음의 힘을 길러주며 분별력을 가지도록 도와야 한다. 외모보다는 내면이 우선임을 깨달을 수 있도록 교육해야 한다. 그렇다고 해서 청소년들에게 외모에 대한 관심을 완전히 포기하라는 것은 불가능하다. 그래서 오히려 교회 안에서 청소년들이 건전하게 외모를 가꿀 수 있도록 교육하는 것도 좋은 방법이 될 수 있다. 화장과 헤어스타일, 패션과 다이어트에 대한 특강을 통해 청소년들이 대중매체를 통한 왜곡된 문화가 아닌 건전한 외모문화를 만들어 갈 수 있도록 도와주는 것도 좋겠다.

2) 청소년 여가 문화

전통 사회에서는 여가와 일이 별로 구분되지 못하였으나 현대 사회에서, 특히 산업 사회의 과정을 밟으면서 더욱 그 구분이 뚜렷해졌다. 독일의 사회학자인 셀스키(Schelsky)는 여가에 대한 개념에 있어서 작업장과 가정을 구분하면서 일한다는 것은 가정의 작업장에서 매일 정해진 시간에 시간적 제약 하에서 제 삼자의 지시, 결정에 의하여 움직이는 자유시간이 없는 상태를 뜻하며, 여가란 작업장 외에서의 생활로서 행동과 시간 결정에 있어 자율적으로 조정, 계획할 수 있는 시간을 뜻한다고 하였다.[12]

인간의 인생 주기 중에 특히 청소년기에 있어 여가는 중요한 의미를 갖는다고 볼 수 있다. 청소년기에는 특히 신체적, 정신적으로 심한 변화를 겪게 되므로 그들에게는 여가 활동이 크게 필요함을 인식할 수 있다. 여가 활동은 정신적, 신체적 피로를 풀고 새로운 힘을 가지고 일을 할 수 있도록 회복시켜줄 뿐만 아니라 사회생활 속에서 받게 되는 스트레스나 욕구 불만, 갈등, 좌절감, 정서적 불안 등을 해소시켜줌으로써 정서적 안정을 찾을 수 있도록 해 준다. 뿐만 아니라 여가 활동을 통해 우리는 사회생활을 영위하는데 필요한 사회적 역할 수행의 기술을 터득할 수도 있고, 조화로운 인간관계를 형성할 수 있는 능력과 기술을 터득함으로써 타인과의 원만한 공동생활 속에서 문화적 유산을 계승하고 새로운 문화를 창조할 수도 있게 되는 것이다.

시대적 변화에 따라 여가의 중요성이 인식됨에 따라 청소년을 교육하는데 있어 여가를 활용한 교육과 성서를 가르치는 데도 여가에 대한 고려가 있어야 한다. 국민들의 생활수준이 향상되었지만 교회 교육은 아직도 여가에 대한 고려가 되지 않는 본당 중심의 교육이 되고 있다. 즐겁고 건전한 보람에 대한 교육은 고려되고 있지 않은 것이다. 많은 청소년들이 교회 생활에서 예배가 마치면 무엇을 해야 할지, 어

---

12) 권이종, op. cit., p. 106.

느 곳에서 시간을 보내야 할 지 모르는 실정이다. 그나마 농구장이 있는 교회는 다행이지만 농구장이 수많은 청소년의 욕구를 충족시킬 수는 없을 것이다.

여가 활동이 너무 비생산적으로 되어 오히려 성서 교육에 부정적 요소로 자리 잡고 있다. 서구 사회에서는 가족이나 이웃이 모이기만 하면 다양한 여가 활동으로 시간을 즐기거나 그렇지 않으면 대부분의 경우에는 정치, 사회, 경제, 교육 등의 사회 문제 전반에 걸쳐 폭넓게 대화하고 건전하게 토론함으로써 교양과 지식을 증진시킨다. 이러한 사회와 우리 교회 교육의 현실을 볼 때 교회 내 청소년을 위한 여가 지도에 있어 근본적인 문제가 있음을 지적해 볼 수 있다.

첫째, 우리의 청소년들은 여가 및 자유시간이 거의 없다. 여가 시간이 별로 허용되지 않는다는 것은 학교가 요구하는 학습시간이 이제 주말과 주일까지 요구되고 있기 때문이며, 학교 교육을 신뢰하지 못하는 부모들이 주일날 학원에서 교육받기 원하기 때문이다. 이러한 풍토는 부모들이 자녀들의 여가 활용하는 일이 곧 인생의 낙오자가 될 것이라는 잘못된 교육관을 갖고 있는 데서 조성된다. 공부 잘하는 아이가 훌륭한 인격을 가진 학생이라고 믿고 있다.

둘째, 청소년에 대한 지나친 규제 일변도의 사회 풍토 속에서 성인들 자신은 유흥장 출입 등과 같은 불건전한 방식으로 여가를 보내면서도 이를 당연시하는 반면, 청소년들이 그들의 여가 시간을 이용하

여 함께 어울려 다니는 것은 부정적인 눈으로 보는 경향이 많다.[13]

가정에서 부모들로부터 여가 생활이 엄격히 통제 받음으로써 그들의 여가 생활은 타율적으로 박탈당하고 있다. 교회 교육에서 친교라는 것은 있어도 자율적으로 또래 집단끼리 여가를 활용할 수 있는 여건이 되지 못하고 있다. 교회에 남아 또래들 간에 대화를 나누고 있는 것을 부모들은 못마땅하게 여겨 불건전한 교제로 취급하고 있다. 교회에 교육 시간 이외에 남아 있는 아이들은 공부에 관심이 없는 아이들로 여기기 때문에 부모들의 눈을 피해 길거리로, PC방으로, 일탈적인 행위를 할 수 있는 가능성이 있는 장소로 옮겨가게 된다.

보수적이고 봉건적, 권위적인 강한 교육 프로그램과 대규모적 전체가 함께 하는 프로그램에 청소년들은 관심을 잃어가고 있다. 소그룹별로 모임을 청소년들은 원하고 있지만 통제가 쉬운 방향을 택하고 있으며 또한 또래들 간에 뭉쳐 다니는 것을 못마땅하게 여김으로 모든 모임과 학습 시간에 또래들을 분리시키는 교육 방향은 청소년들에 상처를 주고 있는 실정이다. 오히려 또래들을 이해하고 적절한 분류와 또래들을 함께 어울릴 수 있는 방향이 요구된다.

셋째, 어디에서 여가 시간을 보내느냐 하는 문제이다. 여가의 유형이 연령층이 다르고 시간과 장소가 다르고 소속 집단의 유형에 따라 다른데, 청소년들은 여가를 보내는데 있어 비용이 들지 않는 곳을 찾게 된다. 시간은 있지만 공간이 없는 경우가 허다하다. 교회에서 청소

---

13) 권이종, op. cit., p. 110.

년들이 시간을 보내는 곳은 예배실 이외에 없는 실정이다. 휴식 공간과 또래들 간의 발표와 대화를 할 장소가 없는 것이 문제가 된다. 청소년의 교육에 많은 영향을 줄 수 있는 여가에 대한 바른 이해가 절실한데 비해 교회 교육 정책은 모임의 숫자에만 관심이 있다. 놀이와 여가의 활용을 통한 교육은 일생에 기초를 쌓을 수 있는 인격 형성에 큰 영향을 준다. 본당과 교육관이 전부인 교육 형태에서 발표와 소그룹 토의를 할 수 있는 공간이 요구된다.

여가 생활을 위한 교육은 평생 교육적 측면에서도 학교와 교회에서 중요하게 다루어져야 하고 각 개인의 달란트에 맞는 소그룹별 모임과 또래들에게 호응을 받을 수 있는 교육이 되어야 한다. 청소년들의 여가 시간은 인생의 다른 어떤 주기에 비해서도 그 비중이 큼을 인식하고 청소년들이 여가 시간을 자신의 신체적, 정신적 성장을 위한 활력소로 활용할 수 있도록 여가를 교육화해야 할 것이다. 또래들 간의 여가 활용은 다르게 나타나지만 다양한 여가 교육 프로그램을 교회에서 제공하여 교육하는 지도자와 학생 간의 신뢰와 관심을 높여 교육 목적과 목표인 성서 교육에 유익이 될 수 있어야 한다. 여가 조성에 시설, 설비는 무언으로 청소년들에게 관심을 표현하는 것이 됨으로 공부에 지친 상태에 활력을 회복하여 건전한 지도자를 배출할 수 있게 되는 것이다.[14]

---

14) 유혜경, 『여가 교육에 관한 일 연구』(서울: 고려대학원, 1980), p. 123.

3) 청소년 언어문화

언어는 의사소통의 매개체로서만이 아니라 자아를 실현하고 세계를 이해하게 하는 통로로서 언어를 통한 표현은 인간의 인지, 가치 척도 및 인간관계에 있어 매우 중요한 영향을 미친다. 사람은 원칙적으로 연령과 성장 발달 단계에 따라 일정한 언어 수준을 가지고 있으며 특별히 어느 단계에 이르러 각자 풍부한 언어 창조의 기회를 갖게 된다. 청소년들의 언어문화도 하나의 현대 언어로 중요한 위치를 차지하고 있다.[15] 청소년 언어문화는 공통, 보편성을 갖고 있지는 않다. 이는 청소년마다 성장 발달 면에서 많은 차이가 있고, 시대나 사회의 변동에 따라 언어문화도 계속 변화하는 과정에 있기 때문이다.

청소년 언어문화의 유형과 그 특징과 살펴보면 첫째, 전화언어와 통신언어를 들 수 있다. 간단한 용건과 정보교류가 아닌 포괄적인 의미를 갖는다. 삶의 한 부분을 차지한 것이다. 장시간의 통화와 통신으로 메시지를 주고받는 생활을 하는데 독특한 언어나 유행하는 언어를 사용하게 된다.

둘째는, 유행하는 언어문화로 은어와 속어를 들 수 있다. 은어는 본래 일정한 사회 계층의 특수한 언어를 일컫는 말로서, 특수한 집단 내에서 이익과 비밀을 지키기 위하여 생성되어 사용되는 말인데 중, 고등학교 청소년과 특히 대학생들 사이에서 많이 사용되고 있다. 이는 청소년들의 세계를 반영하고 자기표현의 고유한 상징으로 이해된다.

---

15) 권이종, op. cit., p. 91.

예를 들어 청소년들에게 힘으로 제압하는 친구들을 짱이라고 한다. 그런데 이것이 일본어 애칭에서 온 표현을 즐겨 사용하면서 청소년들의 은어로 자리 잡게 되었다는 것이다. 청소년들은 몸짱, 얼짱, 짱 먹었다는 표현을 자기들의 은어로 사용한다.

청소년들의 언어사용 태도를 보면 다음과 같은 문제점들을 발견하게 되는데[16] 첫째, 떠드는 것 - 청소년들이 모인 곳이면 거기가 교실이든 공연장이든 버스 안이든 어디든지 시끄럽다. 통제되지 않는 장소에서 청소년들이 소집단으로 놀이나 대화를 하는 경우에 필요 이상으로 떠들어 주위를 소란스럽게 한다. 제각기 자기가 하고 싶은 말들을 하고 상대방의 말을 들어주지 않기 때문에 대화가 이루어지지 않고 시끄럽기만 하다.

둘째, 최근에 와서 청소년들의 일상적인 언어생활에서 경음이 현저하게 많아지고, 작다(小)를 '짝다, 짝은'으로 말하는 것이 일반화되었다. 은어에는 경음으로 된 말이 대종을 이룬다. '깔', '깔다구', '뺑깐다', '짱', '짭새' 등에서 보는 바와 같다. 부드럽고 온화한 느낌이 줄어들고 날카롭게 건조한 어감을 증폭시킨다. 또한 대화가 활발하게 진행될수록 옥타브가 올라가 기분을 들뜨게 하고 흥분케 하는 고성으로 말하는 것을 흔히 볼 수 있다.

셋째, 기분 내키는 대로 말하는 경향이 있다. 학교 폭력 사건의 발단은 지극히 사소한 것에 대한 언쟁에서 시작된다. 하찮은 일을 가지고

---

16) 손종국, 『교회와 청소년』(서울: 청소년교육선교회, 2000년 3·4월호), pp. 39-41.

말을 주고받다가 어느 한쪽이 불쑥 내뱉는 한마디 말이 씨가 되어 커다란 재앙을 초래하는 것이다.

넷째, 청소년들은 끊임없는 새로운 은어와 속어를 만들어 내고 그들의 언어생활에서 그것들을 즐겨 쓰고 있다. 그들은 은어와 속어를 사용하는 것으로 자기들만의 비밀스런 언어 세계를 향유하며, 기성세대를 따돌리고 동지적인 결합을 하는데 일종의 쾌감을 느끼고 있는 듯하다. 따라서 은어와 속어는 청소년 문화의 한 영역으로 자리 잡고 있는 것이다.[17] 청소년들이 사용하는 은어로는 띠껍다(불만있다), 말밥이지(당근이지, 당연하지), 씹다(남을 욕하다), 야자(야간 자율학습), 야리다(노려보다), 째다(도망치다), 뽀리다(훔치다), 쌍수(쌍꺼풀 수술), 담탱이(담임 선생님), 학주(학생 주임 선생님), 디비(DB, 담배), 출첵(출석체크), 안습(안구에 습기가 차다, 못 볼 걸 봤다), 눈팅족(보기만하고 댓글은 달지 않는 사람들) 등이 있다. 그리고 비속어로는 나불거리다(말하다), 존나(엄청, 굉장히), 아벌구(입만 벌리면 거짓말), 팩폭(팩트폭행, 팩트폭력), 뚝배기(상대의 머리를 저속하게 이르는 말) 등이 있다. 청소년들이 비속어를 줄이도록 돕는 방법은 비속어에 예민하게 반응하지 않거나 가만히 들어주고 비속어로 인한 나쁜 결과를 설명해 주는 것이다. 청소년들의 심리적 긴장을 풀어주고 비속어를 대신할 적절한 표현을 알려주는 것이다. 그리고 청소년에게 어른들이 존댓말을 사용함으로 그 아이를 존대해 주는 것도 좋은 방법이 될 수

---

17) Ibid., p. 40.

있겠다.

4) 청소년 음악문화

음악 교육학이나 음악에 관한 전문서적에는 청소년 음악이라는 별도의 주제로 쓰여진 내용들은 있으나, 실제로는 청소년 음악이 따로 존재하지는 않는다. 청소년들이나 성인들이 음악을 듣고 즐기는 데 있어서 크게 다를 바가 없다. 다만 연령에 따라 다르게 음악을 받아들일 뿐이며, 음악에 많은 관심과 정보를 가지고 그들의 활발한 하위문화를 정립시켜 나가고 있는 것이다.

성인 음악과 청소년 음악과의 차이점은 그들이 좋아하는 음악들 간에 예술성이나 수준에서 어떠한 차이가 있는 것이 아니라 음악을 듣고 좋아하는 대상자들이 다르다는 것뿐이다. 그러므로 청소년들이 아이돌을 추종하고 테크노 음악을 들으며 시간을 보내는 것과 고전 음악을 감상하는 것과는 비교될 수 없다.

교회에서도 청소년들의 모임에 음악은 엄청난 부분을 차지하고 있다. 그런데 각 시대에 따라 좋아하는 음악이 있음에도 불구하고 기성세대들은 청소년들의 음악을 이해하지 못하여 청소년들을 교육하는 데 어려움을 겪고 있다. 청소년 사역자들이 직면하고 있는 하나의 쟁점(issue)은 청중들과 오락을 위해서 연주로서의 음악의 역할에 대조

하여 예배와 희생의 재물로서 음악의 역할에 대한 어려움이다.[18]

Harold Best는 말하기를 "하나님이 우선 되게 그에 대한 음악을 만들어라. 그것은 그의 제물이고 희생이다"라고 한다. 하나님을 위해 행하는 음악과 누군가가 예배 안에서 하나님께 자신의 음악을 제공하거나 증거 함으로써 더 큰 것을 만들 수 있다는 차이점이 있다.[19] 음악은 사람들로 하여금 가장 짧은 시간에 가장 쉽게 각자의 감정을 표출하고 능동적으로 참여하도록 하여 상호 공감대를 형성하게 하는 힘을 갖고 있다. 그러므로 청소년들의 사역에 있어 음악의 활용은 중요한 부분이다.

청소년 교육에 음악을 활용하면서 지나친 서정적 음악은 청소년들의 감정에 호소하게 되어 신앙교육에서 멀어지는 경향이 있다. 많은 감동을 위해 집회의 수준을 대형 집회로 끌고 나가기 때문에 분명히 그 곳에서는 끊임없는 위험성이 있는데 말씀에 대한 주의가 없고 적합성에 대해서도 관심이 없을 수 있다.

또한 그들은 신학적인 충돌이 있어 리더들은 매우 혼란스러울 수 있으며 청소년들을 잘못 이해하게 된다.[20] 조용한 음악에도 눈물 흘리는 청소년들의 감성을 인본적인 방법으로 이용해서는 안 된다. 남녀노소를 불문하고 그들의 삶과 행동을 표현하는 자체이므로 능동적으

---

18) Roy B. Zuck and Warren S. Benson, Youth Education in the Church, (The Moody Bible Institute of Chicaco, 1978), p. 257.

19) Harold Best, "Music Offerings of Creativity", (Christianity Today, May 6, 1977), p. 12.

20) Paul Orjala, "Secularism and Church Music", (Nazarene Theological Seminary, January 27-28, 1977), pp. 10-11.

로 참여를 위한 음악의 사용이 요구되어져야 한다. 소그룹 단위의 표현을 중시하기 위해 독자적인 공간이 마련되어야 한다.

3. 청소년 또래문화의 특성과 필요에 따른 교육

우리가 '문화'의 개념을 어떻게 정의하고 규정하든, 일반적으로 '청소년 문화'라는 의미를 공유한다고 전제할 때, 청소년 문화는 그 다양성과 이질성에도 불구하고 일관된 몇몇의 전형을 지니게 된다. 연령이 달라도, 계층이나 성, 거주 지역이 달라도, 또는 학교의 장에 있든 직업의 세계에 있는 심지어는 길거리에서 방황하는 청소년들에게도 공통적으로 나타나는 징후의 문화적 속성들이 존재한다면 우리는 이들 공통분모 부분을 청소년 하위문화의 결집된 전형 군으로 유추, 해석해 볼 수 있을 것이다.

오늘의 한국 청소년들은 흔히 서구 문화를 무비판적, 맹목적으로 수용한 신세대들로서 마치 기존의 성인 세대 문화의 영향권 밖에 있는 이질적 문화의 보유 집단인 것으로 일견 매도되기도 한다. 한국 사회의 청소년 문화는 아직은 문화 접촉과 변용, 전이의 과도기적 단계에 있는데 지나치게 외국 문화를 흉내 내는 형태로 문화적 사대주의 등의 문화적 해독과 부작용이 나타나기도 한다.

학교 공부와 성적, 대학 입시가 청소년들의 인생에 전부를 차지하는 '공부 일색의 문화', '학교 속의 닫혀진 문화'가 팽배하고 있으나 동시에 순수한 이성에의 호기심과 정, 사랑을 수줍음 속에서 승화시키며 시와 통신, 음악, 영상 예술을 통해 고귀한 감성을 풍요롭게 하는 낭만과 감성의 문화도 융해되어 있다.

한국의 청소년 문화 현실을 거론할 때 무규범 현상이 일어나고 있음에 대체로 동의를 한다. 이러한 가치나 규범의 무규범은 여러 가지 원인에서 발생한다.[21]

첫째, 기존 전통의 붕괴나 무력화, 둘째, 급속한 생활환경 변화, 셋째, 청소년 특유의 정체 의식의 미 확립, 넷째, 창조적인 문화 모델의 부재, 다섯째, 개방 사회화에 따른 불안과 소외, 여섯째, 절대 가치의 부재, 이것이 한국 청소년이 살아가는 문화적 토양이요 숨 쉬는 문화 대기인 것이다.

기독교 교육에 있어서 문화 학습만이 목표가 아니다. 교육은 문화 학습을 통한 사회화의 과정만이 아닌 것이다. 거기에는 비극적인 인간의 죄에 대한 고발이 있어야 하고 우주적이고 실존적인 하나님의 치유 행위가 병립되어야만 기독교 교육의 진정한 책임 한계가 파악될 수 있을 것이다. 청소년 문화를 대하는 기독교 교육의 입장도 이와 같은 변혁 모델의 견해를 수용, 견지하는 태도여야 함은 물론이다. 따라서 교회가 수행하는 교육 역시 사회, 정치, 경제를 가능케 하되 신율적 구조로 개변을 촉구하며 그 실재가 사회적 상황(context)에서 구체화되도록 변혁의 동기를 끊임없이 제공해야 한다.

---

21) 손종국, op. cit., pp. 136-141.

교회 속에서 청소년 문화도 인정받지 못하는 실정인데 교회의 지도부의 정책이 성인들을 위한 것이므로 청소년들은 문화 접촉과 과도기적 단계에서 '한국화 된 새로운 청소년 문화'의 정립을 위해 교회적 차원에서 노력해야 한다. 찬양과 의상, 언어 모든 부분에서 서양 기독교 형태를 부분적으로는 맹종과 무비판적 수용으로 청소년들이 추구하는 문화가 기독교는 서양화되어야 한다는 잘못된 생각을 갖고 있다. 이와 같은 현상에서 청소년 문화의 특성을 이해하고 교육하는데 그 방안을 제시해 보면 다음과 같다.

첫째, 가정환경에서 부모의 일류 의식으로 자율적이고 창의적인 생활을 체험치 못해서 이상과 꿈을 키우지 못하므로 교회 속에서 부모교육이 절실하다.[22]

둘째, 학교에서도 입시위주 교육으로 모든 사람을 경쟁상대로 교육하는데 문제를 지적할 수 있고 교회에서도 과밀한 교육 장소로 교사와 만남의 대화가 상실되고 상대방을 이해하려는 것이 부족하여 개인화 되어 가는 것에 대해 소그룹 모임의 활성화로 상대방을 인정하려는 마음과 태도를 함양하도록 유도해야 한다.

셋째, 사회에서 문화 환경이 거의 성인 중심의 위락성을 띠고 있음을 보고 청소년에 대한 배려가 없듯이 교회에서도 성인 중심의 모임과 장소 배정으로 소그룹 단위 모임은 형식에 그치고 모두 거리로 몰아내는 형태에서 교육 공간 활용의 재투자가 필요하다. 한 대의 차를

---

22) 권이종, op. cit., p. 102.

주차하기 위해 놀이터를 없애는 실정이 교회교육에서 미래의 희망인 청소년들의 문화를 건전하게 유도하기 위해 작은 모임을 할 수 있는 룸을 최대한 많이 만들어 주고, 발표와 발언의 기회를 주어 공동체의식을 함양하고 만남을 통한 교육이 되도록 힘써야 하겠다.

4. 청소년의 또래 문화

효과적인 교육구조를 알아보기 위해 청소년들을 이해하고 청소년들의 성격 중에 또래집단에 대해 살펴보고자 한다. 교회교육을 하다 보면 또래들의 움직임을 쉽게 발견할 수 있는데 청소년들의 심리사회 발달의 특성으로 또래집단의 특성이 잘 나타나고 있다. 이러한 또래집단의 이해와 긍정적 활용은 교회교육을 보다 성과 있게 하는데 유익한데 여기서 청소년 또래집단의 형성과 그 특성과 기능에 대해 살펴보고자 한다.

1) 또래집단의 형성과 영향

집단이라는 개념의 뜻은 간략히 규정해 둘 필요가 있다 그 까닭은 단순한 사람의 모임을 우리는 집단이라고 하지 않기 때문이다. 아동들이 공원이나 놀이터에 혹은 운동장이나 어느 상점 앞에 모여 있는 것을 두고 우리는 또래집단이라 규정하지 않는다. 집단이란 모여 있는 사람들이 어떠한 공동의 목표를 가지고 그 목표달성을 위해 각자가 맡은 역할이 있어 그 역할을 수행하면서 서로 상호 작용하는 관계를 가지는 모임을 뜻하는데, 특히 또래집단의 형성은 사회, 경제적 배경, 능력, 흥미, 성격, 거주지, 연령, 성, 외모 등으로 영향 받는다.[23]

청소년들의 지적, 신체적 발달 단계에 따라 그들이 형성하는 집단의 성격과 그 영향이 달라질 것이나 각 단계마다 그들의 자의(自意)에 따라 형성하는 집단은 그들의 세계에 중요한 의미를 갖게 되며, 그들의 사회화에 큰 몫을 담당하고 있음을 우리는 주시해야 할 것이다. 한 개인이 그가 성장하는 과정에서 어떠한 집단에 소속되느냐에 따라 생의 진로가 달라지기 때문이다.[24] 이러한 청소년들의 특징이 친구에 대한 욕구가 강하여 짐으로 가정에서 친근함도 친구들에 대한 우정에 대한 새로움으로 바뀌게 된다. 비밀과 고민은 이제 가족들에게 말하는 것보다 친구들과 의논하는 것이 편해지기 시작한다. 가정에서의 생활은 잠을 자는 것 뿐이며 그 외에 모든 생활이 학교에서 생활하게 됨으로 친구들과의 사귐은 중요한 것이 된다. 따라서 청소년기의 이러한 모든 친구관계는 또래집단 중심으로 이루어진다.

또래집단은 연령과 신분이 비슷하므로 생각하는 것과 행동하는 것이 비슷한 과정 속에 형성되고, 특별한 자기들이 소속감을 갖고 행동에 통일성을 기대한다.[25] 가족이나 학교 속에서 존재하는 중간집단 형

---

23) R.A. Schmuck and P.A Schmuck, Group Processes in the Classroom, (Dubue, Iowa: Wmc. Brown, 1971), pp. 114-122.
24) 박용헌, 최정숙, 『교육사회학』(서울: 한국방송통신대학교, 1994), pp. 98-99.
25) 황종건, 『교육사회학』(서울: 형설출판사, 1975), p. 41.

태로 형식이 없는 집단이며 때로는 어떤 집단의 소속감보다도 중요시할 때도 있다.[26]

가정의 양육분위기와 자녀 양육행동이 자녀들의 성격형성에 영향을 미친다는 것은 자명하지만, 가정 밖에서의 경험 또한 중요한 영향을 미친다. 청소년의 성격형성에 영향을 미치는 여러 가지 요인 중에 또래의 영향력을 검토해 보면, 출생한지 2개월만 되면, 가까이에 있는 또래에게 관심을 보이고 상호작용을 시작하다가 점점 연령이 증가하여 유치원에 들어가게 되는 무렵까지 장난감을 함께 가지고 논다든지, 성인보다는 또래에게 접근하는 경향이 있다든지, 낯선 환경에서 또래가 있으면 안심하기도 한다.[27]

학교에 입학하면서부터 아동들은 또래집단 내에서 그들의 위치를 확보하려고 노력하며, 그 때부터 그들은 부모를 포함한 성인의 세계와 그들 나름의 또래 세계라고 하는 두 개의 세계 속에 살게 된다. 이 두 세계는 병존하지만 두 세계 간에 중복은 없다. 사회화의 대행자로서의 또래는 다양한 상황에 적절한 가치, 태도, 행동양식, 사고방식 등에 지대한 영향을 주는 것이다.

또래집단은 동료들에게 어떻게 행동하며 리더와 어떻게 관계를 맺으며 자신의 욕구, 개인적인 불안과 분노 등을 어떻게 처리하는지를 가르치고 배운다. 교회에서도 이 또래집단의 영향을 파악하지 못하여

---

26) 최정웅, 『교육사회학』(서울: 형설출판사, 1987), p. 109.
27) 이성언, 정원식, 『교육과 심리』(서울: 한국방송통신대학교, 1993), pp. 102-103.

획일화 교육에 심혈을 기울이고 있다. 수련회와 행사 때마다 또래들이 참여하도록 애를 쓰지만 또래들이 함께 있지 못하도록 팀을 구성하거나 평소 친하지 않은 친구들과 사귀라는 취지로 또래집단의 분리를 요구하지만 오히려 부작용을 낳게 한다. 또래집단이 가지고 있는 가치와 태도, 성격특성과 사회적 행동을 광범하게 형성하여 영향을 미치고 있음을 무시하는 교육행정인 것이다.

또래는 그들의 자아개념의 형성과 발달에 직간접 공헌하고 있음으로 교육에 있어 또래의 영향을 파악하는 것은 교육효과를 높이는 것이 된다. 또래로부터 인정을 받으면 긍정적 자아를 형성하게 됨으로 교육 참여에 능동적이 될 것이다. 그러나 또래에서 거절당하면 교회의 울타리에 들어올 수 없으므로 자존심이 상하고 다른 교회나 다른 장소에서의 교육을 받고자 한다. 또래 집단의 성격은 교회 내에서의 또래집단에서도 그대로 반영된다. 따라서 교회 청소년 교육을 행할 때 또래집단의 성격을 보다 분명히 이해하여 변화된 사역 형태를 취하고 소그룹 단위 또래집단을 인정한 형태의 효과적인 교육을 하도록 해야 하겠다.

2) 또래집단의 기능

청소년들은 또래집단의 가치와 규범을 경험함으로써 자신들의 가치와 태도를 발달시키고 동시에 다른 이들의 관점도 평가할 수 있게 된다. 또래집단은 규범을 갖게 되어 중요한 또래들의 기능을 갖게 되는데 이러한 기능으로 또래집단에서 발생하는 갈등을 억제시켜 준다는 점이다. 규범은 가능한 한 성인의 기대에 따라야 할 것을 강요하며 갈등이 일어나도 좋을 만한 영역을 미리 규정해 줌으로써 구성원들 간의 경쟁을 통제한다.[28]

또래집단에 속하게 됨으로 김진숙의 연구에서는 학업성취도가 동료로부터 받는 수용도에 영향을 끼치며 학급에서 성적이 우수한 학생이 학급의 계층도 높고, 학업 성취도가 높을수록 동료들과 원만하게 상호작용하며 동료들이 평가하고 수용할 때 가장 크게 영향을 받는다고 하였다.[29] 이와 관련하여 자아개념과 학업성취도를 또래 간의 수용도와 관련시켜 보고한 연구서도 있다. 서용선의 연구에서는 아동의 자아개념과 동료 간의 인기도, 자아개념과 학업성취도, 인기도와 학업성취도의 상관관계의 분석에서 또래집단 내 수용에서 학업성취도가 높은 아동은 자아개념이 긍정적이었으며, 이런 아동은 자아개념이 부정적인 아동보다 또래집단 내에 수용될 가능성이 높았으며 또래집단 지위 배분에서 높은 지위를 차지할 확률이 높다고 하였다.[30]

자아개념을 가진 청소년은 사회면에서 부정적인 자아개념을 가진 청소년에 비해 활발한 상호작용을 하고 있다고 한다. 이러한 자아개념을 가지는 데는 학업성취도가 가장 중요한 영향을 미치고 있는데 학업성취도에서 또래집단의 기능은 중요한 요소인 것을 알 수 있다.

---

28) A.J. Schwartz, 『교육사회학』 이해성 역 (서울: 문음사, 1985), p. 221.
29) 김진숙, "학급내 인기아와 피배척아의 자아개념과 학업 성취도에 관한 일 연구", (서울: 연세대학교 교육대학원 석사학위논문, 1983), p. 19.
30) 서용선, "아동의 자아개념과 동료 간 인기도 및 학업성취의 상관관계", (서울: 연세대학교 교육대학원 석사학위논문, 1980), p. 34.

청소년들 간에는 특별한 관계를 가질 수 있는 또래집단을 형성하고자 하는 욕구가 있다. 또래집단이 형성되었을 때 그 모임에 대한 귀속감도 높아지며 또래집단이 함께 하게 되는 학습은 즐겁게 되는 것이다. 교회 내에서도 또래집단에서 그 지위 분화요인으로 여러 요인들이 복합적으로 작용하겠지만 주된 요인에는 학급집단마다 큰 차이가 없는 일정한 경향성이 있을 것이므로 성경학습에 또래집단의 활용은 효과가 있게 된다.

또래들 간의 대화가 은어와 속어를 사용한다고 할지라도 그들에게는 의사소통이 되고 있고, 오히려 더 잘 소통되는 경향이 있다. 또한 삶의 대한 고민의 형태가 비슷하여 고민을 서로 잘 나누게 되므로 또래집단을 이해하는 교육정책은 교육자와 피교육자를 쉽게 만날 수 있게 하고 교육자가 또래집단의 기능을 이해하고 이 집단에 접촉되어 함께 할 수 있다면 교육의 효과는 탁월하리라 본다. 특히 요즘은 청소년들에게 위인이나 존경할만한 인물이 없는 실정에서 성경을 가르치는 교사가 소그룹 형태의 또래집단을 인도하게 되므로 청소년의 인생설정에 영향을 주게 된다.

청소년의 또래집단에 대한 기능을 Hamaecheck은 다음과 같이 설명하고 있다. 먼저 지지와 안정감을 제공받으며 사회 구성원에게 사회적 지위를 제공하고 자존감을 갖고 또래의 행동을 모방하고 자신의 행동을 위한 표준으로 삼는다. 또한 집단 활동이나 역할 수행과 개인이 갖는 생각의 느낌, 그리고 행동이 다른 사람에게 어떤 영향을 주는

가에 대한 피드백을 제공받는다.[31]

또래집단의 성격과 관련하여 볼 때, 청소년들은 또래집단의 가치와 규범을 경험함으로써 자신들의 가치와 태도를 발달시키고 동시에 다른 이들의 관점도 평가할 수 있게 된다. 또래집단은 대개 비슷한 흥미와 관심을 갖는 유사한 지위의 청소년들로 구성되어 있기 때문에 또래집단의 구성원들에게 가장 절실한 문제들을 해결하려고 한다. 더구나 또래집단은 성인들과는 다른 사회적 활동무대를 가짐으로 또래집단 구성원들을 통해서 새로운 사회정체성을 가지기도 한다. 또 자기들만의 규범을 만들어 청소년들과 성인들 간에서만 아니라 또래간의 교섭을 위한 지침도 제공해 준다.[32]

이 기능의 가치와 행동 규범의 발달이 또래집단을 통한 사회적 상호 작용을 조장시키고 청소년들의 삶에 있어 다양한 기능을 갖는데 또래집단이 같은 나이와 신분을 배경으로 하는 모임이기에 감정적인 결속과 행동상의 단결로 이루어져 있으므로 상호간에 받는 교육적인 영향이 크다고 본다. 그리고 또래집단의 교육적 기능을 크게 세 가지로 나눈다.[33]

첫째, 청소년 상호간의 인정과 민주적 사회성을 배양하는데 도움을 줄 수 있고, 둘째, 그들 자신의 문화의 습득과 전달의 기능을 하고, 셋째, 개인의 역할 또는 신분의 지위를 체득하는 기능이다.

---

31) 김종서, 황종건, 『학교와 지역사회』(서울: 익문사, 1973), p. 44.
32) 황종건, op. cit., pp. 45-48.
33) Ibid.

청소년들의 삶에 있어 또래집단이 지속적으로 영향을 주는 것 보다는 그 기능과 영향은 청소년 전반에 걸쳐 참여의 의미와 정도가 바뀌어 진다. 그래서 청소년들의 또래집단의 종류[34]에 따라 유익을 주기도 하고 해를 끼치기도 한다.

그러므로 청소년은 또래집단을 통하여 사회적 작용을 하고 청소년들의 생활에서 다양한 삶의 모습으로 나타난다. 또래집단의 영향이 청소년기에 전반적인 영향력을 미침으로 하나님고의 관계를 통하여 분명한 정체성을 확립하기만 하면 어떠한 또래집단의 형태에 소속되어 있다 하더라도 건전한 사회성을 발달시켜 갈 수 있을 뿐만 아니라 또래집단의 구성원들에게 긍정적인 영향을 미치게 된다.

교회 교육에 있어 또래집단의 성격과 기능을 이해하는 것은 소그룹으로 다양한 교육을 할 수 있고 점점 멀어져 가는 교회와 청소년을 만나게 할 수 있다고 본다. 보수적인 교회를 배척만 하는 청소년이라는 사고에서 청소년의 정체성을 발견하게 하는 또래집단을 위한 교육의 중요성을 강조해 나갈 수 있다.

3) 교회 또래집단의 특성과 교육

---

[34] Adolescent Behavior and Society(N. Y.: Random House) Dexter C. Dunphy, "Peer Group Socialization", in Rolf E. Muss, 1980, pp. 111-112. 또래 집단에서 자아 개념이 긍정적인가 부정적인가에 따라 비슷한 부류의 아이들이 모여 또래 집단 내에서 비공식적 지위 계층을 형성하고 있는데 이렇게 형성된 지위 계층은 각기 세 부류로 대강 나누면 첫째 부류는 주위 또래로부터 긍정적인 반응을 얻어서 긍정적 자아 개념을 가진 아이들끼리 모인 리더 그룹이다. 둘째 부류는 리더 그룹의 아이들보다는 못하지만 리더 그룹에 반항하거나 도전하면서도 그들의 행동 유형에 추종하는 추종자 그룹이다. 셋째 부류는 아예 이 두 그룹에도 들지 못하고 배척당하면서 소외당하고 있는 소외자 그룹이다.

앞에서 살펴 본 또래집단의 형성된 영향과 그 기능을 토대로 하여 교회에서 또래집단의 특성과 영향을 알아보고 교육 방안을 제시해 보고자 한다. 교회 내의 또래집단은 대개 어릴 때부터 교회에 나왔거나 같은 학교에 다닌다거나 같은 지역에 산다거나 하는 것으로 인하여 뭉쳐지는 경우가 많다. 그리고 이런 '끼리끼리'들은 중고등부 안에서 압력 단체나 파당으로 좋지 못한 영향을 미치기도 한다. 이처럼 교회 내의 학생들이 회심을 통하여 예수 그리스도를 인격적으로 만남으로 자신의 본연의 정체감을 회복하기 전에는 일반적인 또래집단의 부류에 속할 수밖에 없다.

무엇보다 교회에서의 또래집단은 교회라는 우산 아래 있지만, 그들도 서로 필요에 따라 자신의 소속감을 발견하며 형성되기도 한다. 그러나 이들은 무엇보다도 교회 내에서 친교를 통해서 자신의 영적 은사를 발견하고 함께 그리스도 안에서 자라나기에 일반적인 또래집단과 다른 교회 또래집단의 특색이 되기도 한다.

청소년들이 성인에 비해 또래집단으로부터 영향을 쉽게 받는다. 그래서 동조성을 청소년기의 하나의 특성으로 말할 수 있는데, 청소년들의 또래집단의 행동이나 기대에 대한 동조성 연구에서 청소년은 남녀 모두 사춘기 이전이나 이후보다 사춘기에 더욱 동조성 행동을 많이 한다고 하였다. 그래서 또래로부터 거부당하는 것을 두려워하는 청소년의 거부 공포는 15세가 되면 절정에 달한다. 교회가 중요하다는 것은 알지만 또래로부터 거부당했을 때는 청소년들에게 돌출구가 보이지 않아 좌절하게 된다. 함께 하는 교회 성경공부를 경시하고 거부하는 것을 바람직한 행동으로 받아들이도록 강요받으면 그 집단에 일치하기 위해 교회 교육을 거부하게 된다.

청소년들은 타인의 인정을 중요시하고 사랑을 받기 위해 타인을 의식하는 행동을 할 때가 있다. 교회 교육에 있어서도 그들에게는 인기는 특히 중요한 의미를 갖는다. 인기의 요인들은 또래집단의 규준에 일치하고, 사교적 성격으로 유머 있는 언어로 유연한 모습과 유행하는 외모의 신체적 매력과 가끔씩 지적으로나 신앙적인 모습과 활발한 행사 활동 참여 등을 들 수 있는데 오히려 거부당하는 요인은 또래들 간의 규준에서 불일치하고 지나치게 어른 같은 행동과 비사교적 성격, 공부를 많이 하는 모습은 또래집단에서 거부당하는 요인이 된다. 교회 울타리가 있지만 모두가 친한 것도 아니며 자연적으로 어릴 때부터 형성된 집단이므로 새롭게 일원이 된다는 것은 쉽지 않다.

또래집단을 통해서 청소년기의 아이들에게 정체감을 형성하도록 하고 자기 중심적 삶에서 이웃 사랑에 대해 인식하도록 교회교육은 실시되어야 할 것이다. 자기들끼리 만의 욕구 충족이 아니라 배타적인 또래집단의 특성들의 틀을 벗어나 포용적인 또래집단 형성이 가능한 것이다. 포용적인 형태의 집단이 된다면 새로운 교육과 방향성 설정이 가능하게 된다. 교회는 또래집단을 통해 청소년들에게 소그룹 형태의 특별 활동과 소그룹 성경 공부가 가능하게 되어 교회 교육의 목적을 달성하게 될 것이다.

교회 속에서 또래집단이 있다는 것은 여러 측면에서 교육하는데 부정적일 수도 있지만 청소년들에게 안정감과 친밀감을 주고 소속감이 없는 것보다 오히려 비슷한 연령층으로 구성된 부서 활동에 긍정적 측면이 있다. 동적인 현대 사회에 있어서는 과거에서와 같이 정신적 안정감을 주는 가족이나 친구, 이웃이 없게 되었다. 가족 내에서 동무를 구할 수 있었던 대가족 제도는 찾을 수 없게 되었으므로 도시에서 제 1차적인 성격은 없어지고 지나치게 이익을 생각하는 비인간적인 사회가 된 것이다.[35]

넘쳐흐르는 우정과 따뜻한 인간성을 희구하는 청소년의 발달 과정에서 이익을 초월한 공동 사회적인 유희 집단 형성은 당연한 일로 또래집단은 긍정적이다.

특히 교회의 울타리 속에서 대부분의 청소년들은 제한된 만남을 가지고 있다. 종교적인 여건과 공휴일 시간 활용 면에서 제한된 친구들을 만나게 되는데 이러한 상황 속에서 또래집단은 독특한 소 문화를 가지게 되는데 성인문화를 반영한 가치체계를 모방한 것이다. 빈민굴에서 사는 청소년끼리 모인 집단은 하류 계층으로서의 생활양식을 서로 전달하고, 고급 주택지에서 사는 청소년은 상류계층으로서의 생활양식을 배운다. 그렇다면 교회 속에서 자라는 청소년은 기독교 문화를 배워 생활에 적용하게 될 것이다. 또래집단은 가족과 학교, 교회에서 배운 것을 실천에 옮기고 그것을 평가하여 장래 사회생활에서 재생시키기도 한다.

교회에서의 또래집단을 교육하기 위해서는 소그룹 단위 교육 형태

---

35) 문현상, 전정태, op. cit., pp. 12-13.

를 취해야 할 것이고 소그룹 단위에 들어온 또래들을 파악하므로 과거 전통적인 교육 방식과 부서별로 특별한 교육 목적 없이 나누어진 공과 반 형태에서 벗어나야 한다. 또래 집단을 인정한 반편성과 청소년들의 욕구가 인정된 교육 방법을 찾아야 한다.

Ⅱ. 소그룹으로서 또래집단과 교육

하나님께서는 우리에게 젊은이들을 가르치라고 명령하셨다. 오늘의 십대는 내일의 지도자들이다. 그들은 목표를 정하고 선택할 뿐만 아니라 자신의 결단에 따라 생활한다. 따라서 청소년들을 가르치는 사역은 탁월한 사역이 되어야 한다.

청소년에게는 교회 생활이 있기 때문에 청소년을 가르치는 일은 교회의 중요 사역 가운데 하나이다. 청소년은 성인으로 성장해가면서 중대한 결정을 하게 된다. 따라서 청소년답게 생활하도록 그들을 도울 뿐만 아니라, 그들이 하나님께 순종하는 지도자가 되도록 이끌기 위해 청소년 교육은 필요하다. 우리는 청소년에게 크리스천으로서의 인격과 성격을 심어 주려고 하는 것이다. 크리스천으로서 인격과 성격 형성을 위해서는 여기서 소그룹 교육을 제시하고자 한다. 앞에서 언급한 바와 같이 또래집단을 활용한 소그룹 교육 방안이 교사와 청소년이 가장 가깝게 효과성이 있는 교육을 할 수 있다는 것이다.

1. 또래집단 소그룹의 효과성

하나님과 인간과의 관계에 대한 모든 성경의 기록들을 보면 하나님께서는 공동체 속에 있는 개인과 함께 역사하시기 때문에 함께 학습하는 공동체인 소그룹 성경 학습이야말로 참다운 코이노이아(Koinonia)를 경험하는 실험장이다. 소그룹 내에서 형제들과의 관계, 즉 받아들임(롬 14:1), 권면(히 10:24), 용서함(엡 4:32), 짐을 함께 짐(갈 6:1)으로 그룹에 속한 사람들을 통해 삼위일체 하나님, 복음 그리고 하나님의 사람들과 사귀는 법을 배우게 된다. 그룹 운동은 현대 교회가 발견한 가장 큰 수확이다. 하지만 인간관계는 동심원적 인간관계로서 처음 만날 땐 서로 평가하지만 마음을 열면 하나가 되고 나를 준다.

1) 소그룹의 본질

소그룹으로 성경을 연구하기 위해서는 먼저 그룹 역학(Group dynamics)에 대한 이해가 필수적이다.[36] 이렇게 축적된 지식을 실제 생활에 응용하는 응용적인 지식과 기술을 통해 소그룹을 다룰 수 있게 된다. 여기서 그룹에 대한 개념을 먼저 정의를 해 보면 다음과 같다

---

[36] Group dynamics 이란 그룹 안에서 일어나고 있는 힘의 모든 형태의 역학 관계(그룹을 움직이고 있는 여러 가지 복잡한 힘과 이들의 상호 관계)를 지칭하는 말로 쓰인다. 사회 과학의 한 연구 분야로서 특정 그룹이 왜 그렇게 움직이는지를 연구하는 것을 지칭한다. 이렇게 연구되어 체계화된 그룹에 대한 학문을 가리킨다.

고 할 수 있다.[37]

첫째, 그룹이란 상호 작용이 있는 개인들의 모임이라는 것, 둘째, 그룹이란 멤버십에 대한 인식을 가진 모임이라는 점, 셋째, 그룹은 상호 의존적인 모임이라는 것, 넷째, 그룹은 한 목표를 성취하기 위해 함께 한 사람들의 모임이라는 것, 다섯째, 그룹이란 서로의 연합을 통해 자신의 필요를 채우고자 하는 동기를 가진 사람들의 모임이라는 것, 여섯째, 그룹이란 규칙과 역할이 주어진 조직화된 관계가 있는 모임이라는 점, 일곱 번째, 그룹은 구성원 상호간에 영향을 미치는 모임이라는 것이다.

이러한 정의에 따르면 그룹 활동을 통해서 무엇을 중요하게 다루어야 할 것이 있다는 것인데, 그룹 구성원 간에 상호 활동이 이루어져 피차 의존적인 관계가 되고, 서로 영향을 줄 수 있도록 해야 한다는 것이다. 그룹이 형성이 되면 조직 체계가 형성되고 이 조직 체계 안에서 멤버십이 유지되고 그룹의 필요에 따라 일정한 목표가 이룰 수 있도록 해야 하는 것이다. 살아 있는 생명체는 집단으로 생존한다. 사람도 여기서는 예외는 아니다. 그러므로 사람의 생활 가운데 그룹이 없을 수 없듯이 개인과 무관한 그룹도 있을 수 없다.[38]

소그룹이란 두 사람 이상의 집합체로 일정한 회원이 되어 소속감을 갖고 공동의 관심으로 목적을 위해 상호 의존하는 집단이라고 볼 때

---

37) 김만형, 『SS혁신 보고서』(서울: 규장문화사, 1998), pp. 208-210.
38) Robert S. Cathcart and Larry A, Samovar, (Dubuque: Wn. C. Brown Company Publishers, 1975), pp. 7-8.

교회 내에서 쉽게 찾을 수 있는 것이 또래집단으로 볼 수 있다.

2) 성경에 소그룹 활동

예수님이 소그룹 만들기의 원조라고 한다. 예수님의 제자 모형은 '소그룹 만들기'라고 해야 할 것이다. 예수님은 열 두 사람을 네 사람씩 세 그룹으로 나누셨다. 많지도 않은 열 두 제자를 다시 세 그룹으로 나누신 데는 크게 두 가지 목적이 있다. 첫째는 모든 부류의 사람을 다 포용하려는 의도이며, 둘째는 효율적인 인력 관리를 위한 배려이다.[39]

더 좋은 예수 그리스도의 제자가 되기 위해 함께 노력하기로 헌신한 사람 세 명 또는 열 두 명의 의도적인 모임이다. 성경에 예수께서 소그룹 활동을 계속하면서 보여주신 특징은 다음과 같이 정리할 수 있다.[40]

예수님은 그룹 구성원들과 함께 살았다는 사실이다. 예수님은 자기를 따르는 사람들을 당신께서 거하시는 곳으로 불러 그들과 함께 지내셨다. 그 다음에 제자들에게 제자도를 가르치셨다. 예수님은 제자들과 함께 살면서 상호 작용을 가지셨고, 소그룹 안에서 어떻게 해서든지 복음을 전해야 한다는 목표를 가지고 사람을 준비시키는 방법으로 소그룹 활동으로 이끄셨다. 예수님만 소그룹 활동을 한 것이 아니고 초대 교회 안에서도 소그룹 활동이 상당히 활발하게 이루어졌음을 알

---

39) 이성희, op. cit., p. 98.
40) 김만형, op. cit., pp. 212-213.(참고, 요1:35-40, 막1:16-20, 막3:14)

수 있다. 오순절에 형성된 새로운 공동체가 갖는 특징은 소그룹이 갖는 역동적인 모습을 볼 수 있다.

초대 교회 소그룹은 상호성을 갖고 있다. 소그룹 안에 속한 성도들을 서로서로 각 사람의 필요를 충분히 채워 줄만큼 서로에게 책임감을 많이 느끼고 있었다. 또한 섬김의 공동체이면서 사랑과 전도의 모습을 보여 주었다.[41] 소그룹의 기능으로서 은사에 대해 나오는 고린도전서 12장 1-11절을 보면 서로 돕기 위해서 은사가 필요함을 언급한다. 하나님께서 성도들의 공동체 안에 은사를 준 것은 상호 사역을 하도록 하기 위함이라는 것이다. 또한 선행과 구제의 기능으로 사도행전 2장 43-47절, 히브리서 10장 24-25절에 성도들이 소그룹 안에서 서로의 형편을 이해하는 가운데 나타나는 행동들이었다. 이는 소그룹 안에서만 가능한 것이다.

소그룹 활동에서 미래 지도자를 키우고 가르치는 모습도 있다. 디모데후서 2장 2절에 앞선 신앙의 선배들로부터 받은 신앙의 본질을 다음 세대에 계속 전달하는 것이 믿음의 공동체가 해야 할 중요한 일임을 말하고 있다. 소그룹은 사람을 키우기 위해 가르치는 장이라는 것이다. 성경에서 소그룹 활동의 중요성은 이미 증명된 것이다.

3) 또래집단 교육에서 소그룹의 장점

---

41) Ibid.

소그룹은 성경에서뿐만 아니라 삶의 현장 어느 곳에서나 사용되고 있다. 그것은 소그룹 나름대로 많은 장점과 중요성이 있기 때문일 것이다. 기독교인에게 소그룹은 예수의 사랑에 의해 자유로움과 우리의 존재 의미를 갖게 해 준다.[42]

소그룹을 통해 성령께서 다양하게 일할 수 있는 장이 제공되는데 공통적인 목표를 갖고 있는 또래집단에게 마음에 평안을 줄 수 있고 성취감을 향상시킬 수 있는 그룹모임이 된다. 대그룹에서도 하나님의 일이 이루어지지만 소그룹 안에서는 훨씬 더 역동적으로 일하시게 된다. 수많은 소그룹 단위의 그룹들은 추구하는 방향도 다르게 되므로 다양한 성령의 사역이 이루어 질 수 있는 것이다.

또래들이 모인 소그룹 속에는 사람을 변화시키는 능력이 있다. 지도력이 각 사람에게 직접적으로 미치면서 구체적인 행동의 변화를 요구하게 되고 또래집단에 속해 있는 동안 변화를 가져오는 효과가 탁월하다는 점이 있다. 청중 전체에게 선포되는 설교보다 소그룹 모임에서의 가르침이 각자의 장점을 살려 변화에 이르게 하는데 효과적이다.

교회 속에서 또래집단 소그룹이 힘을 발휘하게 되는 이유들을 살펴보면[43] 첫째, 대중모임에서는 개인들이 필요로 하는 받아들여짐(acceptance)과 사랑의 정신이 결핍되어 있다는 점이다. 대중모임은

---

42) Roberta Hestenes, op. cit., p. 10.
43) 이연길, 『소그룹 성경의 이론과 방법』(서울: 교문사, 1991), pp. 33-37.

교제를 삼켜 버린다. 교제가 없는 곳에는 이기적인 개체성만 존재하는데 또래집단의 소그룹 속에서 친교가 가장 중요시되기 때문에 자기를 받아들여지는 모임 속에 힘을 발휘하는 것이다.

둘째, 대중모임은 믿음에 대한 구체적인 지식을 주거나 그것에 참여해서 실천할 수 있는 기회를 줄 수 없는데 비해 또래집단 속에서는 아무리 내성적인 친구라도 동의가 있어야 하고 행동이 통일되어져야 한다.

셋째, 큰 교회와 대중모임에서 서로 교통(communication)하기가 매우 어렵다. 작은 소그룹 형태의 또래집단에서는 마음을 열고 참여와 교통이 있다 교통을 통한 배움은 믿음을 나누는 것이고, 삶의 방법을 서로 교환하는 방법이어서 서로서로를 고무하고 격려함으로 하나님에 대한 우리의 사랑을 증가시켜주고 은혜를 알게 된다. 이러한 교제는 봉사의 의욕과 섬김에 대해 활성화로 교회를 변형시켜 준다.

많은 기독교인들은 오늘날 고독으로부터 투쟁하고 있다. 그들은 다른 사람들로부터 단절과 고독을 느끼고 있다. 서양문화 속에 최근에 많은 사람들은 개인정체성과 개인가치를 상실하고 있는데, 고독을 느끼는 사람들이 증가하고 있고 그들의 삶에 따뜻함이 없어지고, 존재감을 상실하게 되었다.[44]

이러한 현대인의 풍성한 모임 속에서 고독을 느끼는 사람들에게 소그룹 모임은 공감대를 형성케 하여 사랑의 교제를 가능케 하고, 신앙

---

44) Roberta Hestenes, op. cit., p. 13.

적인 면에서도 강의식이 미래를 준비하는 창의성이 결여되게 하지만 또래들의 관심 있는 모임은 창의적이고 토론이 자유스러워 신앙적으로 고무하게 된다.[45]

신앙의 무서운 적은 영적 고립상태이다. 영적 고립은 사단의 유혹의 표적이 되거나 신앙의 독단에 빠져 이단에 빠질 기회를 제공하는 함정이다. 교회가 하나의 가족공동체 의식을 갖도록 만들어 주는 데는 소그룹모임이 효과적이다. 이렇게 될 때 소그룹의 활성화가 되어 지도자의 빈곤에 빠져있는 교회에 또래집단의 형성으로 교회의 중추적인 힘의 주체를 이루게 된다.[46]

또래집단의 구조로 교육할 때의 장점은 다음과 같이 생각해 볼 수 있다. 첫째, 청소년들의 끝없는 만남이 교회 안에서 이루어지는데 단순히 친구들만 만나고 끝나는 것이 아니라, 자신의 고민과 아픔을 함께 나누고 함께 기도하고, 함께 울어 줄 수 있는 그러한 만남이 이루어져야 한다. 둘째, 효과적인 신앙훈련이 가능하다. 또래들의 모임은 역동적이고 친밀성이 있기에 각자의 삶을 나누는 가운데 자연스럽게 서로에게 신앙에 도전을 줄 수 있다. 자신의 삶을 잘 아는 또래들에게 기도 제목을 자연스럽게 나눌 수 있어 중보 기도의 자리를 마련할 수 있다. 그러므로 효과적인 성경공부가 가능하게 된다. 셋째, 유연성이 있어 전도가 효과적이다. 또래들의 성향이 비슷하여 상황에 대처가 쉽

---

45) 이연길, op. cit., p. 36.
46) Ibid.

고, 교회에서 전도의 기본 단위로서 역할이 쉬워진다. 또래들이 쉽게 마음을 열지 않지만 분위기와 친구의 영향을 많이 받게 되어 영적인 체험을 진지하게 받아들여질 수 있다.

로버트 레인즈(Robert Raines)는 "제도화된 교회의 일반적인 기관과 활동에서 보다 기도와 성서연구, 생활협조를 위한 소그룹 모임 속에서 그리고 모임을 통하여서 보다 더 많은 생명들이 회심하게 되는 것을 보아왔다"라고 하였다.[47] 그러므로 청소년들은 친밀감과 또래집단의 특성을 활용하여 친구들을 교회로 인도하여 교육하는데 매우 효과적이다.

2. 정보시대 매체활용을 통한 소그룹교육

청소년들이 오늘날의 세계에서 직면하는 필요와 문제들을 이해하도록 확실한 증거를 제시하기 위해서 우리는 십대의 눈으로 바라보려고 힘써야 하며 청소년 문화에 관한 실상들을 알아야 한다. 십대들과의 의사소통은 교육을 하는데 중요한 것이다. 그런데 성인들은 청소년들이 사용하고 있는 정보통신분야를 이해하지 못해 교육의 도구로 활용하지 못하는 실정이다.

지금까지 지향해온 한국교회 교육의 목적은 양적 차원에서 '교회형

---

47) Robert Rained, New Life in the Church, (New York: Harper & Row, 1961), p. 7.

성'을 위한 교육이었다고 할 수 있다. 이러한 성장은 주로 외적인 것이 편중되어 왔다는 것을 주지하고 있는 사실이다. 한국교회 교육의 내용은 주로 예배를 통한 설교, 공과공부가 거의 전부라 볼 수 있다. 이는 일방적 교수를 강조한 주입식 성서지식의 전달로 단지 성경 내용을 전달하는 지식전달 위주로 교육되어져 왔다. 이러한 현상은 청소년들을 교회로부터 멀어지게 하는 이유가 되고 있다. 특히 자녀수가 한 가정에 1명 내지 2명이고 개인 컴퓨터의 보급으로 단체 활동을 힘들어하는 또래집단에게는 다시 생각해야 하는 부분이 되었다. 여기서 정보시대에 적절한 교수매체 활용의 필요성과 매체활용 방안을 알아보고자 한다.

1) 교회학교 매체 활용 필요성

교육은 교사들에 구체화되어지므로 교회교육의 일선에서 종사하는 교역자와 교사의 위치와 역할은 매우 중요하다. 그러나 오늘의 교회교육은 거의 교회교육에 대한 비전문가들에게 그나마도 임시적으로 맡겨지고 있는 실정이다.

은준관은 미국교회의 고민은 과학기술과 전문화의 발전 속에서 원자재적인 교사들을 잃기 시작하고, 학생들을 잃기 시작한 데 있지만, 한국교회의 문제는 정반대로 교사와 학생들을 모이고 있으나, 최소한의 필요한 전문성과 기술마저도 발전시키고 있지 않는데 기인하고 있

다고 지적했다.[48]

Paul H Vieth은 교회학교의 교육을 과학화시켜야 할 것을 반세기 전에 제언했다.[49] 이것은 기독교 교육지도자들의 훈련과 훈련프로그램이 폭넓게 개발되어야 함을 말한 것이다. 교회학교가 기독교 교육의 일환인 이상, 그것은 영적 교육의 성격을 가지지만, 동시에 그것이 하나의 교육행위라는 차원에서는 과학적이고 교육학적인 전문성을 지녀야 한다. 교수방법이란 교육내용을 전달하여 교육목적을 달성하도록 매개해 주는 수단이다. 아무리 좋은 교육목적과 내용이 있다 할지라도 전달되는 방법에 따라 그 교육의 성패가 나누어질 수 있는 것이다.

미래학자들의 주장에 따르면 21세기에는 국가도 없고 대학도 없으며 가정 또한 소멸되어갈 것이라고 한다. 더욱이 21세기 정보화 시대에 발맞춰 시간과 장소의 제약이 없는 가상의 세계에서 부를 축적하는 사람도 생길 것이라는 예측이다. 이젠 누가 뭐래도 정보를 소유한 나라가 세계를 지배한다는 이른바 정보 만능주의에 돌입하게 되었다.[50]

그러므로 교회교육에서도 정보화 시대에 익숙한 청소년들의 감각에 맞는 적절한 프로그램으로 개발되어야 한다. 정보시대의 주역인 청소년들을 이끌 수 있는 것은 구체적인 이해와 교육의 통로가 된 정

---

48) 은준관, 『교육신학』(서울: 대한기독교서회, 1990), p. 53.
49) Paul H Vieth, The Church and Christian Education, (St Louis: The Bethany Press, 1947), pp. 46-48.
50) 맹명관, op. cit., p. 213.

보도구들을 사용해야 한다. 오늘 주변 상황은 하루가 다르게 변화하며 전개되고 있으나, 교회에서 시행되고 있는 교육 방법은 구태의연한 상태로 그대로 답보하고 있다. 하나의 예배실에서 예배와 교육, 친교, 회의 등의 모든 것이 이루어지고 있다. 이에 새로운 교회학교 개발과 실천이 요구되어 1990년에 TBC(Total Bible Curriculum)성서 연구를 교회교육에 새로운 방법으로 제시했으나 이미 시대에 앞서 갈려는 청소년들에게는 관심이 떨어지는 것이 되었다.

인간의 역사에 있어서 최초의 커뮤니케이션 미디어인 언어(Speech)는 5,000년 전에 나타난 문자에 의해 보강되었고, 이어 4세기 전에 발명된 인쇄술에 의해서 그 기능이 크게 확충되었다. 20세기에 이르러서는 TV, 라디오, 영화, 컴퓨터 등이 커뮤니케이션 미디어로 등장되어 인간 커뮤니케이션의 수단은 더욱 다양해지고 전문화되고 있다. 이러한 미디어의 발달은 현대사회를 각양각색의 지식과 정보의 홍수를 이루게 하였으며 결과적으로 오늘날의 인간이 급진하는 사회 발전에 부응하기 위해서는 이와 같은 각종 미디어를 이해하고 활용하지 않으면 안 되게끔 되었다.[51]

교회에서 청소년들을 교육하기 위해서는 정보매체 활용은 필수가 되었다. 각자의 방안에 앉아 통신으로 대화하는 또래들에게 접근하기 위해서는 함께 통신으로 대화를 해야 하고, 대화의 대부분이(업그레이드 된) 컴퓨터나 새로운 정보기기에 대한 대화를 하고 있는 이들 속

---

51) 김영수,「미디어 리터러시 교육」,교육학 연구 제3권 제1호, 1987), pp. 83-84.

으로 가기 위해서는 매체 활용은 필수인 것이다.

2) 소그룹 집단교육에 매체 활용

과학 문명의 급진적 발전에 따라 각양각색의 교수매체가 제작되어 인간 생활 전 분야에 활용되고 있으며, 교수매체의 종류에 따라 그 기능과 영향이 달라서 결과적으로 다른 형태의 효과를 준다. 따라서 이제 기독교 교육에서도 교수 매체를 활용할 것이냐의 질문은 있을 수 없고 단지 어떻게 교회 교육에 적합한 자료를 만들 수 있으며 또 그것을 어떻게 활용할 것이냐의 과제만이 남아 있는 것이다.

어떻게 활용할 것이냐의 과제를 해결하기 위하여 고려해 볼 사항은 실제 기독교 신앙 확립에 무슨 도움을 줄 수 있는가와 정보화시대에 적합한 소그룹모임에 활용할 수 있는가를 점검해야 한다. 필요한 비용을 정당화 할 수 있는가도 살펴야하고 교육목적에 도움이 될 것인가를 알아야 한다. 이렇게 확인하여야 하는 이유는 최근에 와서 매스컴의 영향력은 대단히 커졌기 때문이다. 매스컴과 영상매체의 의해 우리의 청소년들의 가치관에 가장 큰 영향을 받고 있다. 그 다음이 어머니 그리고 아버지 순이다. 한국의 13-18세까지의 청소년들 중 절반 가량이 평일에는 1-2시간, 그리고 휴일에는 3-4시간 동안 TV시청을 한다. TV는 인지발달에 크게 영향을 주지만 TV로부터 반사회적 행동들을 학습하며 폭력장면을 통해 공격성은 증가시키게 된다.

TV시청에 대해서 교회교육에서 이제 관심을 갖고 또래집단에서 자주 시청하는 프로그램을 확인하고 TV시청 스케줄을 짜도록 하여 규모 있는 생활들이 되도록 유도해야 한다. 또한 또래집단들 간에 TV시청한 이야기들을 주로 하게 되어 시청하지 않은 아이들이 왕따에 대한 부담으로 함께 같은 프로를 시청하게 되는 경향이 있는데 교사들이 시청프로그램이 대해 대화하므로 TV에 대한 긍정적인 면을 이끌어 낼 수 있다.

N세대(Net Generation)이란 말로 표현되면서 현재 청소년들에 큰 영향을 미치고 있는 PC도 잘 이용하게 된다면 교육적인 효과가 있다. PC통신과 인터넷을 즐기며 자기중심적이고 어떠한 틀에도 얽매이지 않고 자유분방하며 자기가 하고 싶은 것을 하고 잘 할 수 있는 것을 추구하고, 또 상상력과 창의력이 뛰어나고 일하는 것과 노는 것을 구분하지 않는 청소년들에게 19세기 책상에서 집중식 교육은 부작용을 낳게 된다. 책보다 인터넷으로 밤을 새울 수 있는 청소년들에게 E-mail의 활용방안을 내놓고 유도해야 하는데 TV보다 더 매력을 느끼고 있는 컴퓨터를 통해 교사들이 청소년에게 편지를 보내게 되어 학생들과 공감을 느낄 수 있다.

청소년 문화에서 컴퓨터가 자리 잡고 있는 부분은 크게 느껴진다. 컴퓨터를 사용하는 청소년들은 대부분 게임을 하기 위해 컴퓨터를 사용하고 있는데 청소년문화의 한 부분이라는 현실이다. 이러한 현상은 부정적인 면이 많이 부각되고 있는데 교회교육에서 긍정적인 측면을 극대화시키려는 인식의 전환과 실제적인 노력에서 나올 수 있음을 인식하고, 많은 사람들에게 유익을 줄 수 있는 유용한 프로그램의 개발

이 절실히 요구되고 있다.[52]

특히 PC방이나 게임 같은 것이 기독교인들에게도 선교와 상담, 기독교 교육 등에 적극 활용될 수 있을 것이다. 실제로 인터넷상에 있는 건전한 기독사이트들이 많아지고 있는 것이 가능성을 보여주고 있는 것이다. 크리스천들의 프로그램의 개발은 교회내의 청소년들의 교육과 문화를 정복할 수 있게 된다. 교사들이 홈페이지 제작으로 자기 반을 알리고, 인터넷상으로 사이버 퀴즈대회를 열어 정보검색대회로 통한 성경지식을 전달하고 사이버 오리엔티어링으로 교회에 관심을 갖게 할 수 있다. 초등학교를 졸업하면서 중등부에 연계되지 못하는 아이들이나 고등부에 연계되지 못하는 아이들에게도 교육부서 홈페이지는 많은 부분을 관심 갖게 해 줄 수 있다.

정보매체를 활용한 교육은 다양하게 할 수 있는데 방송과 서적과 컴퓨터, VTR, OHP 등의 교육이 있겠는데 지금 청소년들은 짧은 시간에 많은 것을 볼 수 있고, 많은 것을 간접 경험할 수 있는 것을 좋아하므로 영화라는 미디어를 통해 교육하는 데 장점들을 찾을 수 있다. 좋은 영화는 감성을 풍부하게 하고 상상을 통해 새로운 세계를 볼 수 있게 한다. 이로 인해서 청소년들은 즐거움을 얻을 수 있다. 또한 새로운 지식을 주며, 의사소통을 도와서 어려운 것을 쉽게 한다. 믿음에 대한 설명을 청소년들은 받아들이기 힘들지만 영화에서 실제적으로 이해할 수 있는 장면을 통해 부분적으로 설명할 수 있다. 영화를 통해 교회

---

52) 손종국, 「교회와 청소년」(서울: 청소년교육 선교회, 2000년 7·8월호), p. 25.

적 기능을 가질 수 있다. 선악의 기준을 제시하는 기능으로 수련회 등에서 강조되는 영화를 사용할 수 있다.

앞에서 살펴 본 바와 같이 VTR이나 영화 같은 매체는 교회학교 교육에서 다른 것보다 많이 활용되지만 작은 소그룹에서는 효과가 크지 않다. 정보시대의 매체 활용은 PC통신과 인터넷으로 소그룹 청소년 교육을 할 수 있다. 분반이나 소그룹으로 나뉘어 졌을 때 사용할 수 있는 매체를 적극 활용하여 개인적 만남의 장을 만들고, 또래들이 쉽게 싫증을 갖는 정규적인 모임보다 비정규적 모임이나 통신을 통한 개별적 만남을 풍부하게 해 줌으로 또래집단에게는 안정감을 줄 수 있을 것이다.

영상세대로 성장한 현대의 청소년들은 자신들의 삶의 조건과 욕구에 따라 대중매체를 선택하고 이용한다. 현대는 정보시대로 매스미디어는 우리의 생활과 불가분의 관계를 맺게 되었다. 이제 매스미디어는 일종의 거대한 지배권을 형성하여 어느 누구도 이 영향권에서 벗어나기 힘들게 되었다.[53] 따라서 아직 자아발달이 덜 되어 있는 청소년에게 주는 그 영향력은 실로 막대한 것이다. 그렇다면 학교에서도 정보시대에 맞는 교육이 준비되는 것처럼 교회교육에서도 청소년들에 미칠 영향을 생각한 교육이 되어야 한다. 모든 사물과 체제가 인간에게 주는 역기능과 순기능이 있듯이 매스미디어가 청소년에게 주는 영향을 긍정적인 측면과 부정적인 면도 있다. 긍정적인 교육이 되기

---

53) 권이종, op. cit., p. 139.

위해 가정과 교회, 학교, 사회 모두가 준비되어져야 한다. 가정에서는 자녀가 통신 의존 증에 걸리지 않았는지 확인하고 자녀들이 검색한 내용을 확인하여 적절한 시간을 지도해야 한다.

　교회에서는 컴퓨터 게임과 프로그램 내용에 대한 기독교 정신이 담긴 것을 준비하여야 한다. 신학이 뒷받침되고 청소년들이 쉽게 접할 수 있는 흥미 있는 프로그램이 선교적 차원에서 준비되어져야 하고 멀티미디어에 예민한 청소년에게 사회에서도 좋은 교육의 수단으로 지역을 넘어설 수 있고, 시간을 초월한 동시대의 모든 청소년에게 같은 내용으로 교육할 수 있는 장점이 있음으로 부정적인 면들을 감시하며 전문적인 미디어 교사들로 통해 교육되어져야 한다.[54]

III. 효과적인 신앙교육을 위한 소그룹교육의 실제

　본 장에서는 교회에서 이루어지는 또래집단을 활용한 소그룹 활동에 대해 다루고자 한다. 자연적으로 형성되어지는 또래집단에게 효과적인 교육을 하는 데 목적이 있는데, 이 또래집단을 활용하는데 있어서 이론적 배경과 실제적으로 교회에게 중심을 두고 교육해야 될 것을 살펴 볼 것이다.

---

[54] 권용근, 「교회 청소년 지도와 상담」(영남신학대학교 학생생활연구소, 2000), p. 325.

교회 교육이 실제적으로 이루어질 때 의미 있는 인격적인 관계를 형성하고 서로 도움을 주고 인격적인 나눔이 교회 안에서 이루어져야 한다. 교회 안에서 이루어지는 소그룹활동은 구성원들 상호 간에 객관적이고 공식적인 만남이 아니라 구성원들에 대한 깊은 관심과 그들 생의 절실한 욕구에 대하여 진지한 태도로 만날 수 있는 상호 신뢰성과 참된 우정과 존경 그리고 뜨거운 그리스도의 삶을 체험할 수 있는 교회 안의 교회가 되는 것을 목표로 하고 몇 가지 교육 실제를 제시한다.

1. 교회의 소그룹 교육-예배

1) 예배

영어의 예배(Worship)는 앵글로색슨의 'worthship'에서 유래한다. 엡스터(webster) 사전에는 예배란 '가치에 대한 정중과 존귀'(courtesy and reverence paid to worth)로 나와 있다. 성경에서 최초로 사용된 의미로서는 '공손한 마음으로 엎드림'(bowing down in respect)이었다.

성서에서의 뜻을 살피면서 리처즈(richards)는 다음과 같이 설명한다. "예배에 나타난 초점은 하나님께 가치(worth)를 돌리는 백성들의 응답이다." 예배는 하나님의 속성과 권능을 높이 찬양하면서 그분의 참뜻을 인식하는 것이다. 그러므로 예배란 "하나님이시여, 당신은 위대하십니다"라고 말하면서 그분께 화답하는 것이다.

예수님께서는 예배를 드리는데 있어 두 가지 요소를 강조하셨다. "하나님은 영이시니, 예배하는 자가 신령과 진정으로 예배할지니라"(요 4:24). 참된 예배는 하나님께 찬미 드리는 것이며 성도의 마음이 하나님과 인간과의 관계로 인해 성도가 감동 받게 하며 성령을 통해서 열렬하게 하나님께로 향하는 것이다. 예배는 또한 우리가 진실로 드려야만 한다는 근거 위에 이뤄진다. 예배자는 하나님께 대한 자기가 아는 모든 것을 실지로 인식하는 일에 마음을 쓰면서 하나님께서 스스로 자기를 계시하는 것을 확증한다.

예배는 영적 특성을 지닌 것, 즉 심령으로부터 흘러나온 것이어야 하고, 성령의 감동을 통하여 드려지는 것이어야 하며, 친밀감뿐만 아니라 하나님께서 인간들에게 자신을 보여주신 하나님의 계시를 따라 실현되는 진실된 것이어야 한다. 한 사람(그리스도인)이 성령의 감동으로 말미암아 자기의 모든 애정과 욕망과 욕구들을 하나님의 보좌 앞에 가져올 때 그는 신령으로 예배를 드리게 되며, 또한 자기의 마음 속의 모든 목적과 열정이, 그리고 그의 신앙적 예배의 모든 행위가 하나님의 말씀에 의하여 인도 받고 조정될 때에 비로소 진정으로 예배를 드리게 된다.

예배란 어떤 외적 형식, 행위, 공개적인 실천, 인위적인 행동, 의식, 관습 이상의 것이다. 그것은 예수 그리스도로 말미암아 구원받아 그의 성령께서 거하는 사람들, 그래서 바울이 그들에 대해서 "하나님의 성령으로 봉사하며, 그리스도 예수로 자랑하고..."(빌 3:3)라고 말할 수 있는 그 사람의 내적 경험인 것이다.

예배에 대한 필요와 욕망은 청소년의 본성 속에 있는 본래의 것이다. 청소년은 어떤 인격이나 어떤 사물을 예배하게 되어 있다. 그들 각자는 자기의 신(god)을 가지고 있다. 누군가가 말하기를, 사람의 신(神)은 그의 삶을 감싸고 있는 인격이나 사물(thing), 즉 다른 무엇보다도 더 좋아하는 존재, 또한 그 사람의 충성을 요구하는 존재라고 하였다. 어떤 사람에게는 이 존재가 살아 계신 하나님이요, 다른 사람에게는 성공, 명예, 부, 소유, 개인적 관계이다.[55]

그렇다면 우리는 청소년들에게 왜 예배를 가르쳐야 되는가에 대한 질문을 갖게 된다. 왜 예배는 우연히 드리도록 하기 보다는 가르쳐야 하는가? 에덴동산에서 하나님께서는 '자기의 방법을 통해' 인간과 교통하셨다. 하나님께서는 애굽으로부터 이스라엘 백성들을 인도하실 때에도 이스라엘 백성이 어떻게 예배드려야 하는지에 대해서 다방면으로 교육시키셨다. 이어지는 사건과 가르침 속에서 이스라엘 백성들은 예배에 대한 정보와 표현을 더 할 수 있었다. 그러나 오늘날에 있어서는 수년 동안 교회에 출입한 사람이라 하더라도 예배드리는 법을 여전히 배우려 하지 않는다. 하나님의 관점으로부터 비롯된 예배의 의미에 대해 교육시키는 것은 청소년으로 하여금 예배드리도록 지도하는데 있어 근본이 된다.[56]

---

55) 로이주크, 『교회와 청소년교육』, 박영호 역(서울: 기독교문서선교회, 1991), p. 215.
56) 로이주크, 『교회 청소년 교육 이론과 실제』, 천장웅 역(서울: 말씀의 집, 1990), p. 328.

2) 예배에 대한 교육

하나님께서는 예배에 대한 연구에 대하여 저자요, 개척자이시므로, 가장 훌륭한 교육과정과 그 윤곽을 성경에서 찾을 수 있다. 하나님께서 중요한 것이라든가 혹은 자기에게로 나오는 데 있어 생기는 즐거움과 경이로움을 인간으로 하여금 경험케 하심으로써 백성들과 함께 하셨다. 예배자들이 하나님에 대해 이야기한 것, 예배자들의 반응을 표현하려했던 것, 예배가 드려지면서 수반한 결과 등을 찾아보면서 예배와 관련된 성경의 실례들을 청소년들에게 보여주어야 한다. 출애굽기 15장, 역대상 15장, 16장 29장, 역대하 5장, 7장, 이사야 6장, 요한계시록 7장, 19장. 다니엘(단 6장), 모세(출 33장), 다윗(시편 34편) 등의 개인적인 예배사례들을 연구해야 한다.[57]

젊은이들은 실례(實例)와 교육과 참여로 배운다. 성인의 모범은 효력이 있다. 그러나 충분하지는 않다. 예배란 깨달은 것 못지않게 또한 가르쳐져야 한다. 제자들이 "주여, 우리에게 기도를 가르쳐 주옵소서"라고 요청하였을 때 그리스도께서는 기도의 실례를 가지고 있었지만 그 자신의 실례를 언급하지 않고 즉각적으로 기도를 가르쳐 주셨던 것이다(눅 11:1-13).

청소년들은 개인예배와 공중예배에 대한 성경적 근거를 이해하여야 한다. 그들은 또한 예배를 준비하고 인도함에 있어서 필요한 원리들을 이해하고 있어야 한다. 그들은 그 예배들을 인도한 경험을 가지

---

57) Ibid.

고 있어야 한다. 그러한 훈련은 교회학교 청소년부 시간 동안에 얻게 될 것이다. 교사들과의 상호 일치에 의하여 부장(목사나 기독교 교육 위원장과 함께 일하는 사람)은 예배를 드리는 젊은이들을 가르치고 훈련하기 위하여 수 주간 동안 각 주일 아침 시간에서 첫 25분을 사용할 계획을 세울 수 있다. 또는 이와 같은 일련의 일을 주일 밤 청소년 친교시간 동안에 이행할 수도 있다. 이러한 수업계획은 방학을 이용한 성경학교, 캠프 그리고 특별한 공식 훈련 수업 시간에까지 발전해 갈 수도 있다. 수많은 청소년들이 참석할 수 있는 기간에 그러한 훈련을 시킬 계획을 갖는다는 것은 현명한 일이다.

고등학교 청소년 그룹에서 그 필요들을 충분히 토의한 결과, 그들의 지도자들은 예배에 대한 특별 수업과정을 주의 깊게 생각하고 개요를 세웠다. 이것은 교육활동과 표현활동을 합하여 여러 달이 소요되었다.[58] 교회학교 교장이나 혹은 청소년에 관심을 가진 자는 그가 계획을 돕고 예배를 인도할 기회를 가질 때 그 그룹으로 하여금 전적으로 참여하도록 인도하는 데 열쇠가 되는 인물이다. 성인이 청소년 예배에 참여하려면 그 자신이 그리스도와 생생한 개인적 관계를 가져야 한다.

청소년 사역자는 인격적 예배의 실상을 알아야 한다. 청소년들은 가짜를 즉각 알아챈다. 그리고 사람은 경험을 통하여 안 사실만을 효과적으로 가르칠 수가 있다. 공중예배는 정규적인 매일의 개인예배에서

---

58) 로이주크, op. cit., p. 221.

부터 나온 것이어야 한다. 청소년들은 지도자가 영적으로 부적당할 때 주로 예배를 드리지 않는다.

청소년 사역자는 자신이 예배를 인도하기에 부적당하다는 것을 인식하여야 한다. "...나를 떠나서는 너희가 아무 것도 할 수 없음이라"(요 15 :5). 그는 성령께서 적격자이심을 인식하여야 한다. "성령으로 아니하고는 누구든지 예수를 주시라 할 수 없느니라"(고전 12 : 3).

청소년 사역자는 영적인 기대의 정신을 가져야 한다. 청소년을 지도하는 사역자는 예배를 드릴 때 무엇인가 일어나기를 기대해야 한다. 즉, 그는 하나님을 만나기를 기대해야 하는 것이다. "하나님을 가까이 하라 그리하면 너희를 가까이 하시리라"(약 4:8). 지도자는 예배가 중요하며 그 밖의 것은 중요하지 않다는 것을 알고 느껴야 한다.

그는 일반적인 면에서 청소년의 특성을 알고, 특별한 면에서 자기가 지도하는 청소년의 특성을 알아야 한다. 청소년들은 어린이들처럼 예배를 드리지 않으며, 또한 성인들처럼 자기를 표현하지도 않는다. 공중예배의 내용과 예배 인도는 그 그룹의 현재의 관심과 역량에 의하여 조종되어야 한다. 예배의 요소들(찬송, 성경, 기도 등)은 주제에 부합되게 그리고 청소년들의 필요를 충족시켜 주기 위하여 선택되어져야 한다. 일반적인 청소년 그룹 가운데 예배 참석자들은 각기 예배에 대한 다양한 경험들을 지니고 있다. 그들 각자는 영적인 응답의 수용성을 지닌 개인이다. 모두가 같은 성경구절을 복창하거나 같은 찬송을 부를 수 있다. 그러나 각기 그들 나름대로 마음속에 다른 반응을 일으킨다.

그들은 진실하고, 겸손하고, 친절하고, 상냥하고, 공손하고, 헌신적이고, 성령에게 이끌린 사람이 되어야 한다. 지도자는 청소년들로 하여금 예배의 목적과 예배에서의 그들의 목적을 이해하도록 도와야 한다. 그는 예배순서를 진행함에 있어서 가장 주의 깊게 계획을 세웠어도 특별한 결핍은 피할 수 없음을 그들에게 가르쳐야 한다.[59]

3) 청소년 예배의 개발

예배는 예배순서와 예전(Liturgy)으로 이루어진다. 그것들을 통해 하나님이 행동하시고, 사람들이 응답하고 말하는 것과 경청, 듣는 것과 보는 것과 묵도 그리고 공적인 활동의 공식적 모형이다. 예전(Liturgy)이란 문자 그대로 풀이하면 하나님을 찬양하고 사람의 영적 생활의 갱신과 소생을 추구하며 하나님께서 자신들을 전부 맡기는 '사람들의 하는 일'(the work of the people)을 뜻하고 예전의 몇 가지 요소는 의식을 이룬다.[60] 예배순서를 자유롭게 하더라도 순서 작성 원리에 위배되지 않으면서 청소년의 자유로움을 받아들여지는 예배가 가능할 수 있다.[61]

예배는 공연(act out)으로서 구약과 신약의 예배에 보면 예배가 아무렇게 구성되어 있지 않고 오히려 예배자들이 잘 조직화된 체험을 맛볼 수 있도록 세심하게 미리 계획된 것을 볼 수 있다. 하나님과 그의

---

59) Ibid.
60) 김소영, 『현대 예배학 개론』(서울: 한국 장로교 출판사, 1999), p. 34.
61) Ibid., p. 65.

백성들과의 공동적인 참여에는 반드시 참여하는 공동체와 하나님과의 인격적 만남이 있다. 예배에서 무엇인가 일어나는 것이다. 예배행위가 집단적이었기 때문에 예배를 드리는 회중은 적극적으로 예배의 순서에 참여하여야만 한다. 이런 공동적 예배의 적극적인 참여가 부족하고, 회중들이 전도에 약한 이유는 예배가 교육과 교제의 시간을 충분히 갖지 못했기 때문일 것이다.[62]

청소년들에게 참된 예배를 갖게 하려면 그들에게 재 결단의 기회와 여러 사람 앞에서의 복음증거의 기회를 갖도록 해 주어야 한다. 청소년들은 덜 형식적이고 덜 전통적이고 더 실험적이고 더 흥미에 민감하고 그들 나름대로의 사상과 느낌을 더 잘 표현한다. 그래서 청소년들은 예배를 계획하고 지휘하는 과정 속에 그들이 더욱 충만하고 창조적으로 참여할 수 있기 때문에 그들과 함께 계획된 예배를 만들어 보는 것도 바람직하다. 예배 형식은 예배 위원회를 조직하여 예배의 형식을 맡아 다양한 변화를 주는 예배로서 학생들이 직접 참여하는 기회가 많도록 순서를 짜는 것이 좋다. 청소년들에게 신앙 교육을 함에 있어서 예배에 대한 장소는 어린이들의 경우보다는 더 간단하게 다루어질 수 있다. 예배장소의 문제보다는 청소년들 자신이 집단 속에서의 예배 활동들을 청소년들 상호가 활발하게 이끄는 것이 중요한 것이다.[63]

---

62) Webber. Robert. E, 『예배학』, 김지찬 역 (서울: 생명의 말씀사, 1988), p. 126.
63) Paul H. Vieth, 『기독교 교육과 예배』, 김소영 역 (서울: 한국장로교 출판사, 1991), p. 11.

청소년 교육의 한계가 바로 교회까지 깊이 침투한 세속성 상대가치 때문이라고 볼 때 청소년들의 말씀수용에도 당연히 한계가 있는 것이다. 그리고 기독교의 절대 가치인 하나님의 말씀과 성경의 가르침 안에서 만족을 누리지 못하는 청소년들에게 보이는 세계의 문제를 보이는 것만으로 해결할 수 없고, 보이지 않는 것으로 말미암아 해결됨이 의외로 많다는 사실을 알 수 있게 해야 한다. 이에 대한 실제적 청소년 예배의 성질과 방법들이 채워져야 한다. 청소년들이 예배를 드릴 때 주님을 예배드릴 뿐만 아니라 그들이 예배를 드리는 이유를 알게 하고, 예배를 드리는 그 분이 누구인지, 그리고 무엇을 하신 분이신지에 대하여 교회에서는 청소년예배에 대해서 지도하여야 한다.

▶친교로서의 예배

예배는 하나님과의 만남이다. 하나님과의 교제를 나누는 것으로 만남 속에서 하나님께 영광을 돌려 드리는 것이다. 예배는 순간적일 수가 있고, 계속적인 경험일 수도 있다. 또한 예배는 형식적인 것이 될 수도 있고 계획될 수도 있다. 즉각적인 것이 될 수 있고 계획될 수도 있다. 또한 한 개인이 관여될 수 있고 많은 사람이 관여될 수도 있다.

청소년들에게 하나님과의 교제가 분명하기 위해서는 이미 그들의 특징을 고려한 효과를 기대할 수 있다. 사회적인 특징으로 개개인은 그의 마음속에 실체의 상을 그려서 그 자신들의 독특한 실체의 '의식구조'를 형성하여 감으로 예배의 자료와 선택에 있어서 뚜렷한 하나님의 상을 그들의 내면세계에 박히도록 교육할 때 교육에 효과를 얻을 수 있다. 청소년기에 권위를 인정하고 싶지 않은 그들 세계에 대해 이해하면서 또래집단이 가진 장점으로 친교를 위한 모임을 교회 공동체로 이끌어 예배 속에서 또래집단이 하나님과 교제할 수 있도록 할 수 있어야 한다.

세대별로 예배하는 형태가 조금씩 다르게 나타나는데 또래집단에서 예배에 대한 생각은 지나치게 엄숙하거나 장엄한 예배보다는 자신들이 참여한 친교하는 예배를 선호하고 있다. 과거의 대형화된 모임에서는 또래들이 자기를 나타낼 수 없음으로 모임을 거부하게 되고 피동적이 된다. 그러나 우리들이 추구하고자 하는 또래들을 활용한 소그룹 단위의 모임에서는 하나님과 만남과 친교에 대한 이미지를 심어줄 수 있을 것이다.

▶교육된 예배

교회교육에 있어서 예배를 가르칠 때 또는 예배를 드리는 중에서 청소년들에게 환경적인 요구들을 그들을 위해 하여야 함은 마땅하다. 그 환경조건 요건으로서는 또래집단과의 접촉을 통하여 사고가 넓어지게 되며, 또 논리적 사고를 촉진시킬 수 있는 교육과정을 통해서 연역적이고 가설적인 추출능력을 발달시킬 수가 있겠다. 청소년의 단순한 인지발달의 한 과정으로서 예배에 대한 지식을 청소년들에게 주는 것뿐만 아니라 아주 기본적인 신앙의 연마를 위해서 청소년들의 지적인 활동을 훈련시켜야 한다. 교육된 예배를 통해서 청소년들은 그들의 지적인 성취욕을 배우고 그 활동 속에서 보다 건전한 신앙생활로써 그들의 성공적인 청소년 생활을 이끌어 나가기 때문이다.

위튼 대학의 예배학 교수인 베버(Webber)는 그의 책 「예배」에서 "오늘날 교회에 편만해 있는 암세포가 있는데, 그것은 곧 예배를 이해하고 배우려하지 않는 것이다"라고 지적했다.[64] 그는 우리에게 예배를 계속해서 배워야 하고, 예배를 바로 이해해야 하며, 예배의 바른 모델을 디자인하기 위해 계속 연구하고 새롭게 하는 노력이 있어야 한다고 도전하고 있다.

청소년 예배란 가르치는 예배가 되어야 한다. 하나님은 인간과의 관계를 맺기 위해 제사와 말씀과 계시 등을 사용하시는데 이스라엘을 애굽으로부터 인도하여 내실 때 교육시켰고 계속되는 사건과 가르치심 속에서 이스라엘 백성들은 예배에 대한 정보와 표현을 더 배웠기 때문이다. 그러하기에 하나님의 관점으로부터 비롯된 예배의 의미에 대해 교육시키는 것은 청소년으로 하여금 예배드리도록 지도하는 데 근본이 되기 때문이다.

▶다양화된 축제

예배의 형식은 어느 한 가지에 국한되지 않는다.[65] 주일날에 드려지는 예배만 예배라는 것이 아니다. 하나님을 예배하는 것에도 독창성과 다양성이 있다. 시를 낭송함으로써 하나님을 예배하고 찬송가나

---

64) Webber. Robert E. Worship: Old and New, 「예배학」김지찬 역(Grand RapidsMichigan: ZonderVan. 1988), op. cit., p. 120.
65) J.J. Von Allmen, 「예배학 원론」, 정용섭 외(서울: 대한기독교출판, 1991), p. 22.

복음성가를 찬양함으로 예배를 드린다. 또는 몸동작을 통해서 하나님을 찬양할 수 있다.

다양화된 예배는 축제적 요소가 있다. 드라마, 춤 무언극 등을 통해서 예배를 이끌 수 있는 것이다. 예배 의식을 권위와 주입식 위주로 구성하는 대신 청소년들이 공감할 수 있는 여러 소그룹을 조직하고 맡겨 줌으로 능동적 참여 예배를 드리게 하는 것이다. 소그룹 활동에 의한 예배를 드리기 위해 많은 시간 기도와 준비기간을 갖고 하나님과의 만남을 예비하도록 해야 한다.

예배의식에 소그룹으로 참여할 수 있는 방법을 찾아보면 첫째, 예배부서를 운영할 수 있다. 예배에 필요한 모든 요소를 청소년들이 정성껏 준비하는 것이다. 주보작성, 예배 순서 확인, 새신자 안내, 그리고 절기 예배 프로그램을 기획한다. 또한 홈페이지에 예배에 대한 내용을 홍보하여 개인적으로 예배에 대해 알도록 한다. 절기예배가 계속 이어지므로 신년주일, 사순절, 고난주일, 부활주일, 어버이 주일, 맥추절, 선교주일, 종교개혁주일, 추수감사주일, 성탄주일과 또래들 간에 헌신예배를 준비하게 하고, 절기에 대한 의미와 유래를 연구하여 발표하여 홈페이지와 게시판에 알려 작은 부분까지 모두에게 관심을 기울이도록 할 수 있다.

둘째, 찬양부서를 통해 참여를 유도할 수 있다. 청소년들이 예배 속에서 자기표현을 쉽게 할 수 있고, 악기 연주 등으로 소그룹 모임을 활성화시킨다. 악기를 배우고 또래집단의 모임이 활성화되며, 여러 악기 사용으로 축제 분위기로 하나님을 만날 수 있다.

셋째, 연극부서를 통해 드라마 예배를 드린다. 설교자의 내용을 가지고 성경이야기와 삶과 연관해서 대본을 구성하고 또래 간에 연극을 연습한다. 준비하는 가운데 메시지 전달이 연습하는 청소년들에 스며들 수 있고, 정적 예배에서 동적이고, 청소년들의 현장으로 말씀을 옮겨 갈 수 있다.

넷째, 영화 부서를 통해 VTR과 프로젝트, 컴퓨터 영상매체 활용한 예배를 준비할 수 있다. 예배 전부터 녹음하거나 설교내용을 영상으로 청소년들에게 비추어 줌으로 흥미를 유발하며 영상물에 익숙한 청소년들에게 좋은 영향을 줄 수 있다.

다섯째, 문화 부서를 통해 시와 수필과 그림을 통해 하나님을 찬양할 수 있고, 통신이 발달했지만 책으로 선교를 할 수 있고 전시회나 홍보들을 할 수 있어 소그룹 조직에 영향을 줄 수 있다. 이러한 소그룹별로 준비된 것을 발표하게 하고 예배에 영향을 주게 되므로 청소년들이 모여 드리는 예배가 능동적인 예배로 하나님과의 만남을 가질 수 있는 예배가 될 수 있다.

2. 교회의 소그룹 성경공부-대화법

청소년들을 가르치는 것은 보상과 도전을 준다. 요즘의 십대 청소년들은 오락과 탐닉으로 가득 찬 빠른 생활 패턴 속에 살고 있다. 청소년들뿐만 아니라 사람은 누구나 변화를 경험한다. 더 정확하게 이야기하면 성장을 한다. 그러나 이러한 성장의 방향은 세 가지로 구분한다.[66] 첫째, 어제와 오늘이 동일한 것이다. 이것은 정체라고 이야기하며 사람에게 권태를 가져다준다. 둘째, 어제보다 오늘이 더 나빠지는 것이다. 이것은 퇴보 또는 퇴행이라고 한다. 이로 인해 사람은 좌절을 느낀다. 셋째, 어제보다 오늘이 더 나아진 상황이 있다. 이것을 우리는 발전 또는 성장했다고 한다. 예수님은 제자들에게 명령하시기를 "모든 족속으로 제자를 삼아 분부하신 것을 가르쳐 지키게 하라"(마 28:19)고 하셨다.

그리스도께서 다시 오실 때까지 그를 따르는 사람들이 그분의 사역을 수행하도록 맡기신 목표는 ① 제자를 삼아 ② 그들에게 그리스도의 명령을 준행하도록 가르치는 것이다. 그런데 그리스도의 몸이라고 할 수 있는 모든 지역 모임에는 언제나 성령께서 가르침의 은사를 주고 사람들이 있기 마련이다(고전 12 :27~28). 그러나 가르침의 소명을 받았다는 것은 성경의 여러 곳에 나타난 가르침과 배움의 과정(Teaching and Learning process)의 시작에 불과하다.

1) 대화법

정치(politics)나 종교에 있어서, 그리고 인생을 살아가는 문제에 있어서 제기되는 여러 가지 문제들은 공식적인 연설에 의해서가 아니라 아주 친숙한 담화에 의해서 훨씬 자주 바꾸어지곤 한다. 그러나 대화

---

66) 손종국, op. cit., p. 17.

란 단지 실용적(實用的)인 기교에 그치는 것이 아니다. 그것은 하나의 예술이다. "훌륭한 대화자가 되는 데는 다음과 같이 꼭 두 가지의 빼놓을 수 없는 특성이 갖추어져야만 한다. 첫째 것은 훌륭한 정신이며 또 하나는 훌륭한 마음이다. 훌륭한 마음은 훨씬 더 중요한 것임에도 불구하고 훨씬 무시되기 쉽다. 훌륭한 정신에는 다음의 세 가지가 내포되어 있다. 첫째, 선천적인 능력이다. 둘째, 지성(知性)이다. 셋째, 훈련이다."[67]

대화가 의미하는 인격관계는 '너'를 향한 '나'의 존재론적 요구만이 아니다. 서로 간에 인격적인 만남이 있어야 바른 대화가 되는데 청소년을 교육하는데 대화는 학습자가 하나님의 형상을 갖도록 인격적 관계를 갖는데 필수적이다. 소그룹 단위의 모임을 추구하는 이유가운데 대화가 풍성하게 이루어질 것을 기대하기 때문에 소그룹 형태를 택하는 것이다. 훌륭한 소그룹 성경공부 모임에서는 단지 말을 잘 할 수 있는 사람일뿐만 아니라 잘 들을 수도 있는 사람도 있어야 한다.[68]

예수의 대화들이 수세기 동안 세계가 가진 가장 귀중한 유산이 되어 다음과 같은 이야기를 기억하고 있다. "독사의 자식들아 너희들은 악하니 어떻게 선한 말을 할 수 있느냐? 이는 마음에 가득한 것을 입으로 말함이라. 선한 사람은 그 쌓은 선에서 선한 것을 내고 악한 사람은 그 쌓은 악에서 악한 것을 내느니라"(마 12:34-35).

---

67) 로이주크, 『예수의 교육 방법론』, 박영호 역(서울: 기독교문서선교회, 1991), p. 203.
68) Ibid., p. 65.

우리는 여기서 문제의 가장 근본 되는 뿌리에 도달하게 된다. 만일 말을 잘하려고 생각한다면, 삶을 바로 살아야만 한다는 것이다. 예수의 대화들은 훌륭한 정신을 나타내 보여 주고 있다. 그것은 훌륭한 마음을 보여준 것이다. 청소년들에게 영향을 줄 수 있는 교육이라면 교육자가 먼저 마음을 보여 줄 수 있어야 한다.

소그룹을 통한 성경공부는 인격적인 만남과 친밀하고 부드러운 분위기 가운데서 자신을 개방하며 자신의 느낌, 감정, 그리고 가치화 등을 서로 나눌 수 있도록 진행되어야 한다.[69] 토의식 대화법을 통해 소외되는 사람이 없이 상호작용을 할 수 있도록 하며 자신의 사고와 상대방의 사고를 비교하며 참여할 수 있도록 하게 된다. 이러한 친밀한 대화는 정체성 형성에 부정적이었던 자기중심적인 모습이 극복되기 시작한다. 타인이 자신과 다른 관점을 가질 수도 있다는 것을 깨닫게 되어 상상의 청중을 갖는 대신 타인의 반응에 대해 보다 현실적으로 감각할 수 있다.

소그룹 성경공부에서 교사와 학생의 관계는 너무나 중요하다. 교사와 학생의 대화가 될 수 있어야 교육이 되는 것인데, 성경 지식에 대한 강조를 너무 하는 것은 곤란하기도 하지만 그러나 결국 성경 지식이 주로 목적을 이루는 수단이 된다. 궁극적인 목적은 개인이 자기의 일상생활에서 성경지식을 나타내는 방법으로 이 지식을 충당하는 것이다. 이래서 가르치는 주제와 목적 사이에, 지식과 생활 사이에 적당한

---

69) R. B. Adler, 『인간관계와 자기표현』, 김인자 역(서울: 중앙적성출판사, 1988), pp. 8-10.

균형이 있게 된다.

하나만으로는 불완전하다. 학생이 학습과정의 중심이기는 하지만 그러나 그의 체험은 반드시 성경과 기독교 유산에 의하여 검토되어야 하고, 평가되어야 하고 그리고 관리되어야 한다. 만일 현대의 진보적인 교육이 사실을 아는 것에 대한 중요성을 과소평가하여 우리에게 지장이 되었다면 그 교육은 학습자를 이해하는 데에 더 주력하도록 우리를 이끌어 가는 면에서 우리에게 참으로 귀중한 공헌을 한 것이다.[70]

예수님께서 "안식일은 사람을 위하여 있는 것이요, 사람이 안식일을 위하여 있는 것이 아니니"(막 2:27)라고 말씀하셨을 때 그것은 무엇을 의미하는가? 분명히 예수님은 종교적인 의식, 관례, 예식(그것이 얼마나 신성하게 보이든 간에)이 중요성에 있어서 인간의 존재를 대신할 수 없다는 뜻이다. 교회학교 교사들은 이 진리를 알아 둘 필요가 있다. 이에 반해서, 모든 교회학교 지도자들의 노력은 아랑곳없이, 교사들은 가르치는데 학생보다 공과를 더 중요시하는 일이 너무나 많다. 공과가 학생을 위해서 있는 것 보다 학생이 공과를 위해서 있는 경우가 너무나 많다. 가르치는 자와 배우는 자의 과정에서 학생의 중요성을 교사가 깊이 인식해야 하는 것은 필수적이다.

교회학교에 있는 모든 것이 각 반의 학생들을 위해서 있는 것이다. 건물이 세워지고, 돈을 쓰고, 인쇄물이 나오고, 교사를 모집하고, 전

---

70) Findley B. Edge, Teaching for Results, (Broadman Press, Nashville, 1956), pp. 93-94.

도 대상자를 찾고, 심방 계획에 동참하게 하고, 정력을 소비하고, 성경을 가르치는 것, 이것들은 다 학생들이 생명을 가지고 또 그 생명이 풍부해지는데 유익을 주도록 하는 것들이다. 예수님과 같이 우리는 청소년을 가운데 두고 교회학교에서 행할 모든 일을 그 청소년(반의 학생)이 결정하도록 해야 한다. 예수님의 이 말씀을 알기 쉽게 말한다면, "교회학교는 사람을 위해 만들어진 것이지 사람이 교회학교를 위해 있는 것이 아니다"라고 말할 수 있다.[71]

청소년은 사회화하는 과정에서 자신의 존재에 대한 확고한 확신을 갖고 있지 못하기 때문에 또래집단에 동일시하려든다. 그래서 청소년들은 편협할 정도로 배타적이고 당파적인 것이다. 성경본문을 통해서 교사는 청소년들에게 현재 삶의 자리에서 얻을 수 있는 교훈을 나누도록 하여 자기 생각과 차이가 있지만 또 다른 본문적용을 나누게 되어 각자가 체험한 삶을 나눌 수 있다. 성경공부를 통해 우리는 삶의 변화를 기대하고 있다. 전혀 말하지 않고 피동적으로 듣기만 한다는 것은 변화를 기대하기 어렵다. 소그룹을 통한 대화는 또래구성원 모두에게 자극이 되고 행동의 변화를 기대하게 된다.

예수님께서는 각 개인들과 대화하시고, 개인의 변화를 통해 무리들에게 연장시켰고 결국 다시 개인들의 교육으로 끝마치셨다. 그의 성공적인 교육 방법은 간결하며, 의미심장했고, 직설적이고 분명했다. 대화 속에는 인격적이었고 상대방에 따라 차이를 두고 의사소통을 했

---

71) Ibid.

다. 때로는 대화 속에서 책망이 있었고 결국 친밀감을 느끼고 삶의 변화를 가져오게 했다. 이러한 모습은 교사 자신이 찾아내어야 하는 특성이다. 어느 누구도 언제나 가르치는 사람들이 사용하는 교훈거리가 되고자 하는 사람이 없지만 우리의 대화 전부에 있어 어느 정도까지 입에 오르내리며 이용되고 있길 바란다.

청소년들이 좋아하는 공부반(class)은 성경이 가르치는 것과 직접 배우는 공부반이다. 이는 교사가 자신을 진리를 탐구하는 학생들을 인도하는 안내자라고 생각해야함을 뜻한다. 그와 같이 그들은 그들이 성경구절이나 성경주제에서 보는 것을 반에서 바르게 보고, 나누어주고, 바르게 대담하면서 탐구자가 된다.[72]

왈드(Wald)는 마음에 이러한 접근방식을 가지고 하는 성경공부를 '발견의 기쁨'이라고 부른다.[73] 청소년들이 말씀을 발견할 수 있도록 교사는 도와주며 대화를 이끌어 주어 배움을 촉진시키는 사람이 되어야 한다. 질문의 과정을 통해 청소년들을 지도해 나가는 자원이 되어야 하는 것이다.

2) 효과적인 성경교사

효과적인 성경교사는 젊은 청소년들로 하여금 적극적으로 하나님의 말씀을 공부하도록 용기를 불어넣어 주며 학생들이 성경진리들은

---

72) 로이주크, op. cit., p. 202.
73) Oletta Wald, The Joy of Discovery, (Minneapolis: Bible Banner Press, 1956), p. 201.

발견하도록 한다.[74]

흥미는 자주 참석의 범위를 직접적으로 조화 있게 만든다. 만약 청소년들이 그 반에서 단순한 관망자가 된다면 그들은 곧 흥미를 잃어버릴 것이다.

효과적인 성경교사는 청소년들로 하여금 성경의 실천적인 특질을 보도록 하여준다. 진리를 적용하지를 않는 교사는 그의 선교 임무를 감당하지 못한 것이다. 성경을 이해한다는 것(그것을 파악하고 그 내용을 정확하게 해석하는 것)은 그것 자체 안에 목적을 둔 것이 아니다. 그것으로 말미암아 인간의 삶에 그 진리를 적용시켜 나가는 데에 있는 것이다.

성경은 매우 실제적인 책이요, 지극히 이치에 합당한 책이며, 현저하게 시대에 걸맞는 책이다. 그것은 오늘날 젊은이들이 당면한 현안 문제들에 대한 답변을 가지고 있다. 만약 성경이 비실제적인 교리의 책으로 또는 부조리한 관념의 책으로 그들 앞에 제시되어진다면 대부분의 젊은이들은 성경에 대한 흥미를 잃어버릴 것이다. 그러므로 효과적인 교수는 젊은이들로 하여금 그 학과가 그들의 삶을 위하여 함축하고 있는 것들을 발견하도록 실례를 들어 그리고 원칙을 제시하여 도와주는 것이다.

효과적인 성경교사는 청소년들로 하여금 생각하도록 도전한다. 청소년들은 성경의 사실들을 그들에게 숟갈로 떠 먹여주는 식으로 알려

---

74) 로이주크, op. cit., p. 203.

주는 것을 좋아하지 않는다. 그 대신 그들은 그들 스스로가 그것을 생각하기를 원한다. 생각을 자극하는 질문들, 두뇌를 자극하는 질문들, 두뇌를 자극하는 토론들, 생각하도록 도전하는 논쟁들과 같은 것들과 진실로 생각을 자극하는 다른 방법들을 십대들이 좋아한다.[75]

효과적인 성경교사는 십대들에 대한 다양한 교육방법들을 활용한다. 학생들이 들은 것의 10%를 기억하고, 그들이 본 것은 50% 기억하고, 그들이 말한 것은 70% 기억하며, 그들이 행동한 것은 90% 기억한다는 사실은 곧 그들이 성경진리를 듣는 것과 마찬가지로 보는 것, 토론하는 것, 서로 행동해 보는 것도 중요하다는 사실을 드러내준다.

잘 유도해 나가면 토론은 흥미를 유발시키며, 의구심을 불러일으키며, 동시에 반(班)학생들 편에서의 표현력도 길러준다. 교사는 학생들이 지닌 흥미 분야에 관해서만 토론하도록 허락할 것이 아니라, 그 반의 일반적인 흥미에 한정된 범위 안에서 토론해 나아가도록 하는 능력을 지니고 있어야 한다.

교수의 목적들 중의 하나는 학생들로 하여금 각자 생각하는 자들이 되도록, 그리고 혼자서 탐구할 수 있는 자가 되도록 돕는 것이다. 교수방법으로서의 연구는 특히 학생들의 사상 전개를 발전시키는데 도움을 준다. 교사는 한 명이나 또래와 그 이상의 십대들에게 과(課)의 일부를 스스로 알아오도록 지시한다. 수업하는 동안 각 학생들은 그가 발견한 사실을 가지고 아는 기회를 얻게 된다.

---

75) Ibid., p. 204.

성경에 대한 직접적인 연구(investigation)-가끔 성경 탐사라고 불리움-는 말씀을 독자적으로 연구하도록 만들어 주는 또 다른 방법이다.[76] 강의적 방법이 학과를 미끈하게 조직적으로 진행하게 만들지만 얻는 유익은 그것의 제한성 때문에 많이 잃게 된다. 단순한 강의는 청소년들로 하여금 생각하도록 도움을 주지 못하며, 자기 의견을 나타낼 기회를 주지 못하며 지루하게 만든다. 강의적 방법이 사용될 때 시각적 방법이나 토론 같은 한 가지 이상의 방법들과 함께 사용하면 보다 효과가 있다.

학습시간을 보다 즐겁고 의미 있게 만들 수 있는 효과적인 여러 가지 학습 보조 자료가 있다. 지도와 사진은 지역이나 관습을 뚜렷하게 나타낸다. 칠판에 쓴 말씀, 문장, 도식들은 반(班)의 주의를 집중시킨다. 영상물은 성경의 진리를 시각화하는 유용한 방책으로써 도움을 준다. 실물(objects)은 주의를 집중시키며, 성경의 사실을 시각적으로 명백하게 해준다.

효과적인 성경교사는 반의 학생 각자가 가지고 있는 흥미를 반영한다. 각자의 흥미를 파악하는 것은 오랜 시간과 노력이 필요하다. 소그룹모임에서 가능한 일이다.[77]

청소년들은 교사가 그들 각자에게 참으로 관심을 두고 있는가 그렇지 않는가를 재빨리 알아차린다. 효과적인 가르침을 위해서 청소년들

---

76) Ibid.

77) 김재권,「효과적인 성서교수법」(서울: 생명의 말씀사, 1991), p. 69.

한 사람 한 사람을 고려하여 또래들의 특성을 살펴야 하고 그들이 가진 문제들과 필요들을 알려고 애써야 한다. 가능한 어떤 방법으로든지 그들을 도와주려는데 관심을 가짐으로 교회 학교 속의 반의 한계를 넘어서야 한다. 청소년들에게 관심을 보여주는 것은 보이지 않는 신뢰를 갖게 하여 가르침이라는 목적을 이룰 수 있고 행동에 변화라는 목표에 이룰 수 있게 한다. 실제로 가르치시는 분은 성령이시므로 인간 교사는 단지 상황을 조절함으로써 성령님의 효력을 촉진시키는 것을 도울 뿐이다. 청소년들로 하여금 열심히 귀납적 성경연구와 진지한 토의가 말씀에 몰입시킴으로써 교사는 청소년들에게 하나님과 그 분의 말씀에 반응을 보이게끔 역사하시는 성령님의 활동의 장을 마련하게 된다.[78]

3. 소그룹 속의 교제를 통한 교육

컴퓨터 기술은 많은 사람들이 그 기계 자체에 대해 경이감을 가질 만큼 매우 급속도로 발전해 왔다. 컴퓨터는 체스 게임으로부터 유인 우주선을 유도해 주는 것까지 무엇이든 처리할 수 있는 것처럼 보인다. 그러나 컴퓨터가 사고하는 것과 지능에는 한계가 있다. 컴퓨터 기

---

78) 로이주크, 웨렌벤슨, op. cit., p. 289.

계 자체가 느끼고 체험하게 해 줄 수 없다.[79]

지금 많은 청소년들이 컴퓨터의 매력으로 대인관계에 문제를 갖게 되었다. 이제까지 교육이 지루하고 끝없이 계속되는 것과는 다르게 컴퓨터는 정확하고 빠르게 결과를 맛볼 수 있게 해 주므로 청소년들의 구미에 맞게 되었다. 그러나 교회교육은 인간과 하나님과의 만남의 교육이며 인간들에게 관심을 갖고 부딪쳐 가며 해야 하는 교육이다. 예수는 제자들과 함께 살면서 자신의 모든 면을 노출하며 교육하였다. 교제하며 소수 그룹을 만들어 교육한 것이다.

인류의 위대한 도덕의 교사나 종교의 교사들은 일단의 모방적 후계자들, 또는 제자들을 거느리며 그들 자신들과 더불어 교제를 나누게 했으며, 그리하여 그 제자들은 수업으로부터라고 하기 보다는 그들의 교사들이 행하는 제반의 사실들로부터 배울 수가 있었고, 축복된 진리가 인격적인 증언에 의하여 타인에게 전달될 수 있었으며 또 이어서 다른 이들에게도 전해지곤 했던 것이다. 바로 공자가 그러했고 부처가 그러했으며, 세례 요한이 그러했고, 예수님 역시 그러했다. 예수님의 제자들 가운데 어떤 이들은 이와 같이 자기들도 어떤 사람들과 교제를 가졌다. 예를 들면 베드로와 마가가 그러했고 바울 역시 그의 사역 가운데서 실라, 바나바 등과 교제를 나누었다(행 13 : 13을 참고).[80]

---

79) 케네스 갱글, 하워드 헨드릭스, op. cit., p. 208.
80) 헤르만 호온, op. cit., p. 179.

예수께서는 이런 제자들을 자신의 주변에 두시되 그들을 각기 다른 상황들 속에서 한 번, 또는 두 번, 또는 심지어 세 번씩이나 '부르심'을 통하여 택하셔서 자신을 따르게 하셨다. 원래 안드레와 요한은 세례 요한의 제자들이었다. 그런데 하루는 세례 요한이 그들의 주의를 마침 그곳을 거닐고 계시던 예수님을 향하도록 해 주었던 것이다. 그런 일이 있은 후, 그들은 호숫가에서 한 번 또는 두 번씩의 부르심을 받았다. 부르심의 말씀은 매우 짧고 간단하며 직접적이고 인격적이었다. 즉 "나를 따라 오너라"라는 말씀이었다. 최초의 의도에 있어서 그 말씀은 개인적인 인격의 교제에로의 부르심이었으며, 그것이 있는 연후에야 모든 것이 거기서부터 흘러나올 수 있었던 것이다. 열두 제자들을 훈련시킴의 가장 큰 비결은 인격적인 교제였고 그것의 주된 목표는 봉사에 있었다.[81]

아마도 이스라엘의 열두 지파를 따라서 열두 명으로 선택을 받았을지도 모르는 이들은, 진정 갈릴리 어부요, 세리요, 기타의 계층으로부터 택하심을 입은 자들이었다. 오직 유다만이 유대사람이었다. 이들은 그들의 직업이 보여주는 대로 그 시대의 랍비 학문의 가르침들에 대해 전혀 무지할 정도로 관련이 없었던 사람들이었다. 그러나 그들은 역시 유대인들로서 유대인의 종교적 관습에는 깊이 젖어 있었다. 예수님께서 그들을 실로 자기 자신이 가지신 종교적 진리의 새 술을 담기에 적합한 새 부대로 보셨던 것임에 틀림없다. 그들이 항상 치밀하

---

81) Ibid., p. 180.

고 훌륭한 적응성을 가진 학생이었던 것은 아니었다. 그러나 최후의 순간의 유다만을 제외하면 거의 충성을 다하는 자들이었으며, 비록 십자가에 못 박히심이 그들의 모든 희망을 무섭게 흔들어 놓기도 했으나, 부활은 그들의 지도자를 믿는 신뢰를 그들에게 다시금 회복시켜 주었다. 그리하여 결국에 그들이 예수님과 더불어 인격적인 교제를 통하여 보고 들었던 모든 것들, 즉 "은혜와 진리는 예수 그리스도로 말미암아온 것"이라는 것은 그들 생애에 있어서 커다란 승리였다. 그래서 어떤 이들은 그리스도교를 "신적인 인격에 감염됨"이라고 정의한 적이 있었다.[82]

예수님의 주변에는 여러 계층의 사람들이 예수님을 중심으로 하여 동심원(circles) 모양으로 배열되어 있었던 것처럼 코인다. 그 중에서 가장 중심부에 있는 원의 내부에는 사도 요한이 그들을 예수님의 마음에 가장 가까이 있었다고 본 베드로, 야고보, 그리고 요한 그 자신이 들어 있다. 그리고 바로 그밖에 있는 원 속에 나머지 열두 제자가 들어 있다. 그리고 그 바로 밖에는 아마도 칠십 인의 전도대원들이 있을 것이다. 그리고 그밖에는 예수님을 섬겼던 여인들의 구리가 있을 것이고(눅 8:2-3), 그밖에는 평범한 무리들이 들어 있는 원이 있을 것이다. 그리고 이제 마지막 원에는 그를 대적하던 비판자들이 들어갈 것이다. 그 한계선은 영적인 통찰력의 정도에 의한 것이다. 예수님은 이들 모두에게 각각 그들의 수용능력에 따라서 자신을 나누어 주셨다. 비

---

82) Ibid., p. 181.

록 비유가 모든 이들에게 말해졌으나, 그것의 비밀은 오직 선택된 소수들에게만 설명되곤 했다.[83]

예수께서 제자들을 따로 따로 구별하여 대하였음에 대한 우리들의 연구를 구체적으로 할 때 베드로를 다루시는 예수님의 방법을 통해 생각해 볼 수 있다.

훈련(training)시키시면서 사용하신 방법들을 기억해 보자. 베드로에 대한 기록들은 그가 윌리엄 제임스(William James)가 말한바 소위 '경망스러운 의지'를 소유한 사람이었던 것으로 묘사하고 있다. 즉 그는 충동적이고, 성급했으며, 참을성이 없고, 대담했으며, 역동적인 형태의 성격의 소유자였다는 것이다.[84] 아마도 이런 모든 점들을 비추어 볼 때 그와 정반대의 인물은 도마일 것이다. 그가 맨 처음 부르심을 입은 자는 아니었으면서도, 베드로는 대개 제자들의 이름의 목록에서 제일 처음으로 불리곤 한다. 그의 지도자적 자세는 매우 자연적이었던 것처럼 느껴진다. 그는 보통 무리들의 대변인이었으면서도 그가 그렇게 선임되었던 일이 결코 없었기 때문이다. "너희들은 나를 누구라 하느냐?"하는 결정적인 질문에 대답을 제시했던 것도 바로 베드로였다. 변화산상에서 그는 영적(靈的)인 존재가 되기 위하여 물질적인 초막을 지으려고 했다. 그는 홀로 배에서 뛰어 내려 예수님께로 걸어감으로써 물 위에 나타난 모습이 바로 예수님이시라는 사실을 입증하

---

83) Ibid.
84) Ibid., p. 183.

기도 했다. 예수님께서 고난에 굴복하실 것을 이야기하심에 대해 예수님께 노골적으로 반대 의사를 드러내기 시작했던 것도 베드로였다.

오직 제자들 가운데서 그만이 예수님께서 자기 발을 씻기심을 거부했었다. 그는 모든 사람들 가운데서 가장 완강하게 자기는 예수님을 부인하지 않을 것이라고 장담을 했다. 그는 성급하게 그의 칼을 뽑아서 쓸데없이 대제사장의 종의 귀를 잘라버렸다. 비록 요한이 그보다 먼저 무덤을 향해 뛰어갔으나 무덤 속에 먼저 들어간 것은 베드로였다. 그는 그가 부활하신 주님을 알아차린 다음에 그 주님을 만나 뵙기 위하여 옷을 벗어 제치고 해변으로 헤엄쳐 오기도 했다. 이런 사실들이 베드로가 어떤 사람인지를 보여주는 것들이다. 예수님께서는 베드로를 어떻게 성장(develop)시키셨는가? 예수님께서는 그를 매우 어려운 일(사람을 산채로 낚는 일)을 시키시기 위하여 부르셨다. 그와 같이 어려운 임무들이 그의 성급한 성격들을 길들이는 데 도움이 되었다. 예수님께서는 장차 그가 그렇게 되기를 바라신다는 뜻으로 새로운 이름(히브리어로는 게바, 헬라어로는 베드로라는 이름)을 주셨다. 예수님께서는 가버나움에 있는 그의 집을 찾아가시어 그의 가족들 가운데 병든 자를 고쳐 주셨다. 그리고 그에게 무거운 책임을 맡기셨다. 즉 예수님께서는 그에게 '열쇠들'을 주심으로써 그를 그 무리들의 지도자로 만드셨다. 이와 같은 훈련들이 베드로를 반석과 같이 만들었다. 핍박 하에 붙잡혀 십자가에 달리게 되었을 때, 베드로는 그가 주님과 같이 죽지 않도록 자신을 거꾸로 매달아 줄 것을 부탁했다는 전설이 내려오고 있다.

오늘날 자기 반의 학생들 앞에 선 교사와 열두 제자들의 앞에 선 예수 사이에서 찾아볼 수 있는 차이점은 열두 제자들은 그들의 훈련을 예수께 전폭적으로 의존하고 있었다는 것이다. 기독교가 역사 속에서 어떤 사건들을 통하여 이와 같은 동일한 인간끼리의 교제의 원리(Principle of human association)에 의존했다.

하나님과의 교제를 통한 만남은 통찰력을 갖게 하고, 이것은 지식으로 통한 것이 아니라 인생의 여러 환경에 대한 새로운 국면과 기독교적 교제에 대한 발견을 말한다. 하나님과의 생생한 접촉은 변화에 힘이 있다. 그런 변화과정의 최후 단계는 자기가 경험한 사실의 의미를 나타내는 단계라고 볼 수 있다.[85]

또래집단은 배타적이고 당파적이기 때문에 사회적 관계에서 실패하게 되며 또래집단의 영향으로 자신의 가치관이 위배될 수 있다. 따라서 소그룹을 통한 친교는 하나님을 믿고 순종하는 신앙의 사람들 사이에 이루어지는 격려를 위한 방법이어야 한다. 소그룹 활동을 통해 하나님과의 관계에서 얻은 자기 인정을 집단에서 얻을 수 있어야 한다.

청소년은 자아 정체성 형성을 위해 다른 사람들의 인정을 필요로 한다. 한 개인이 집단의 구성원에게 수용되고 가치를 인정받는 것을 의미한다. 친교를 통해서 하나님의 사랑을 가지고 능동적 참여와 상호관계를 이룰 수 있어야 한다. 친교 속에서 하나님의 사랑을 체험하

---

85) 김재권, op. cit., p. 32.

게 되고 과거에 경험하지 못했던 관계를 경험하면서 또래들 간의 관계가 회복되어 가는 것이다. 소그룹을 통한 교제는 다음과 같은 것들이 있음을 알 수 있다.

첫째, 소그룹 생활을 통해 교제를 나눌 수 있다. 교회 교육에서 일 년에 한 번 정도 수련회를 통해 숙식을 같이 하는 경험을 하게 되는데 절기별로 정하여 1일 캠프형태로 함께 지낼 수 있는 기회를 마련해 주는 것이 좋겠다. 프로그램을 느슨하게 하여 소그룹단위로 토의할 수 있는 기회를 주고, 많은 대화를 나눌 수 있게 하는 것이 좋겠다. 연초에는 교사들의 집에 초청하여 개인별 소개를 하게 하여 서로를 알게 하고 소그룹모임을 갖도록 해야 한다.

둘째, 소그룹별로 다른 소그룹을 초청하여 모임을 가질 수 있다. 소그룹모임이 활성화되면서 그룹별로 벽이 생길 수 있어 다른 소그룹을 초청한 모임을 통해 서로를 알게 하고 자신들의 그룹의 특성을 자랑할 수 있는 기회가 된다. 이때 스포츠나 음식 자랑을 할 수 있다. 청소년들이 좋아하는 것을 준비하여 작은 잔치모임이 되도록 하고 교회 울타리 밖에 있는 친구들도 함께 초청하는 여유가 있어야 한다.

셋째, 취미와 문화생활을 소그룹 별로 한다. 성인들은 자신들이 청소년이었던 시절을 잊고 대부분이 보수적으로 청소년들의 취미생활을 이색적으로 생각한다. 특히 교회에서는 세상문화와 구별되기 바라는 어른들로 인해 청소년들이 더욱 위축된 취미, 문화생활을 한다. 소그룹별로 영화 감상과 TV 모니터로 토론을 하므로 자신들이 서 있는 생활 현장을 판단할 수 있게 한다. 부서 전체가 음악회나 연극을 관람

할 수 없음으로 소그룹별로 이러한 활동은 가능하다. 자연스럽게 활동을 통해 친밀감과 서로를 알게 되고 또 다른 모임을 계획하거나 성경교육을 실외에서도 가능하게 해 준다. 동호회 형태로 음악과 통신 홈페이지 등을 다른 또래집단에게 소개할 수 있고 취미가 같은 모임의 활성화는 부서 전체에 활력을 주게 된다.

넷째, 공동체 훈련과 소그룹 주제 발표를 할 수 있다. 청소년들이 가장 관심 있는 진학문제와 이성교제, 결혼관, 학교생활 등을 주제별로 세미나를 갖게 하고 전문가를 만나게 하여 올바른 방향제시를 받게 한다. 기독교의 가치관도 일방적 교육이 아니라 또래 간에 토론을 통해 교사들이 유도할 수 있다. 소그룹별로 공동체 훈련을 하므로 정체된 모임이 아닌 생동감 있는 공동체를 기대할 수 있다. 소속감과 친밀감을 갖도록 자신을 개방시키고 상대방을 인정하는 목적을 갖고 인도한다.

이와 같은 소그룹을 통한 교제는 배타성과 당파성으로 형성된 또래집단의 무분별한 동일시를 극복하게 되는데 교회 교육은 교제를 활성화하여 성경을 배우는 청소년들에게 배움에 대한 관심을 갖게 하는데 있다. 성경연구는 친교그룹 중심으로 놓여 져야 하는데, 이런 실제적인 점에서 다음 몇 가지 요소가 고려된다.[86]

첫째, 성경메시지의 재이해(再理解)는 역사적으로 교회 역사에 의미 있는 일깨움과 개혁을 계속해서 일으켜 왔다. 개인의 자각도 성경

---

[86] 이연길,「소그룹성경연구의 이론과 방법」(서울: 대한예수교장로회 총회 출판국, 1991), pp. 50-51.

연구나 성경을 읽음으로 자주 일어나곤 한 것도 사실이다. 성경을 통한 회원(신자들)의 자각이 그룹 친교의 기초가 되기 때문에, 참된 인간관계 회복은 성령 안에서 하나님의 말씀으로부터 시작된다.

둘째, 성경연구가 그룹의 친교의 결정적인 본질을 결정해 준다. 그러므로 성경연구 없는 기도모임이나 전도모임 등은 잘못하면 인간중심의 모임으로 변질될 가능성이 많다. 계속적인 힘을 상실할 위험도 있다. 성경은 신앙의 권위 있는 확실한 내용을 가지기 때문에 우리 시대에 있어서 믿음의 순화나 재정립을 위하여 특별히 성경으로 돌아가야 한다.

셋째, 큰 회중을 가진 대형교회는 친교의 결핍으로 많은 문제를 지니는 데, 이런 경우 소그룹 운동이 이 문제를 다소 해소시켜 줄 것이다. 회중을 소그룹에 초청하는 방법으로는 어느 모임보다도 성경연구 그룹에 참여하도록 초청하기가 가장 용이하고 효과적이라 하겠다. 대부분의 신자들은 성숙한 그리스도인이 되기 위해서는 그들이 성경을 연구해야 한다는 필요성을 느끼고 있기 때문이다. 이런 면에서 소그룹 성서연구는 교회 안에서 신자들이 하나님과 이웃들을 사랑하고 섬기는 방법을 익혀 가는 가장 최선의 방법인 것으로 보인다.

한국교회에서나 미국교회에서나 교회들이 성서연구를 위한 소그룹 조직을 가질 때 교회들이 성장한다. 물론 한국교회에서 소그룹 성경연구 모임을 만들었을 경우, 지도자나 개인이 그 모임을 이용하여 자기 세력 확장이나 교회 안에서의 분열을 획책할 가능성이 있음을 생각할 때 염려되기도 한다. 그러나 이런 문제를 안고 교회가 수적으로

만 성공한다고 할 때, 이것은 마치 부실공사와 같아서 제구실을 하지 못할 것이며, 잘못하면 쉽게 무너져 버릴 위험까지 지니고 있는 것이다.[87]

그러나 성도들 각자가 소그룹에 소속되어 성서를 배우며 활동할 때 소속감이 확실하여 안정감을 가지게 되며, 그리스도와 교회를 위하여 무엇을 할 것인가를 생각하면서 성장하게 되는 것이다. 이런 역할을 다양한 면에서 충족시켜 주는 것이 '소그룹 성경연구' 모임이라 하겠다. 말씀 없는 전도모임이나, 기도모임이나, 어느 봉사모임도 곧 힘을 잃어버리기 때문이다.

4. 또래 간의 전도훈련-체험

복음전도는 죄에서 구원하여 주신 예수 그리스도께로 사람들을 인도하기 위해서 설득력 있게 복음을 제시하는 것이다. 복음전도란 자유주의 신학자들이 말하는 것처럼 사람들에게 자기들이 '그리스도인'이라는 사실을 알려주는 정도의 단순한 과정이 아니다. 전도는 하나님께서 기독교인들에게 요청하시는 가장 무겁고 중요한 사명이다.

예수를 믿지 않는 청소년들을 예수께로 인도하는 가장 좋은 방법 중의 하나는 예수 그리스도처럼 사는 것, 즉 모범을 보이는 것이다. 많

---

87) Ibid.

은 십대들의 영적인 갈구는 매일의 생활에서 그리스도의 명령을 따라 사는 성인이나 십대를 봄으로써 더욱 증가된다. 사도 바울도 디모데에게 "누구든지 네 연소함을 업신여기지 못하게 하라"(딤전 4:12)고 권면했다. 교회는 기독교인다운 성령 충만 생활의 중요성과 또 그렇게 사는 법을 가르침으로써 청소년 지도자들을 양성하는데 기여할 수 있다.

청소년들의 영적인 관심, 종교적 감수성, 하나님의 구원계획에 대한 응답이 모든 요인들로 인해 청소년들에게 세상에서 가장 위대한 소식(예수 그리스도로 말미암아 영생을 얻는다는)을 품고(롬 12:1) 전하려는 의욕을 가져야 한다. 분명히 청소년 전도는 젊은이들에게 복음을 전파하는 것이다. 연령 제한이 없이 예수 그리스도를 통한 구원의 메시지를 20세기의 청소년들에게 전파할 효과적인 방법을 여기서 알아보는 데 목적이 있다.

1) 전도의 기초 작업

많은 회중들이 전도에 약한 이유는 아마 예배와 교육과 교제의 시간을 충분히 갖지 못했기 때문일 것이다. 오순절 날 삼천 명이 그리스도께 나아온 후 그들은 계속해서 사도들의 가르침을 받아 서로 교제하며 떡을 떼며 기도하기를 전혀 힘썼다(행 2:42). 다른 사람들의 필요와 복음 전도에 대한 관심은 하나님과 사람들 사이에 바른 관계를 가

지고 살고자 애쓰는 믿는 자의 공동체에서 유래한 것 같았다.[88]

그리스도에 대한 사랑은 효과적으로 복음을 증거하기 위해서는 기본적인 것이다. 자신이 담당한 크리스천 십대들이 그리스도를 증거하기 원하는 청소년 지도자들은 먼저 그리스도에 대한 그들의 사랑이 자라가도록 해야 한다. 그러면 복음 증거와 역사는 사랑의 마음에서 자연스럽게 흘러나올 것이다.

청소년 전도는 다른 형태의 복음 전도와 그 동기가 같다. 즉, 그리스도의 명령에 대한 복종인 것이며(막 16:15, 행 1:8), 또한 그리스도의 사랑의 강권이다. 덧붙여 말하자면, 메시지를 신실하게 전해주는 자들에 대한 보상이 약속되어져 있으며(사 52:7, 딤후 4:5-8), 복음 전파한 사람에게는 무한한 축복이 덧붙여 있으며(약 5:20), 구원은 하늘의 기쁨의 원인이 된다.[89]

그러나 보다 구체적으로 말해서 그리스도를 위해 젊은이들에게 복음을 전파하는 특별한 이유가 있다. 성경은 젊은이들에게 주는 특별한 메시지를 가지고 있다. "너는 청년의 때... 너의 창조자를 기억하라"(전 12:1). 잠언서에서 솔로몬은 그의 지혜의 대부분을 청년들에게 가르치고 있으며, 바울은 권면하기를 "누구든지 네 연소함을 업신여기지 못하게 하고... 본이 되어..."(딤 4:12)라고 하였고, 요한은 "청년들아 내가 너희에게 쓰는 것은 너희가 악한 자를 이기었음이니라"(요일

---

88) 로이주크, 웨렌벤슨, op. cit., p. 247.
89) 로이주크, op. cit., pp. 185-186.

2:13)고 말하고 있다.

하나님을 섬긴 청소년들의 많은 실례들도 있다. 그리스도께서는 12세 때에 그의 아버지의 일을 도왔으며(눅 2:42, 49), 젊은 미리암은 어린 아기 모세의 간호자로 봉사했고, 어린 다윗은 대적 거인 골리앗을 죽였고, 젊은 디모데는 바울을 도왔으며, 젊은 마가는 바울과 또 다른 사도들과 동행하였던 것이다.[90]

복음증거에 있어 사랑이라는 동기는 수평적인 만큼 또 수직적이다. 다른 사람에 대한 사랑은 예수에 대한 사랑과 균형을 이룰 때 비로소 복음전도의 의미를 지니게 된다. 그러므로 청소년 사역에 있어서 효과적인 복음증거를 하려면 청소년들이 성경과 이웃과의 유대관계를 맺음으로써 주님과의 유대 관계 속에서 성장한다는 점을 전제해야 한다. 예수 그리스도께서 그의 공생애를 거의 마무리할 즈음에 그의 제자들을 불러 모아 놓고 그들에게 새로운 계명을 주시겠다고 말씀하셨다. "내가 너희를 사랑한 것 같이 너희도 서로 사랑하라... 이로서 모든 사람이 너희가 내 제자인 줄 알리라"(요 13:34-35). 전도는 사랑-성령의 능력으로 말미암아 매일의 삶과 관계 속에서 증명되고 실천된 그리스도의 사랑의 실천이다. 이것이 청소년 전도의 핵심이다.

또 다른 호소력이 있는 동기는 끓어오르는 의심과 혼란이 야기되는 청소년의 필수 불가결한 영적 필요에서 발견된다. 젊은 청소년들은 나이가 더 들었을 때 복음에 응답하는 것 보다 더 잘 응답하는 종교적

---

90) Ibid.

성향이 있다. 청소년들에게 전도를 통해 체험적인 학습을 할 수 있게 되는데 이것은 현존하는 가치체계를 확인시켜주며 경험을 통해 내면화의 과정을 겪는다. 하나님을 만나고 구원의 확신과 기쁨 속에서 하나님 중심적인 가치관을 가진 청소년들이 성서의 내용을 직접 체험할 수 있도록 도와주어야 한다.

청소년의 정체성 형성에 부정적 영향을 주는 자기중심성의 특성을 소그룹 전도훈련을 통해 극복하고자 하는데, 자기중심성에서 이웃을 돌아보자는 것이다. 타인의 감정과 사고를 생각하기 싫어하는 청소년들의 특성을 파악하여 신앙으로 뛰어넘자는 것이다. 추상적이고 상징적인 신앙의 개념들을 이해할 수 있기 때문에 온 세상의 구주 되시는 예수님의 사랑과 구속사역에 참여할 수 있다. 종교적 사고 발달로 성경의 신앙내용과 삶을 연결시킬 수 있으며 영적인 체험을 할 수 있다.

2) 전도의 실제

기회 있을 때 젊은 청소년들에게 전도하는 것은 그들에게 굳건한 정착지와 견고한 지침을 제공하는 것과 같다.[91] 영혼이 내세에 구원받을 뿐 아니라 삶이 죄와 방탕에서 구원받으며, 복된 삶과 봉사의 삶을 가능케 한다. 청소년 전도의 목적과 목표는 젊은이들을 구세주이신 예수 그리스도와 친밀한 관계를 맺게 하여주는 것 뿐 아니라, 행복한 삶과 열매가 풍성한 봉사를 위하여 인도자 되시고 능력자 되시는

---

91) Ted W. Engstrom. All Out for Youth , (Moody Monthy, LV II :25, July, 1951), p. 187.

성령과 밀접한 관계를 맺게 해주는 것이다.[92] 가망이 희박한 초신자들 속에서 초자연적인 중생의 역사를 일으키기 위하여 전능하신 하나님을 의지하는 태도는 하나님의 손에 들린 유용한 도구가 되기 위해 첫째로 필요한 자격이다. 궁극적으로 하나님만이 영적 중생을 하게 하실 수 있다. 그리고 전도자는 이러한 전제로부터 출발하여 일을 해나가야 한다.[93]

청소년들은 교육하는데 있어 전도에 대한 성경 말씀과 삶이 일치될 수 있도록 전도하는 생활을 학습내용에 포함시켜야 한다. 청소년들은 세계를 구원하시려는 하나님의 뜻과 구원 섭리 등의 말씀에 대한 상징적이고 영적인 개념을 이해할 수 있으며 사회와의 관계에서 자신의 역할을 찾으려 하기 때문에 세상 속에서 전도하는 삶에 대한 교육은 가능하다. 다음으로 소그룹을 통한 청소년들의 전도 방법을 살펴보고자 한다.

첫째, 소그룹을 통해서 개인 전도훈련을 일상생활에서 할 수 있도록 한다. 계속적이고도 실제적인 영적 성장을 위해서 그리고 초기의 영적 경험들을 위해서 자연적인 환경은 곧 '가정환경'이다. 말과 행동에 있어서 그리스도인으로 모범을 보일 때에 전도는 이루어진다. 가정에서 심성이 확립되게 되어 있으므로 하나님께서는 부모들에게 그들 자

---

92) Ibid.

93) Roy B. Zuck, The Holy Spirit in Your Teaching, (Wheaton. Ill : Scripture Press Publications. Inc., 1963), pp. 162 ff.

녀들의 영적 전쟁을 치르도록 하는 책임을 주셨다. 교회보다는 가정이 기독교를 전파하는데 우선적인 소그룹 모임이다.[94]

가정 다음으로 청소년들은 친구와의 관계에서 예수님을 자연스럽게 전할 수 있다. 이것은 평상시의 행동에서이다. 그러므로 친구들의 마음에 상처를 주지 않도록 말과 행동에서 조심하고 예수의 사랑을 전하도록 해야 한다. 따라서 청소년들에게 교회교육은 교회 밖의 또래 그룹에서 자신의 삶을 통한 전도를 할 수 있도록 전도 훈련을 해야 한다. 생활 속의 전도라는 주제로 토론회나 성경공부를 한다. 또한 또래들에게 어떠한 친구로서 모습을 보여 주어야 하는지 모델을 제시하고 예수의 사랑을 전해 받은 공동체로서의 사명을 일깨워 주어야 한다.

둘째, 청소년들의 프로그램들로 통해 전도하게 한다. 청소년들에게 초대의 시간을 갖게 하여 친구들을 자기들의 모임에 초청할 또 다른 기회를 제공해 준다. 그러나 복음전도에 가장 유익을 주는 것은 개인 전도를 위해서 그리스도인들을 교육하고 실천하도록 돕는 것이다. 복음 전도단이 형성되어 교육을 받고 훈련받은 후에는 다른 청소년들에게 접촉하도록 보내어질 수도 있을 것이다. 청소년들의 재능과 은사대로 소그룹을 조직하고 발표회를 갖는다. 가난했던 시절에 교회에서 발표회를 갖는 것과는 다른 형태를 준비해야 한다. 홍보도 이제 통신

---

94) 로이주크, op. cit., p. 193.

으로 홍보하고 학교까지도 홍보되도록 해야 한다.

  소그룹별로 주간에 여러 활동의 클럽, 공부그룹, 오락 활동, 특별한 흥미를 가진 분야의 그룹을 활성화해야 한다. 이러한 활동들은 주일 활동들로 미처 못하는 개인접촉이나 면담을 할 기회가 있고 학교에서 동료를 쉽게 교회 공동체로 이끌어 올 수 있다. 핵심 멤버가 아니 일반 회원들과 구원받지 못한 청소년들을 접촉하여 그들로 하여금 예수와의 의미 깊은 관계를 갖도록 지도할 수 있다.

  셋째, 이웃에 대한 관심을 청소년들에게 소그룹단위로 표현할 수 있는 기회를 준다. 지금 학교에서는 청소년들에게 사회에 봉사할 것을 요구하며 성적으로 표현하고 있다. 교회교육에서도 공공기관, 병원, 재활원, 고아원, 양로원 등과 연결하여 소그룹별로 봉사하게 한다. 정기적인 교회 예배도 중요하지만 비형식적인 봉사모임도 전도할 수 있는 힘을 갖게 한다. 특별히 청소년들을 위한 군중전도 집회와 영적인 도움과 물질적 도움이 조화를 이루도록 기도하며 준비하도록 한다. 일시적이지 않도록 하여 생색을 내는 교육이 되지 않도록 노력해야 한다. 청소년들은 디자인에 민감하므로 과거에 사용된 프로그램을 다시 점검해야 되고 정보에 민감한 청소년들을 위해 소그룹 단위로 정보처리와 매주 새로운 전도지로 봉사하는 기관들에 전해 질 수 있다.

  넷째, 타문화선교에 대한 프로그램을 갖는다. 또래들에게 선교지를 정하게 하고 선교지에 대한 자료를 수집하고 선교지 언어와 음악을 배울 수 있도록 한다. 도서관과 인터넷의 정보는 소그룹 단위의 청소년들에게 선교지의 상황을 쉽게 파악할 수 있게 한다. 인터넷으로 등록을 권유할 수 있고 심방과 기독교 문화에 이질감을 느끼는 다른 친구들에게 기독교를 소개하는데 좀 더 쉽게 할 수 있다.

청소년들이 다른 청소년들은 전도하는데 매우 효과적이기는 하지만 피해야 하거나 해결해야 할 문제들이 있는 것이다. 복음을 전하도록 보내기에 앞서 영혼을 구원하는 능력을 배우고 훈련을 받아야 하는 것이다. 노련한 사역자들과 짝지울 때 청소년들은 다른 사람들에게와 마찬가지로 자신들에게도 크게 유익이 되는 간증, 성경 읽기 또는 기도가 필요할 것이다.

야외예배, 선교집회, 계절학교, 기독교 봉사단, 노래 선교단, 조찬기도, 영감의 제창, 선교영화, 청소년 센터, 토요집회, 복음전도 세미나, 전도여행, 생명의 진화, 자원봉사, 광고 포스터, 친목회, 친교모임, 클럽모임, 대화의 광장, 기도세포, TV프로그램, 이성모임, 성경공부모임, 다과회 등[95]의 수단들은 기독교 청소년들에게 각 활동의 계획을 세우고 실행하는 일에 참여할 때 매우 효과적으로 사용된다. 이로 인해 불신 청소년들이 기독 청소년들에게 '생동적'이라고 여기게 된다. 청소년들은 이들 활동에 열심히 참여함으로써 불신 청소년들과 교제를 나누지 못하는 문제를 극복하는데 도움을 얻을 수 있다.

청소년들의 영적인 관심, 종교적 감수성, 하나님의 구원계획에 대한

---

95) 로이주크, 웨렌벤슨, op. cit., p. 254.

응답이 모든 요인들로 인해 청소년 사역에 활력이 된다. 전도란 예수의 복음을 필요한 사람에게 말과 행위로써 전하는 것으로서 소그룹은 전도의 요소가 활발히 이루어져야 초대교회처럼 부흥되고 성숙되어 가는 것이다. 청소년들에게 많은 교육과 교제를 나누면서 전도가 이루어지지 않을 때 우리는 지상명령을 이룰 수 없는 것이다. 예수의 사랑을 실천하는 핵심을 잃은 것이다. 예수를 모르는 사람에게 회개하고 복음을 믿을 수 있도록 또래들이 활동함으로 자기들의 영역 속에서 예수의 사랑을 실천하는 것이다.

또래들의 교육방법 속에 전도훈련은 일관성 있게 계속 포함되어야 한다. 성경공부를 통해 양육을 받게 되는 것은 파송 받기 위함이다. 소그룹 친교를 통해 서로의 결속을 다지고 하나님의 일을 위해 연합하고 결단할 수 있도록 인격적인 관계를 맺어야 한다. 청소년들은 전도를 함으로 자신의 가치를 인정하게 되고 하나님께 순종하고, 하나님 중심적인 삶을 경험하게 되는 것이다. 따라서 청소년 교회교육에서 전도는 자아정체성을 형성하는데 긍정적 영향을 준다.

지금까지는 소그룹을 통한 청소년 교회교육의 실제적 방법들을 살펴보았다. 크게 네 가지 소그룹 교육 방법을 소개하였는데 네 가지는 연관성을 갖고 있다. 네 가지 모두가 조화롭게 이루어 질 때 소그룹을 활용한 교육의 효과성을 거두게 될 것이다.

소그룹 성서공부를 통해서 개인의 사고와 삶이 하나님 중심으로 변화될 수 있는 근원이 되며 예배를 통해서 인격적인 하나님을 경험하며 하나님과의 관계를 회복할 수 있다. 친교를 통해서는 소속감과 친밀감을 통해서 인간과의 관계를 회복할 수 있으며 전도하는 생활을 통해서 그리스도인의 사랑을 나누며 세상 속에서 자신의 역할을 찾을 수 있다. 따라서 네 가지 소그룹 교육방법의 실제는 청소년들에게 하나님의 형상을 회복하고 정체성을 형성할 수 있게 할 것이다.

※ 소그룹을 통한 청소년 교육을 하는데 이런 것을 살펴봐야 할 것이다

첫째, 소그룹의 활성화를 위해 교회교육을 할 수 있는 교사와 지도자 양육에 대한 관심이 있어야 한다. 미래를 예측하지 못하는 지도자가 청소년들을 교육하게 될 때 과거 교육법을 답습하게 되고 청소년이 기대하는 교육과는 다른 교육이 될 수 있다. 청소년을 지도자의 단계까지 이끌 수 있고 모델이 되어 주는 것은 지도자의 몫이다. 지도자의 임무가 청소년들을 자극해서 의미를 찾도록 하고 먼저 하나님의 음성을 듣고 하나님이 요구하시는 반응이 무엇인가를 보여주어야 한다. 훌륭한 지도자는 어떠한 교재보다 효과적이다. 교수 방법에 있어도 훌륭한 교수방법이 있다 할지라도 훌륭한 지도자가 없다면 소용없는 방법이 된다. 청소년들에게 반복적으로 가까이에서 접촉하며, 실현할 수 있는 힘을 부여하는 지도자의 모습에 대한 연구가 되어져야 한다.

둘째, 소그룹 단위의 교육에 효과를 얻기 위해서는 교회의 관심과 지원이 필요 한데, 교육 공간 확충의 문제이다. 청소년들은 환경에 많

은 영향을 받게 되는데 매스컴과 영상매체에 영향을 받게 되는 시기에 교회에서도 환경을 만들어 주어 소그룹 모임이 활성화 되도록 해야 한다. 소그룹 모임을 위한 공간 활용에 대한 효과 문제가 있다. 반별 성서공부나 모든 모임이 한 방안에서 이뤄지므로 개인적인 인성훈련이나 만남에 대한 교육은 문제가 있다. 성인 중심의 교육 공간 활용에서 청소년들을 배려한 공간 활용을 연구해야 한다. 지금에 마련된 예배실과 교회시설물을 활용하였을 때에 문제를 찾고 이를 보완하여 교회 건물이 청소년들에게 관심이 있음을 보여주는 형태의 교육 공간 활용을 위한 연구가 필요하다.

셋째, 프로그램이 새 시대에 맞는 것으로 연구되어져야 한다. 본 저서에서 소그룹을 통한 청소년 교회교육의 모델로 제시한 내용들은 작은 부문에 불과하다. 정보시대의 가치관이 흐려지는 사회 속에서 재미있으면 죄가 없고, 바르면 된다는 청소년들의 사고구조를 지적하면서 청소년들의 바른 정체성을 확립해 줄 수 있는 청소년 프로그램이 제시되어야 한다. 컴퓨터 만능시대로 접어들어 타인과의 접촉을 꺼려하는 이들에게 절기 교육과 계절별 수련회는 관심에서 멀어져 가고 있다. 본 저서에서는 대형집회보다 소그룹 모임으로 인격적 관계를 통해 각 개인에게 신앙성장을 위한 관심을 가지자고 하였는데 실제적 프로그램이 연구되어져야 한다. 소그룹별 전문 활동을 위한 프로그램이 제시되고 검증되어 현장에서 교회교육에 적용될 수 있는 것이 있어야 한다.

넷째, 소그룹 활성화가 그룹별로 배타성을 갖게 되었을 때 조직의 융화에 문제가 발생할 수도 있다. 이로 인해 예배와 교제, 성서공부에 허점이 생길 수도 있다. 이를 극복하기 위한 방안들이 연구 되어져야 한다. 또한 학교와 가정에서 추구하는 교육과 교회에서 추구하는 교육목표가 다를 수 있는데 부모들과의 연합한 교육을 어떻게 실시할 것인가가 문제가 된다.

PART 05

청소년 문화와 영성

I. 출생률 감소와
교회학교 학생 수 감소현상

통계청 자료를 통해서 우리나라 출생 연도별 인구수를 살펴보면, 최근 들어 출생자 수와 사망자 수를 비교분석 했을 때, 인구의 자연증가 수는 감소하고 있음을 알 수 있다. 출생자 수가 잠시 증가하는 구간도 있었다. 그 구간들은 다음과 같다. 1955-1963년생이 태어난 1차 베이비붐 세대이다. 다음은 1968-1974년생이 태어난 2차 베이비붐 세대이다. 그리고 1979-1992년생이 태어난 에코 베이비붐 세대이다. 이 구간에서는 인구 증가의 양상을 보이고 있다. 그러나 2002년부터는 인구절벽이라 불릴 정도로 출생자 수가 50만 명 이하를 기록하면서 꾸준히 출생 인구 감소가 이어지고 있다.

출생 인구 감소는 사회 전반적인 변화를 준비해야 함을 촉구하고 있다. 물론 교회학교에서도 학생 수의 감소에 대한 대안을 마련해야 함은 당연한 일이다. 그러므로 PART 5에서는 이러한 사회변화 속에서 교회학교의 위기와 대처방안에 대해서, 그리고 청소년 문화와 영성에 대해서 진단해 보고자 한다.

1. 한국의 저출산과 고령화 현상

2018년 2월 28일, 통계청에서 발표한 '2017년 인구동향조사-출생, 사망 잠정 결과'와 '2017년 12월 인구동향'에 의하면, 2017년에 태어난 우리나라의 아이 수는 358,000명으로 역대 최소를 기록했으며, 사망자 수는 285,600명으로 통계 이후 최대치를 기록했다.

한 해 출생아 수가 30만 명대로 진입하면서 지난 해 합계출산율은 1.05명으로 OECD(경제협력개발기구/ 2015년 기준 평균 합계출산율 1.68명) 중 꼴찌였다. 합계출산율은 여성 1명이 평생 낳을 것으로 예상하는 평균 출생아 수를 의미한다. 주 출산 연령인 30대 초반의 97.7명으로 가장 높았지만 1년 전(110.1명)보다는 12.4명(-11.3%)이나 급감했으며, 20대 후반은 47.8명, 30대 후반은 47.2명, 20대 초반은 9.6명으로 각각 8.6명(-15.2%), 1.5명(-3.1%), 1.9명(-16.5%) 감소했다.

또한 '고령사회'로 접어들면서 지난해 사망자 수는 전년보다 1.7%(4800명) 증가했다. 인구 1000명당 사망자 수를 뜻하는 조(粗)사망률도 5.6명으로 1년 전보다 0.1명(1.5%) 증가했다. 특히 80대와 90대 이상 사망자가 전년 대비 각각 5.9%, 10.6% 증가한 것으로 나타났다.

통계에 따르면 출생아에서 사망자를 뺀 자연증가 인구는 72,000명으로 1년 전보다 53,400명(-42.6%) 감소한 것으로 집계됐다. 이런 추세가 계속되면 인구는 본격적으로 줄어들게 되어 우리나라 총 인구가 정점을 찍고 감소세로 돌아서는 시점은 당초 예상된 2031년보다 5년 정도 앞당겨질 수 있다는 분석도 나온다.[01]

2. 교회학교 학생 수 감소현상

통계청이 발표한 '2017년 청소년 통계'에 의하면, 9-24세(청소년 기본법 기준에 따른 청소년 연령)에 해당하는 청소년 인구는 9,249,000명으로 전체 대한민국 인구 5,144만 6,000명의 약 18%를 차지한다. 1978년 청소년 인구가 전체 인구의 36.9%를 차지했던 것에 비하면 절반으로 줄어든 것이다. 전문가들은 앞으로 이러한 현상이 더욱 심해질 것으로 예측한다. 그러므로 교회교육 현장의 청소년의 감소는 보다 급격히 진행되고 있다.[02]

대한예수교장로회 제 102회 총회(통합)에서 2016년 12월 31일을 기준으로 보고한 교세통계자료를 통해서 전반적인 교세현황과 더불어 교회교육 현장에서 학생 수가 얼마나 줄어들고 있는지 살펴볼 수 있다.

---

01) 주간시사매거진, 네이버포스트, 2018년 2월 28일.
02) 김성중, "청소년 감소현상과 교회교육의 대처방안," 목회와 신학, 2017년 7월호, p. 46.

청소년 문화와 영성

통계결과 교회 수(1.59% 증), 목사 수(3.15% 증), 장로 수(3.00% 증) 등은 증가했지만, 세례교인 수(-0.70%), 전체 교인 수(-2.09%), 서리집사 수(-1.32%)는 감소했다.

대한예수교 장로회 총회, 교세통계표 집계 주요 현황

구분	통계수 2016년(A)	통계수 2015년(A)	증감(A-B)	증감율(%)	비고
노회수	67	66	1	1.52%	
교회수	8,984	8,843	141	1.59%	
목사수	19,302	18,712	590	3.15%	
전도사수	2,958	3,042	-84	-2.76%	
교육전도사수	3,192	4,142	-230	-5.55%	
장로수	31,237	30,328	909	3.00%	
안수집사수	75,945	72,706	3,239	4.45%	
권사수	171,612	162,603	9,009	5.54%	
서리집사수	607,062	615,153	-8,091	-1.32%	
제직수	885,838	880,732	5,106	0.58%	
세례교인수	1,733,006	1,745,305	-12,299	-0.70%	
전체교인수	2,730,900	2,789,102	-58,202	-2.09%	유아세례포함
결산액	1,314,781,685 천	1,324,874,344 천	-10,096,659 천	-0.76%	2016년도 경상수입 결산액

대한예수교 장로회 총회, 최근 10년 교세통계 변동 현황

연도(항목)	노회수	교회수	목사수	장로수	제직수	세례교인수	전체교인수
2007년 (93회)	64	7,671	13,77	24,050	789,597	1,556,779	2,686,812
2008년 (94회)	64	7,868	14,313	25,031	781,695	1,582,717	2,699,419
2009년 (95회)	64	7,997	14,997	25,943	809,807	1,648,045	2,802,576
2010년 (96회)	64	8,162	15,521	26,999	829,850	1,695,952	2,852,311
2011년 (97회)	64	8,305	16,257	27,487	833,895	1,717,790	2,852,125
2012년 (98회)	65	8,417	16,853	27,931	846,167	1,720,872	2,810,531
2013년 (99회)	65	8,592	17,468	28,886	852,165	1,734,229	2,808,912
2014년 (100회)	65	8,731	18,121	29,512	876,958	1,739,235	2,809,471
2015년 (101회)	66	8,843	18,699	30,328	873,678	1,745,305	2,789,102
2016년 (102회)	67	8,984	19,067	31,237	885,838	1,733,006	2,730,900

※ 2016년(102회) 표시(연도)는 2016년 교세통계를 제 102회 총회에 보고한 것입니다.

대한예수교 장로회 총회, 전체교인 수 변동 현황

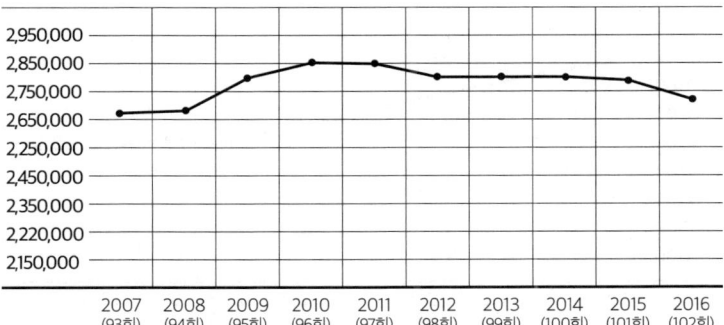

대한예수교 장로회 총회, 주일학교 통계 변동 현황

연도(항목)	영아부	유아부	유치부	유년부	초등부	소년부	중고등부
2007년 (93회)	16,655	23,025	75,136	79,532	85,580	106,105	193,215
2008년 (94회)	17,737	23,184	74,251	74,223	83,783	104,897	193,344
2009년 (95회)	17,297	22,956	72,184	69,924	80,056	100,520	195,275
2010년 (96회)	18,305	24,571	67,378	64,232	74,327	89,900	188,304
2011년 (97회)	21,429	24,130	64,731	58,419	69,015	83,266	180,308
2012년 (98회)	18,733	23,641	62,251	56,519	64,175	76,090	171,660
2013년 (99회)	17,101	21,555	58,293	50,840	59,423	68,175	157,409
2014년 (100회)	17,523	23,323	57,649	51,112	57,880	64,637	152,327
2015년 (101회)	17,325	22,659	55,435	48,110	55,317	62,358	146,763
2016년 (102회)	16,403	22,109	52,053	46,020	54,173	56,147	134,904

대한예수교 장로회 총회, 영아부 변동 현황

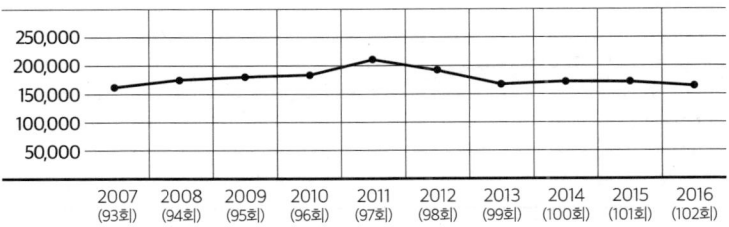

대한예수교 장로회 총회, 유년부 변동 현황

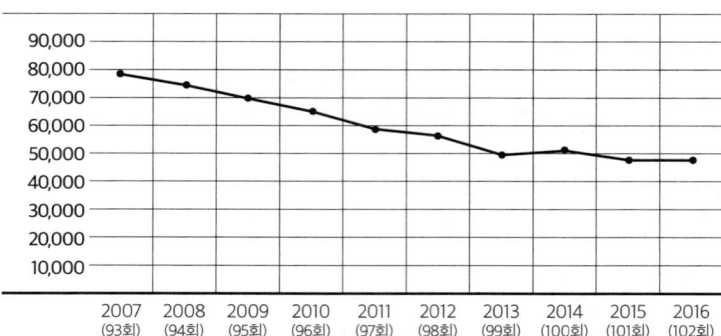

대한예수교 장로회 총회, 초등부 변동 현황

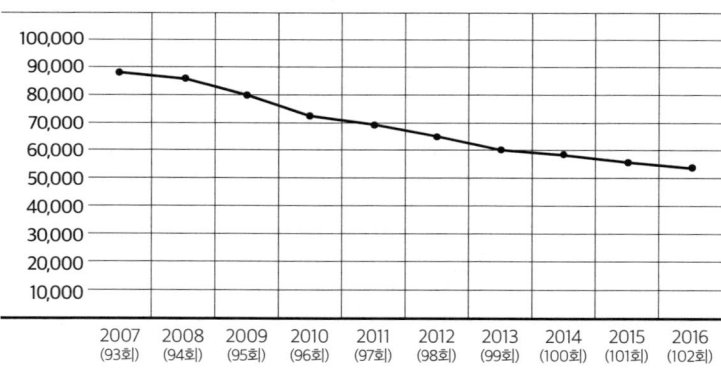

대한예수교 장로회 총회, 소년부 변동 현황

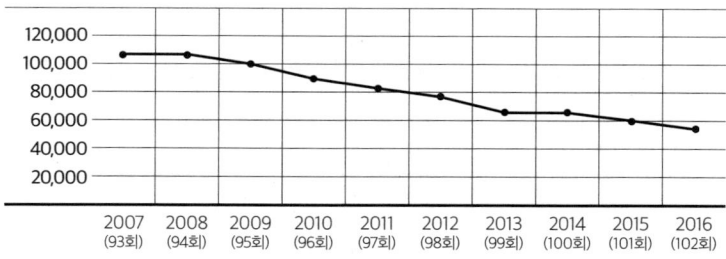

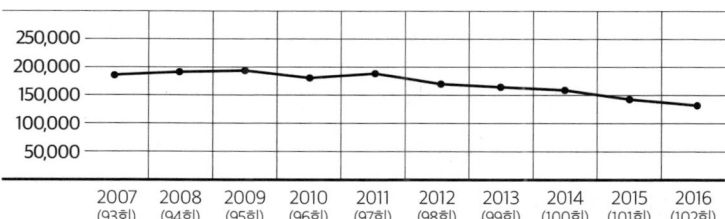

청소년 교육에 있어서 가장 어려운 문제 중 하나가 바로 학령인구 감소의 영향이다. 인구 감소는 국가적으로도 심각한 문제이며 동시에 교회교육에서도 간과할 수 없는 부분이다. 그러나 교회학교의 학생 수가 감소하는 이유를 출생 인구 감소에 두고 그 탓만 하고 있을 수는 없다. 인구 감소로 인해 교회 청소년부도 줄어들 수밖에 없는 상황 속에서 전 교회공동체가 다음 세대를 향한 관심과 책임감을 가지고 어떤 대안이 필요한 지에 대해서 그 방법을 모색해야만 한다.

II. 학생 수 감소현상에 대한 교회교육의 준비

한국교회는 성장이 잠시 멈춘 것이 아니라 이미 쇠퇴기에 접어들었다. 2005년 정부가 시행한 인구주택조사 결과를 보니 기독교인 수는 대략 870만(18.7%) 정도였다. 조사 시기에 한국교회는 이미 성장기를 넘어 쇠퇴기의 초입에 들어섰다. 충격적이게도 자신의 종교가 기독교라고 응답한 사람들 중에 이단까지 포함되어 있었다. 전문가들에 따라 약간씩 차이가 나지만 870만 중 대략 150-250만 정도를 이단으로 보고 있다. 그렇다면 기독교인의 숫자는 2005년 기준으로 620-720만에 불과하다. 그러나 이 숫자마저도 한국 사회의 인구구조 변화와 기독교자체의 부흥 동력의 상실, 그리고 점점 지속되는 교회 이미지의 실추 등을 고려할 때 한 세대(30~40년)가 지나면 최악의 경우 반 토막이 날 가능성이 크다.[03]

이와 같이 인구구조 변화 등의 영향으로 교회가 쇠퇴하고 있는 상황에서 교회교육은 어떤 준비를 해야 하는가? 인구 감소 현상에 대한 교회교육의 대처 방안을 고민한다는 것은 교회학교 교사만의 문제가 아니다. 다음세대를 살리는 문제해결을 위해서는 교회 공동체 모두가 관심을 가져야 한다는 것을 전제해야만 한다. 또한 가정과 교회가 함께 교회학교의 위기에 대처방안을 마련하기 위해서 협력해야 한다. 그리고 청소년들이 가장 많은 시간을 보내고 있는 학교와 학원과 또래집단에 대한 관심과 연구도 필요하다. 다음세대를 살리기 위해서는 실제로 아이들의 삶에 많은 영향을 주고 있는 모든 요소에 대해서 파악하고 교회교육이 나아가야 할 방향을 찾아야 한다.

---

03) 최윤식, 『2020·2040한국교회 미래지도』(서울: 생명의 말씀사, 2013), pp. 39-40.

1. 교회학교 위기에 대한 교회공동체의 준비

교회공동체가 교회학교의 위기에 대처하기 위한 방안으로는 첫째, 교회 전체가 교회학교에 관심을 가지고 지원해야 한다. 사실 청소년부를 살리기 위해서는 교회학교 전체에 관심과 지원을 아끼지 말아야 한다. 왜냐하면 유치부 아이가 자라서 아동부 아이가 되고, 아동부 아이가 자라서 청소년부 아이가 되기 때문이다. 그래서 청소년부를 살리기 위해서는 교회학교 전체를 바라보는 교육목회가 이루어져야 한다.[04]

한국 교회는 담임목사 중심의 목회 리더십이 발후되기 때문에, 교회학교의 위기에 대처하기 위해서는 담임목사가 교육부에 관심을 가지는 일이 우선되어야 한다. 우리나라 일반 가정에서는 자녀 교육비에 가장 많은 지출을 한다. 그러나 교회는 이상하게도 성인 사역에 예산이 집중되어 있다. 교회성장을 위해서 성인사역이 교육부보다 우선시 되는 경향이 강하다. 그래서 아이들 수가 줄어들면 교육부 예산을 삭감하고, 그 예산을 다른 성인 사역에 사용한다. 이러한 현상은 점점 더 교회의 미래를 어둡게 하는 선택이 되고 있다.

교육부가 성장하면 교회 성장은 자연스럽게 일어나는 일이다. 한국 부모들의 교육적 열의는 교회선택에 있어서도 적용된다. 많은 성도들이 교회를 선택하는 기준이 아이들을 잘 가르치는 교회교육을 하고

---

04) 김성중, Ibid., p. 47.

있는가 하는 것이다. 그러므로 교회교육에 있어서 전반적인 투자를 아끼지 말아야 한다.

둘째, 교육환경과 교육방법에 대한 변화가 필요하다. 교세 통계에서도 나타났듯이 교회에 청소년들이 줄어들고 있다. 물론 학령인구 감소가 그 원인이 될 수도 있고, 입시위주의 학교교육이 청소년들을 학원으로 몰아가고 있기 때문이기도 하다. 그러나 교회교육이 사회적 변화를 따라가지 못하는 과거의 교육환경과 교육방법에 머물러 있는 것이 가장 큰 원인일 수도 있다.

교회교육에서 그 내용은 성경이다. 그 사실은 변할 수도 없고 변해서도 안 되는 사실이다. 그러나 시대의 변화에 따라 교육환경과 교육방법은 변화되고 발전해야 한다. 시대의 변화에 따라 학교교육과 사회교육의 환경적 요소가 발전하는 동안 아직도 많은 교회의 교육적 환경은 열악한 상태에 놓여 있다. 더 늦어지기 전에 교회교육환경의 모든 요소를 점검해야만 한다. 그것은 청소년들이 사용하는 의자의 상태, 조명의 조도, 페인트 색깔, 마이크와 음향 시설의 상태, 교육 기자재 상태, 통풍 정도, 실내 온도, 환경 꾸미기 등 교육 환경의 모든 요소를 점검해야 한다는 것이다.

교육방법도 교육환경과 마찬가지로 변화되어야 한다. 교육부 담당 목회자의 설교방법도 다양하게 해서 청소년들이 귀를 열 수 있도록 노력해야 한다. 교회학교 교사들은 학교교육에서처럼 다양한 교육방법을 사용할 수 있도록 교육되어져야 한다. 일반적인 주입식 교육방법에서 벗어난 다양한 교육방법으로는 강의법, 프로그램 학습법, 시청

각 교육법, 예술적 방법, 체험 학습법, 묵상법, 비유법, 토의법, 협동 학습법, 집단 탐구법, 인간관계 훈련, 역할극, 행동 반성법, 문제 해결 방법, 통합적 교수법, 스토리텔링, 브레인스토밍, 사례 연구법, 게임 등이 있다.[05]

셋째, 지교회들 간의 연합 사역이 필요하다. 요즈음 대부분의 교회는 학생 수가 줄어들었다. 장년부 출석이 1,000명이 넘어도 청소년부 학생 수가 30-40명에 머무는 교회가 많다. 중소형 교회는 더욱 심각하다. 앞에서 소그룹을 통한 청소년 교육모델을 또래집단의 특성을 보이는 청소년들에게 적합한 교회교육의 모델로 제시하기는 했지만, 청소년들에게 특별한 은혜를 체험하게 하는 대규모집회는 지교회 단독으로 개최하기는 어려운 실정이다. 수련회나 찬양 집회, 부흥회 등은 교회들 간의 연합 사역이 좋은 방법이 될 수 있다. 때로는 소그룹을 통해서 때로는 대규모 집회를 통해 청소년 사역의 다양한 시도는 교회교육의 위기를 극복하는 대안으로 제시할 수 있다.

2. 부모교육을 통한 기독교 가정 살리기

기독교는 양적으로 뚜렷이 하향추세를 가속화하고 있는 반면, 교회 분쟁 사태는 계속해서 증가하고 있다. 경제적 성장을 하면 할수

---

05) Ibid., p. 48.

록 크리스천들은 교회를 떠나가고 있다. 더 큰 위기는 교회 학교 학생의 수적인 감소뿐 아니라, 기존의 기독교 교육을 담당해 온 교육 기제(educational agency)의 무기능과 해체이다.[06] 기존의 기독교 교육 기제는 교회와 가정, 그리고 기독교 학교(mission school)였다. 그러나 '제 4차 산업혁명 시대'라 불리는 인공지능과 빅데이터로 상징되는 '초지능사회'가 이끌어 가는 급변하는 사회 속에서 전통적인 교육 기제들은 그 기능을 상실해 가고 있다.

그 중에서도 가정은 인간의 삶이 형성되는 가장 기본이 되는 것이기 때문에 위기 가운데 있는 교회교육에서 부모교육은 반드시 필요하다. 부모는 최초의 교사이며 가정과 부모는 자녀의 사회화를 일차적으로 책임진다. 그런데 현대사회에서 가정은 그 교육적 기능을 잃어가고 있다. 교회가 부모교육을 통해 기독교 가정을 살리기 위한 방법을 모색해야 한다. '기독교 부모 교육'은 부모의 자녀에 대한 성경적, 신학적 이해와 기독교 교육학적 지식을 증진시켜 자녀의 사고, 감정, 행동을 기독교적으로 양육하는 새로운 방법을 습득할 수 있도록 도와주는 다양한 교육적 경험을 말한다.[07]

부모교육에서 좋은 교육적 모델은 성경에서 찾을 수 있다. 성경을 통한 좋은 부모는 '교사'이기 이전에 부모 자신이 '배우는 학습자'임을 전제한다. 신앙계승을 위한 부모가 지향해야 할 성경적 자녀 교육의

---

06) 김희자, "프로부모를 육성하는 교회와 가정의 연대," 목회와 신학, 2017년 7월호, p. 52.
07) Ibid., p. 53.

방향은 첫째, 하나님을 두려워 할 줄 알게 해야 한다. 하나님을 사랑하고 그의 말씀을 지키게 해야 한다. 둘째, 스스로 자기 자신을 존경하도록 하게 한다. 하나님이 주신 몸과 마음을 귀하게 여기고 스스로의 존엄성을 지킬 수 있도록 해야 한다. 셋째, 이웃을 존경하도록 가르쳐야 한다. 이웃을 사랑하는 삶은 공동체 의식의 회복을 의미한다. 성경에서 나타난 부모교육은 좋은 교육모델을 제시한다. 좋은 부모의 모델로서 유대인들은 가정에서 다음과 같은 자녀교육에 힘써왔다.

첫째, 조기교육이다. 유대인들은 아주 어린 시절부터 교육을 시작했다. 어릴 때부터 신앙 교육은 그들의 영혼 속에 계명에 대한 인상을 새겨놓기에 충분했다. 그 예로 모세, 사무엘 등을 들 수 있다.

둘째, 구전 교육이다. 부모들은 끊임없이 삶의 현장에서 하나님의 구원 역사와 행위, 나아가 역사와 율법을 구전으로 가르쳤다. 오랜 세월 입에서 입으로 이스라엘의 역사가 이야기로 전해졌으며 유대인의 신앙전통을 이어갔다. 현대사회에 적용한다면 가정에서 TV나 인터넷 사용을 줄이고 이야기를 나눔으로써 아이들의 영적 상태를 도와 줄 수 있을 것이다.

셋째, 엄격한 통제 교육이다. 유대인의 교육 과정 속에는 처벌과 통제가 들어 있다. 자녀가 어릴수록 옳고 그름을 가르쳐야 성장하면서 선과 악의 분별력이 생기는 것이다.

넷째, 현장에서의 직업 교육이다. 탈무드에는 "자녀에게 기술을 가르치지 않으면 강도가 될 수밖에 없다"라는 말이 있다. 자녀에게 기독교 정신에 입각해서 사람에게는 노동의 소명이 있음을 가르치며 진로에 대해서도 교육을 해야 한다.

다섯째, 명절과 생애의식의 기독교 예식 교육이다. 유대인의 가정교육은 종교의식에 의해 이루어졌다. 생후 8일 만의 할례의식, 생후 40일의 속죄의식, 13세의 성인식, 바르 미츠바(Bar Mitzvah, 신 6:8), 메쥬자 의식(신 6:9)과 다양한 명절, 안식일 등이 있다. 예식을 통한 교육은 하나님과 삶을 동행하도록 하는 모범을 보이는 것이므로 매우 중요하다.

성경에 나타난 가정생활은 그 자체가 종교교육이므로, 부모교육에 있어서 이와 같은 교육모델을 활용한다면 기독교 교육에서 부모와 가정의 기능이 회복될 수 있을 것이다.

3. 부모와 소통하며 변화를 이끄는 교육 모델 -
경기도 양주 창화교회

많은 교회들이 다양한 부모교육 프로그램을 시도한다. 그러나 일회적인 교양 강좌로 끝나거나 실천하는 데 있어서 한계를 보이고 있다. 교육목회의 패러다임을 전환함으로써 다양한 부모교육 프로그램을 시도하고 있는 '창화교회'를 교육 모델로 살펴보고자 한다.

창화교회 담임 최태하 목사는 먼저 교육목회의 근본적인 방향을 조정해야 한다고 말한다. 창화교회는 아이들을 교회의 중심에 놓는 목회를 강조한다. 아이들을 교회의 중심에 두려고 노력하는 자체가 부

모의 관심을 교회로 이끈다는 것이다.[08]

아이들을 중심에 놓고, 부모들을 세워가는 교육목회의 관점은 창화교회의 세 가지 예배에서 잘 드러난다. 첫째, '생일 축하 및 축복 예배'이다.

매월 첫째 주일에 청소년부 예배가 끝난 후 마지막 순서로 어른들에게 축복을 받는다. 청소년부 9시 예배의 마지막 순서에 주일 9시 예배를 드리고 있는 어른들에게 축복을 받는 것이다. 청소년들이 먼저 교육관에서 예배를 마치고 기다리다가 성인 예배가 끝날 무렵 본당에 들어가 온 교회의 생일 축하와 축복을 받는다. 축도하기 직전의 시간을 활용해서 축복하고 기도해 주고 생일 선물을 주고 예배를 마치는 것이다. 아동부도 이와 같은 방법으로 어른들로부터 축하와 축복을 받는다.

둘째는 '찾아가는 열린 예배'이다. 매월 둘째 주일에 어른들이 아이들의 예배실에 찾아가 함께 예배를 드리는 것이다. 이를 위해서 '정주교사'라는 것을 두고 있다. 정해진 시간에만 교사 역할을 하는 정주교사는 둘째 주일에 아이들을 찾아가서 돌봐주고 같이 예배를 드리는 교사이다.

셋째는 '온 교회(세대) 예배'다. 교회 전체가 교육부서와 함께 기획

---

08) 현수철, "부모와 소통하며 변화를 이끄는 교육목회," 목회와 신학, 2017년 7월호, p. 64.

해서 드리는 예배로 현재 연 2회 시행하고 있다. 11시 2부 예배를 전 교인이 참여하는 예배로 준비한다. 예배 순서를 분담하고 구역별로 음식도 준비하면서 모두가 순서를 하나씩 맡는다. 특별히 온 교회 예배에서는 '사랑을 베풀고, 전 교인이 교사 되며, 아이들을 중요한 자리에 놓는' 창화교회의 교육목회의 특징이 잘 드러난다.

창화교회는 매주 수요일 예배를 '자녀를 위한 기도회'로 진행한다. 일반적으로 자녀를 위한 기도회는 입시나 성공에 초점을 두기 쉽다. 최태하 목사는 부모가 꾸준히 기도하는 것과 기도의 방향을 어디에 두느냐가 중요하다고 말한다. 부모의 변화가 아이들에게 선한 영향력을 미치기 때문에 먼저 부모의 변화를 위해 노력한다.

'자녀를 위한 기도회'는 '부모 자신을 위한 기도', '아이들을 위한 기도', '교육목회를 위한 기도'를 큰 틀로 한다. 먼저 찬양으로 시작해 그 날 받을 은혜를 구하는 기도(통성기도)를 한다. 인도자를 따라 함께 찬양을 부르며 마무리하면, 말씀이 선포된다. 그리고 부모 자신의 믿음을 위한 기도(설교 메시지의 적용)를 한다. 다음으로 자녀들을 위한 축복 기도를 한다. 자신뿐만 아니라 다른 성도의 자녀를 위해 함께 기도함으로써 성도 간의 하나 됨을 기대한다. 마지막은 교육목회적 차원과 교회학교와 관련된 기도를 한다.

'자녀를 위한 기도회'의 관건은 '균형 잡힌 말씀'과 '꾸준함'에 있다. 최태하 목사는 '자녀를 위한 기도회'의 설교 관점을 다음에 두고 있다.

첫째, 성경에 나타난 부모들의 모습을 통해서 메시지를 찾는다.

둘째, 부모들의 신앙 성장의 관점에서 메시지를 찾는다.

셋째, 하나님과 우리 사이의 관계의 비유를 통해서 메시지를 찾는다.

넷째, 기도에 관한 메시지를 찾는다.

다섯째, 부모를 위로하고 격려하는 메시지를 찾는다.

이러한 메시지를 통해서 자녀를 향한 부모의 태도와 시각의 변화를 통해 하나님의 마음이 자녀들에게 흘러가게 하는 데 초점을 둔다. 창화교회는 '자녀를 위한 기도회'를 꾸준히 진행하면서 자녀의 신앙교육에 대한 부모의 책임을 일깨우고 동시에 부모를 향한 위로와 격려가 함께 균형을 이루게 함으로써 부모교육의 효과를 기대하고 있는 것이다.

4. 교사의 헌신과 교회의 지지를 통한 다음세대 살리기- 경기도 부천 성만교회

부천 성만교회는 다음세대가 줄어들어 고민하는 다른 교회들과는 달리 어린이와 청소년들이 즐겨 찾는 교회로서 지역 사회에서 자리매김하고 있다. 성만교회는 교회교육의 경험을 바탕으로 2017년 7월 1일까지 교회학교 교사교육 세미나를 12회째 개최하며 한국 교회에 교회

학교 사역의 원리를 전파하고 있다.[09]

매년 1,200명의 참가자들이 찾는 교사 교육 세미나에서는 '한 교사의 영향력', '교사를 돕는 당회', '건강한 공동체를 위한 부서장의 역할', 등을 비롯해 세대가 함께 할 수 있는 '꿈을 먹고 살지요', '파자마 토크', '컴앤씨', '반별 캠프', '우리들의 여름 이야기' 등의 강의가 진행된다. 이를 통해 학생과 교사, 다음 세대와 장년 세대가 함께 지내면서 친숙한 관계를 형성하는 좋은 계기를 마련해 주고 있다. 성만교회 이찬용 목사의 교회학교 사역과 교사론에 대한 모델은 다음과 같다.

이찬용 목사의 교사론에서 기본은 교회는 공동체라는 인식을 가져야 한다는 것이다. 교사들도 교회공동체의 일부이다. 교사는 가르치는 사람, 학생들을 관리하는 사람이라는 인식만으로는 교사의 자질이 부족하다. 교사는 삶으로 모범을 보여주는 사람이어야 한다. 학생들과 좋은 신앙의 친구가 되어야 한다. 아이들이 무엇을 고민하는지, 취미가 무엇인지, 무엇을 좋아하는지 등을 잘 알고 있어야 한다.

성만교회는 교회학교 교사들과 부장, 간사들이 정기적으로 만남의 기회를 가진다고 한다. 매월 1회 금요 새벽예배가 끝나고 교사들만 모여서 담임목사의 목회 철학과 비전을 나누고, 부서별로 기도 제목을 나눈다. 또 매월 1회 금요기도회 시작 전에 부서 대표, 장로, 교역자들이 모여서 각 부서의 행사와 협조를 위한 정보를 교류한다고 한다.

교회학교 부장의 중요한 역할에 대해서 성만교회는 물질과 시간 면

---

09) 이동환, "교사의 헌신과 교회의 지지가 다음 세대를 살린다," 목회와 신학, 2017년 7월호, p. 72.

에서의 헌신이라고 말한다. 교회가 적극적으로 지원하는 게 우선이겠지만, 부서장의 헌신이 그 교육부서의 부흥을 좌우한다고 여긴다. 그래서 교회학교 사역을 적극적으로 지원하는 사람을 부장으로 세운다는 것이다.

성만교회의 다양한 프로그램 중 몇 가지를 소개하면 다음과 같다. 첫째, '반별캠프'이다. 당일이나 1박 2일 동안 교사의 집에서 지내거나, 체험학습을 하거나, 여행을 가는 것이다. 둘째, 고등학교에 진학하는 학생들을 대상으로 하는 '성인식'이라는 프로그램이 있다. 책임 있는 신앙인으로 결단하도록 돕는데 프로그램을 마친 후 장로와 교사들의 인솔 하에 여행을 떠난다. 셋째, '파자마 토크'라는 프로그램은 참가자의 범위를 장년까지 확대했다. 교회학교 학생들과 장년들이 함께 어울리는 프로그램이다. 특히 이때는 목회자도 참여해 전 연령이 공동체 의식을 형성하고 세대와 직분 간에 담을 허무는 시간을 갖는다고 한다. 넷째, 여름마다 고민하는 성경학교와 수련회에 관해서 성만교회는 아이들과 함께 여행을 떠날 것을 권한다. 반별 여행이나 성지순례, 책을 보고 같이 노는 것도 좋다. 이런 프로그램을 통해 아이들은 신앙의 공동체성이 자연스럽게 길러진다고 한다.

매년 어린이날마다 성만교회에서는 '꿈을 먹고 살지요'라는 지역 아이들을 위한 행사를 개최한다. 2018년 어린이날에도 경기도 부천지역의 어린이, 학부모 등 1만 5천여 명이 참가했고, 자원봉사자만 680명이 투입되는 큰 행사로 진행되었다고 한다. '꿈을 먹고 살지요'는 미술놀이마당, 신나는 놀이마당, 탐구마당, 가족마당, 즐거운 게임마당, 추억의 먹거리마당, 참여마당, 지능마당 등 교육과 재미를 동시에 즐기는 다양한 프로그램이 진행된다고 한다. 2001년 처음 시작해서 2018년까지 16회를 꾸준히 진행해 온 '꿈을 먹고 살지요'는 부천지역을 대표하는 어린이축제로 자리매김하고 있으며, 전국의 각 교회에서도 벤치마킹하고 있다.[10]

성만교회에서 행하고 있는 교육 프로그램의 시작은 관심이다. 다음 세대에 대한 관심이 그들을 사랑하게 만들고, 헌신하게 만들고, 창의적인 교사를 만들어 간다는 것이다.

III. 좋은 교사와 신년 교사수련회의 필요성

좋은 교육은 좋은 교사를 통하여 이루어지는 법이다. 그러면 좋은 교사는 누구인가? 일반적으로 말하는 좋은 교사의 자격은 다음과 같다. 첫째, 참된 그리스도인으로서의 인격을 들 수 있다. 교사의 인격은 아이들에게 그대로 전달된다. 교사는 아이들을 대할 때 인격적인 공동체의 일원으로 생각해야 한다.

둘째, 헌신적인 마음이다. 대부분의 교사들은 최초의 교사가 될 때 자신의 신앙이 부족하다는 이유로 고민했던 경험을 갖고 있다. 그러

---

10) 양주승, "2018 성만교회 '꿈을 먹고 살지요'," 부천타임즈, 2018년 5월 8일.

나 성경에 대한 지식이 늘어나고 교육방법이 훌륭해지자 자신이 부족하다고 여겨지지 않은 경우가 있다. 헌신적인 마음이 부족한 교사보다는 비록 모든 면에서 부족하여도 헌신적인 마음을 가진 교사가 더 낫다.

셋째, 지식이다. 세상은 빠르게 변하는데 자신의 교육방법은 옛날로 돌아가면 아이들은 어떻게 느끼겠는가? 지식은 자신감을 주고 제대로 양육시킬 수 있다. 계속된 지식의 탐구가 필요하다. 그러므로 해마다 신년에는 반드시 교사수련회를 통한 교사교육이 필요하다.

1. 신년 교사수련회의 목표

교사수련회의 목표는 첫째, 사명감의 고취이다. 교사는 가르치는 일에 있어서 전문성을 요구 받지만, 교사 자신의 직임에 대한 확고한 자기 사명이 문제가 된다.

둘째, 영성의 개발이다. 만약 교사가 하나님의 구원을 확신하지 못했다면, 그 교육은 참다운 교육이 될 수 없다. 교사는 자기 신앙 성장에 많은 관심을 가져야 한다. 자신은 성장되지 못하면서 제자를 성장시키기는 힘들기 때문이다.

셋째, 전문성 개발이다. 교회학교 교사는 가르침의 사역에 대한 전문적인 기술이 요구된다. 이미 경험이 있거나, 교육을 받았다 할지라도 계속적인 전문교육이 필요하다.

넷째, 공동체의식 촉발이다. 교회학교는 교사 한 사람에 의존하지 않는다. 동료의식이 필요하다. 개별적으로 훌륭하다고 해서 좋은 교사가 아니다. 자기가 속해있는 부서가 행복하면 교회생활이 행복한 것이다. 그러므로 교사가 먼저 소속감과 공동체의식을 가지는 것은 중요한 일이다.

2. 신년 교사수련회 내용

① 교사 다짐의 시간

신년 교사수련회에서 교사 다짐의 시간을 갖는 것은 매우 중요한 의미를 갖는다. 왜냐하면 새로 임명된 교사들이 사명감을 스스로 확정할 수 있는 기회가 되기 때문이다. 교사의 다짐을 촉구하기 위하여 교사 다짐의 글을 작성하고 교사 서약문을 작성한다.

② 교사 헌신예배

예배실이 아닌 특수성을 고려하여 간략한 헌신의 예배를 드린다. 주일 저녁 프로그램에 여전도회나 학부모들은 좋은 식사를 준비하여 교사들을 격려하고, 교사들은 교사선언, 헌신의 내용을 주제로 한 교사촌극, 교사의 결단, 결단의 찬양 등을 준비하여 교사헌신예배를 드린다.

③ 나의 교사상 나누기

내가 생각하는 교사상을 이야기한다.

- 사랑이 풍성한 교사
- 학생을 안아주고 인정해 주는 교사
- 참여를 유도하는 열린교육을 지향하는 교사
- 기도, 겸손, 신앙의 행위가 일치하는 교사
- 아이들 눈높이의 신앙 찬양을 함께하는 교사
- 말씀이 충만한 교사
- 실질적 생활교육을 하는 교사
- 교육방법이 훈련된 교사
- 신앙의 전수를 위해 기도하는 교사
- 학생이 원하는 것과 필요를 알고 기도하는 교사
- 주일날 예배드리는 모습,
  말씀에 순종하는 모습에 모범을 보이는 교사
- 변화에 민감하고 아이들의 인격을 존중하는 교사
- 아이들의 상황을 잘 파악하고 보살피는 교사

3. 교사의 자기점검

교사의 자기 점검 1

총회교육자원부 김치성 목사(2018년 영등포노회 교사교육 자료)

1. 좋은 교사는 변화하는 사람이다.

(1) 나는 개인 생활의 중요성을 인정하고 나의 인간됨이 어떠한지 늘 반성하고 더욱 신실한 기독도가 되기 위하여 힘쓰고 있는가? Yes( ) No( )

(2) 나는 언제나 자신의 부족을 느끼고 나의 교사됨이 우리의 교사상인 예수님을 닮기 위하여 힘쓰는가? Yes( ) No( )

(3) 나는 교사로서 나의 신학이 성서를 통하여 계시된 하나님의 복음에 비쳐 볼 때 어떤 것인가를 항상 반성해 보고 검토하여 보는가? Yes( ) No( )

2. 좋은 교사는 배우는 사람이다.

(4) 나는 한 해 동안 최소한 한 권의 기독교교육 전문서적을 읽는가?
  Yes( ) No( )

(5) 나는 특별한 사유 외에는 교사 강습회에 빠지지 않는가? Yes( ) No( )

(6) 나는 이따금 기독교교육 전문가나 선배교사와 상담하는가?
  Yes( ) No( )

(7) 나는 기독교교육 잡지를 정기적으로 보는가? Yes( ) No( )

3. 좋은 교사는 효과적인 준비를 하는 사람이다.

(8) 나는 가르칠 성경본문과 공과를 전체적으로 공부하고 필요한 시각교재나 기타교재를 준비하는가? Yes( ) No( )

(9) 나는 어떻게 시작하고 진행시키며 종결지을 것인지에 대한 구체적인 학습

지도안을 작성하는가? Yes( ) No( )

(10) 나는 교재내용 뿐만 아니라 학습 진행 과정 가운데서 발생할 문제까지 생각하면서 기도로 준비하는가? Yes( ) No( )

(11) 나는 최소한 가르칠 예정일 닷새 전에 준비를 시작하는 습관을 가지고 있는가? Yes( ) No( )

4. 좋은 교사는 학생들에게 관심을 기울인다.

(12) 나는 어린이들이 하나님으로부터 받은 존엄성을 인정하고 그들의 인격을 존중하며 그들의 요구와 관심이 무엇인지를 알려고 노력하는가?
Yes( ) No( )

(13) 나는 나의 학생들의 개인차를 민감하게 고려하면서 각 어린이가 가진 고유한 문제들을 해결하여 주기 위해 힘쓰고 있는가? Yes( ) No( )

(14) 나는 그들과 더불어 자주 대화하고 주일의 정기교회학교 시간 이외에도 만나는 시간을 갖고 있는가? Yes( ) No( )

(15) 나는 어린이들의 일반 학교생활과 그들의 오락생활에 대하여 어느 정도 알고 있는가? Yes( ) No( )

(16) 나는 가르칠 때에 어린이들이 알 수 있는 용어를 사용하는가?
Yes( ) No( )

(17) 나는 학생들에게 공정하고 편애하지 않으며 지도하고 있는가?
Yes( ) No( )

5. 좋은 교사는 적극적인 참여자가 되어야 한다.

(18) 나는 가르친다는 것이 교사의 일방적인 지식 전달이 아니라는 것을 학생들에게 증명하고 있는가? Yes( ) No( )

(19) 나는 학생들이 생각할 수 있도록 좋은 질문을 준비하여 사용하고 있는가? Yes( ) No( )

(20) 나는 내 자신이 결론을 내려주지 않고 학생들이 스스로 결론을 내리며 진리를 행동화하도록 이끄는가? Yes( ) No( )

(21) 나는 잘 들어 주는 자가 되며 나의 학생들이 발언하도록 유도하는 것을 나의 목표로 삼아 실제로 시행하고 있는가?

Yes( ) No( )

(22) 나는 학생들을 창작활동이나 토의활동으로 지도하고 있는가?

Yes( ) No( )

(23) 나는 때때로 학생들에게 숙제를 부과하고 이를 발표하게 하는가?

Yes( ) No( )

6. 좋은 교사는 다양한 학습지도 방법을 사용한다.

(24) 나는 학습지도안을 작성할 때 천편일률적인 방법에서 탈퇴하고 있는가?

Yes( ) No( )

(25) 나는 대화극, 극 놀이, 그림그리기, 포스터 만들기 등 창의적인 방법을 변화 있게 사용하고 있는가? Yes( ) No( )

(26) 나는 사진, PPT 등을 사용하고 있는가? Yes( ) No( )

7. 좋은 교사는 다른 교사와 하나님과 더불어 겸손히 일하는 사람이다.

(27) 다른 사람들이 나를 좋은 협력자로 여기며 자기 마음대로 일하는 사람이 아니라고 여길 만큼 일하고 있는가? Yes( ) No( )

(28) 나는 교회학교 월례회 등에 잘 참석하고 있는가? Yes( ) No( )

(29) 나는 절대적으로 성령을 의지하고 있는가? Yes( ) No( )

8. 좋은 교사는 가정의 중요성을 인정한다.

(30) 나는 나의 학생들의 가정 형편에 대하여 잘 알고 있는가?
   Yes( ) No( )

(31) 나는 학생들의 문제로 말미암아 부모들과 의논한 적이 있는가?
   Yes( ) No( )

9. 좋은 교사는 최고의 보람을 느끼는 열정가이다.

(32) 나는 어린이들과 지내는 것을 감사하며 보람을 느끼고 있는가?
   Yes( ) No( )

(33) 나는 기독교교육의 중요성을 인식하여 결석하지 않으며 지각하지 않는가? Yes( ) No( )

(34) 나는 생활을 통하여서 어린이들을 가르치고 있는가?
   Yes( ) No( )

10. 좋은 교사는 평가를 할 수 있어야 한다.

(35) 학생들의 믿음생활을 측정하고 있는가? Yes( ) No( )

(36) 학생들의 헌신에 대하여 측정하고 있는가? Yes( ) No( )

(37) 학생들의 자율적 결정을 측정하고 있는가? Yes( ) No( )

(38) 학생들의 신앙고백을 올바로 측정하고 있는가? Yes( ) No( )

(39) 학생들의 성경이해에 대하여 측정하고 있는가? Yes( ) No( )

(40) 말씀-교회-가정에 대한 연관성이 있는가에 대하여 측정하고 있는가?
Yes( ) No( )

교사의 자기 점검 2

설 문	예	때때로	아니오
1. 주일 아침을 기대하고 기쁜 마음으로 교회에 간다.			
2. 공과 준비를 적어도 월요일부터 시작하고 충분히 한다.			
3. 주일마다 참석한다.			
4. 예배 20분 전에 도착한다.			
5. 가르치는 일을 통해 큰 보람을 느낀다.			
6. 분명하고 구체적인 목적을 가지고 가르친다.			
7. 다양한 교수-학습방법을 사용한다.			
8. 학생의 이름을 다 알고 있다.			
9. 가르칠 때 공과책을 읽지 않고 성경을 들고 가르친다.			
10. 교사 혼자서 말하는 대신에 학생과 같이 이야기 한다.			
총계(예10점, 때때로5점, 아니오0점)			

I. 교사 자신의 자질에 대하여

1. 자신의 성장을 위하여 규칙적으로 성경을 읽고 있는가?

2. 교회의 정규 예배에 참석하는가?

3. 교사 훈련 또는 연구모임에는
   1) 계속 참석했다 (   )   2) 몇 번 참석했다 (   )
   3) 전혀 없다 (   )   4) 그런 기회가 없었다 (   )

4. 교사 훈련에 참석하지 못한 이유는?
   1) 시간이 없다 (   )   2) 연락을 못 받았다 (   )
   3) 도움이 되지 않는다 (   )   4) 관심이 없다 (   )

II. 교수-학습준비에 대하여

1. 한 과를 위하여 준비하는 시간은?
   1) 2시간 이상 (   )   2) 1시간 정도 (   )
   3) 교회 가는 차안에서 (   )   4) 학생 예배시간에 (   )

2. 교수-학습 지도안은 작성하는가?
   1) 매 과마다 한다 (   )   2) 가끔 한다 (   )
   3) 하긴 해도 적용하지 않는다 (   )   4) 전혀 하지 않는다 (   )

3. 매 과마다 학생의 요구에 맞는 학습 방법을 사용하는가?
   1) 예 (   )   2) 아니요 (   )

4. 참고 서적을 읽는가?
   1) 공과에 지시된 것을 읽는다 (   )   2) 그 외에 것도 찾아본다 (   )
   3) 전혀 안 읽는다 (   )

III. 교회 내에서 협력관계에 대해서

1. 교사회의 참석은?
    1) 항상 한다(   )   2) 안한다(   )
    3) 비교적 잘 참석하는 편이다(   )

2. 교사회에서 나는
    1) 의사 발표를 잘한다 (   )   2) 묵묵히 앉아 있다 (   )
    3) 남의 이야기를 잘 듣는다 (   )   4) 남에게 상처 주는 말을 한다 (   )
    5) 지도부에 힘을 주는 말을 한다 (   )

3. 좌절한 동료 교사가 있을 때 나는
    1) 격려하고 의논한다 (   )   2) 너는 너고 나는 나다 (   )
    3) 그런 동료가 있는지도 모른다 (   )

IV. 학습자와의 관계

1. 우리 반 학생들의 이름을 나는
    1) 전부 안다 (   )   2) 나를 따르는 학생만 안다 (   )
    3) 잘 기억하지 못한다 (   )

2. 단골 지각생의 취급은?
    1) 어쩔 수 없다 (   )   2) 관심과 이유를 묻는다 (   )
    3) 시간을 지키게 한다 (   )

3. 결석생을 위해 나는
    1) 가정방문 (   )   2) 전화 또는 편지 (   )
    3) 친구를 보낸다 (   )   4) 내버려둔다 (   )

4. 문제아 취급은?
    1) 개임 상담 (   )   2) 부모면담 (   )
    3) 소외시킨다 (   )   4) 할 일을 준다 (   )

5. 교수-학습과정에서 나는

6. 자신의 반 학생의 수는 1) 적합(   ) 2) 너무 많다(   ) 3) 기타(   )

5) 전문성 개발을 위한 프로그램

▶총회 교육주제 해설 및 1년 동안의 교육지침과 활동 소개
▶1년 동안의 반 운영 계획 작성과 발표회

ㄱ. 반 운영 목표를 세운다.

ㄴ. 반 운영 프로그램을 개발하게 한다. 필요시 반 운영을 옆 반 교사와 협의하여 대집단, 중집단, 소집단의 수업 그룹으로 운영할 수 있다.

▷신앙적인 프로그램: 우리 반 총동원 주일, 우리 반 친구 초청 잔치, 우리 반 기도회, 다른 교회 방문, 교회 또는 마을 청소, 각종 절기 행사(부활절, 성탄절, 대림절, 추수 감사절)

▷친교 프로그램: 생일잔치, 함께 숙제하기, 선생님 댁 방문, 영화보기, 함께 여행하기, 짝을 맺어 전화하기 등

▷성공적인 반 성경공부를 위한 지침서 작성하기 : 공과내용을 충분히 숙지한다. 교사 자신이 먼저 은혜를 경험하고 교훈을 받을 수 있어야 한다. 학생들이 이해할 수 있을 만큼 쉽고 재미있어야 한다. 교육 장소를 충분히 고려하여야 한다. 학생과 좋은 관계를 유지 하여야 한다. 교사 자신의 경험과 가르치는 학생들의 상황을 잘 분석하여 적절한 교수법을 위하여 스스로 연구하고 개발하는 일에 노력을 아끼지 않는다. 영적인 준비를 한다. 반 학생들에 대해 소망을 갖는다. 뜨거운 구원의 열정이 살아 있는 분위기를 유지한다.

ㄷ.기타 : 학생 관리에 대한 지침을 세운다.

▷등록학생 관리(상담, 심방, 통신수단활용, 개별적인 만남)

▷결석생 관리(원인분석과 즉시 처리, 예방에 초점을 맞춘다)

▷새 친구 관리(심방, 예배안내, 분반공부안내, 환영엽서, 교회 시설물 소개)

▷문제 학생 관리(원인분석, 관심-믿고 인정하라, 장점을 발견하라, 손잡고 기도하기)

▷자료정리(비상연락망, 학생생활기록부 등)

Ⅳ. 청소년 문화와 영성

청소년 문화는 넓은 의미에서 일반적으로 나타나는 공통된 삶의 방식, 행동 양식, 신앙, 언어, 가치관 등을 의미한다. 그리고 청소년 문화는 하나의 부분문화이다. 그러나 이러한 부분문화인 청소년 문화는 오히려 전체 문화에 영향을 미치는 특이한 문화라고 말할 수 있다. 어린 아이로서의 안정성으로부터 전환되어 직업적 지위를 가진 완전한 성인으로 나아가는 과정이라고 할 수 있겠다.[11]

부분문화의 한 형태로 청소년 문화는 자체의 독특한 특성을 소유하고 있다. 청소년 문화가 사회의 주목과 관심거리가 되는 것은 그것이

---

11) 한완상, 『현대사회와 청년문화』(서울 : 법문사, 1974), p.73.

부분문화이기 때문이 아니라 대항문화의 성격을 띠고 있기 때문이다. 또한 이 시기는 인생의 전환기이다. 아직 가치관이 확고히 결정되지 않은 까닭에 광범위한 탐색을 선호한다. 이와 같은 현상을 부정적으로 표현한다면 심리적으로 불안하기 때문이라고 말할 수 있으나 긍정적으로 표현한다면 미지의 세계를 알려고 하는 지적 호기심이 강하기 때문이라고 설명할 수 있다.[12]

청소년 문화의 또 다른 특징 가운데 하나는 아동기의 종적관계에서 횡적관계로의 변화일 것이다. 한마디로 아동기는 부모의 영향을 많이 받으나 청소년기는 또래집단의 영향을 보다 강하게 받는다. 또래집단이 청소년에게 커다란 영향을 끼치는 이유는 그들의 가치규범과 성인사회의 가치들과 규범들이 거의 일치하지 않을 뿐 아니라 그들은 그들의 집단 상황 안에서 소속감, 안정감을 느낄 수 있기 때문이다. 또한 청소년들이 성인집단에 참여하기 위해서는 까다로운 절차를 필요로 하지만 또래집단은 이러한 까다로운 절차가 생략이 되고 자연스럽게 참여할 수 있는 특징이 있다.

정서적 측면에서 청소년들은 자신의 위치와 새 환경에 대한 지식을 충분히 갖지 못함으로 불안정하고 불안함으로 말미암아 행동이 거칠고 난폭하여진다. 보수와 혁신, 이기와 이타, 존중과 자기부정, 신앙과 불신 등 상반된 감정의 양극현상이 되풀이되는 감정을 청소년들은 가지게 된다. 그리고 청소년들이 자신의 감정을 바로잡지 못하면서 현

---

12) 송병순, 차경수, 『학교와 지역사회』(서울 : 학문사, 1979), pp. 131-132.

실적인 문제에 부딪칠 때 불신풍조가 만연하게 되는 것이다. 따라서 기독교계에 있는 청소년 지도자들은 신앙은 감정에 따라 좌우되는 것이 아니며 그리스도는 청소년들의 감정의 기복과는 관계없이 늘 그들과 함께 하시고 그들의 모든 것을 이해한다는 사실을 그들이 인식하도록 그들을 교육하고 상담하여야 하는 책임과 임무를 가지고 있다고 하겠다.[13]

영적 측면에서 청소년들은 자신을 실제적으로 변화시키는 신앙을 원한다. 믿을 뿐만 아니라 행동하는 것을 원하며 때로는 감정을 근거로 행동을 하기도 한다. 새로운 영적 문제와 도전에 맞서서 두려움이 없이 임하며 놀랍게도 비유적인 가르침도 이해할 수 있으며 의외이지만 경건한 예배 분위기를 좋아한다는 사실을 접할 수 있다.[14]

청소년을 이해한다는 것은 단순히 그들의 발달적 특징만 가지고서는 어려운 일이다. 그들의 사고방식, 인생관, 가치관들에 대하여 광범위하게 알아야 한다. 또한 그들만의 독특한 특징을 지닌 청소년 문화를 이해해야 한다. 그러나 가부장적인 가정환경, 입시위주의 학교교육, 그리고 근본주의적 기독교 문화와 폐쇄적인 교회구조가 청소년들의 문화를 이해하는 데 있어서 방해요소가 되고 있음을 인식해야 한다.

청소년을 이해하는 것은 청소년 사역에 있어 중요한 부분이라는 것

---

13) 윤태림, 『청년 심리학』(서울 : 법문사, 1981), pp. 20-21.
14) Ibid., pp. 63-64.

은 분명하다. 다시 말해서 청소년들의 문화와 영성은 뗄 수 없는 관계에 있다는 것이다. 청소년들이 예배를 싫어하는 것이 아니라 적응할 수 없는 예배의 모델이 문제가 될 수 있는 것이다. 팻머스 문화선교회에서 청소년들을 상대로 예배에 대한 인식을 조사한 것을 살펴보면 다음과 같다.[15]

지난주에 설교에 대해 기억하고 있는가?
그렇다 11%

예배를 통한 삶의 변화를 경험해 보았는가?
그렇다 20%

주일 예배 중 어느 시간이 가장 기다려지는가?
찬양시간 44%, 끝나는 광고 시간 22%, 설교시간 13%

지금 예배에 대해 바라는 것이 있다면 무엇인가?
재미있는 예배 32%,
설교를 더 짧게, 찬양은 더 길게 25%
지금 그대로 만족한다 5%

---

15) 십대사역 세우기, (도서출판 예수전도단, 2014) p. 15.

이와 같은 조사결과는 십대들이 예배에 대한 불만이 있다는 것을 나타내 보이고 있다. 그런데 어른들과 비교해 볼 때 청소년들만 불만이 있다고 표현하는 것은 오류가 있는 판단일 것이다. 교회에 출석하고 있는 아이들 대부분이 복음적인 메시지에 대한 기대감이 없다는 것이다. 또한 이런 일들이 벌어지는 이유를 살펴보면 청소년들을 지도하는 교역자의 전문성이 떨어지고 있다는 점이다. 십대들과 공감되어지는 예배가 준비되어 있지 않는 것이다.

ChurchLeaders 팟캐스트에서 Kara Powell의 대화 중 핵심내용을 ChurchLeader.com측에서 정리하고, 문화선교연구원에서는 한국 상황에 맞게 번역했다. Kara는 풀러신학교의 교직원이자 Fuller Youth Institute(FYI)의 행정감독이다. 20년 이상 청소년 사역에 종사한 베테랑이며 청소년 사역의 고문으로 섬기고 있다. 크리스채너티 투데이에서 '당신이 꼭 알아야 할 50인의 여성' 중 한 명으로 꼽힌 Kara는 책 『Sticky Faith』을 포함하여 많은 서적의 작가 혹은 공동 집필자이다. 청소년 사역의 트렌드를 다루면서 다소 힘겨운 주제들이지만 직면하며 청소년들의 교회 이탈 실상을 살펴보고 있다. 왜 학생들의 불만과 의구심에 귀 기울여야 하는지 이야기를 나누고 있다.

1. 청소년 문화에 대한 이해[16]

---

16) 문화선교연구원, http://www.cricum.org/931, 2018년 7월 18일

문화선교연구원에서 조사한 청소년 문화에 대한 질문과 답변을 통해서 청소년 문화의 특징을 살펴보면 다음과 같다.

Q. 지난 십년 동안 청소년 사역에서 가장 크게 변화된 부분은 무엇인가?

청소년 사역의 전문화이다. 그리고 이로 인해 더욱 훈련된 리더들, 부르심을 받은 사람들의 증가, 더 높아진 임금, 많은 자원, 그리고 특수화된 교육 프로그램 등 청소년 사역은 이전보다 확연하게 수월해진 부분이 있다. 반면 부정적인 면이 있다면, 많은 교회들이 젊은이들의 영성훈련 과정을 외부에 있는 전문 사역자들에게 위탁해도 된다고 생각하고 있다는 점이다. 학생들의 훈련을 위해 교회가 스스로 투자하는 것을 기피하는 현상을 초래했다.

Q. 이 세대가 신앙으로부터 멀어진 가장 큰 이유는 무엇인가?

그동안 접촉한 청소년 모임들을 조사해보면, 전(全) 세대 예배와 관계에 대한 참여가 젊은이들의 신앙에 가장 큰 영향을 끼친 변수로 드러났다. 이는 다시 말해 더 숙련된 청소년 담당 사역자들이, 더 전문화된 사역자 및 봉사자들이 분명 증가했지만, 반면 청소년 그룹과 성도들 간의 격차와 분리가 심화되고 있고, 이 부분이 젊은이들의 신앙에 독이 되는 결과를 초래했다는 것이다.

결과적으로 학생들이 졸업한 후에 그들이 알고 의지할 수 있는 건 그들이 속해있던 청소년 모임과 청소년 사역자뿐이라는 점이다. 청소년들은 결국 그들의 교회에 대해서는 잘 알지 못한 채 졸업하게 된다. 그들이 다니는 교회의 어른들을 잘 모른다. 졸업생들이 교회로부터 멀어지는 것이 놀랍지 않은 이유는 고등부를 졸업함과 동시에 마치 교회에서 졸업한 것 같은 기분이 들기 때문이다. 정말 탁월한 선행 연구에 의하면, 거의 절반의 고등부 졸업생들이 하나님과 교회에서 멀어졌음을 나타내고 있다. 바로 이 이유 때문에 Fuller Youth Institute (FYI)의 사역이 진행되고 있다. 어떻게 하면 학생들이 'sticky faith'(신앙의 계승)를 유지할 수 있는지 고민하고 있다.

Q. 청소년과 교회 사이의 틈새를 연결시키기 위해서는 무엇이 필요할까?

FYI는 이를 위해 5대 1의 비율이 필요하다고 판단한다. 대부분의 고등부를 보면, 평균 학생 5명당 한 명의 선생님이 있다. 하지만 이 차이를 극복하려면 거꾸로 학생 1명당 5명의 '어른'(신앙의 선배 혹은 영적 부모)이 곁에 있어야 한다. 이것은 연구를 기반으로 한 비율이다. 가장 이상적으로는 고등부 학생 한 명을 위해 기도해주는 5명의 어른이 필요하고, 일 년 내내 그들의 스포츠 경기 등 학교 행사에 가서 자리를 지켜주는 어른이 필요하다. 이것은 엄청난 혁명에 가까운 변화라고 볼 수 있다. 학생 1명을 위해 소그룹 인도자 5명을 세우는 것으로 충분하지 않다. 어린이들이나 청소년들에게 지대한 관심과 사랑을 보이는 5명의 어른을 찾아야 한다.

교회는 그 학생의 부모를 포함하여 어른들로 구성된 한 팀을 구성하여 함께 아이를 보살필 수 있도록 창의적인 환경과 힘을 부여해줘야 한다. 그리고 아들, 딸, 조카 혹은 학생에게 "누가 네 편에 있니?"라고 물어보라(연구에 의하면 5명이 가장 좋다고 하지만, Kara는 반드시 5명이어야만 할 필요는 없다고 밝힌다. 비록 1명이나 2명일지라도 없는 것보다 낫다고 언급한다). 중요한 관건은 학생의 부모가 그런 팀을 꾸릴 수 있도록 동기를 부여하고 필요한 도움을 제공하는 것이다. 이렇게 된다면, 청소년 목회자는 이 일을 할 수 있는 부모가 없는 아이들을 집중할 수 있는 이로움이 있다.

다음은 위의 사역을 실행에 옮길 수 있도록 돕는 몇 가지 실질적인 방법들이다.

▶ 먼저 담임목사 혹은 교육목사와 비전을 공유하라. 비전을 설명하고 조언을 받아라. 5가지 사랑의 언어(게리 채프먼의 책 『사랑의 언어』 참조)를 아는 것이 도움이 될 것이다. 성경이든, 예시이든 무엇이 학생들에게 가장 의미가 있는지 알아야 한다. 그 후 교회의 전반적인 전도 방향, 제자도, 그리고 양육 과정과 같은 맥락 안에서 청소년 사역의 기틀을 잘 조율해 보라.
▶ 두 번째로 부모들을 비전에 동참시키고 훈련시켜라. 왜 이 일을 하는지와 비전을 완성하기 위해 어떤 계획이 있는지 등을 설명하

고 필요한 자료, 자원과 훈련을 제공하라.
▶혹시 부모가 비전에 동참할 수 없는 학생들이 있는지 확인하라. 그 학생들과 이야기하며 그들이 누구를 존경하는지, 그리고 누구를 좋아하는지 알면 좋다. 이러한 정보는 좋은 팀을 꾸리는데 아주 중요한 촉진제 역할을 한다.

앨빈 토플러가 미래 사회의 가치와 부를 만드는 것은 속도라는 점을 강조하였다. 각 조직의 변화 속도에 관해서 말한 것이다.[17] 그런데 우리들이 알고 있는 것처럼 어릴 때 교회학교의 모습이나 지금의 아이들이 매주마다 경험하고 있는 분위기와 환경이 거의 동일하다는 것이다. 모든 것이 바뀌었고 변화되는 속도에 따라 달라지고 있는데 오래전부터 변화되지 않는 것이 한국교육과 교회라는 이야기를 듣고 있다. 학교에서 배운 지식으로 빠르게 변화하는 현대사회에 발맞춰 살아갈 수 없는 구조를 갖고 있다.

학교에서 청소년들은 변화해가는 사회에서 적응할 수 있는 교육을 받고 있다. 그런데 교회에서는 옛날을 이야기하고 있다. 교사들이 어릴 때 경험한 수련회와 시와 문학이 있는 발표회를 듣고 있다. 이해할 수 없는 분위기와 추억을 이야기해도 청소년들은 듣고 있을 수밖에 없어서 흥미가 떨어지고 있는 실정이다.

예배의 형식도 마찬가지이다. 여러 기관에서 조사한 바와 같이 십

---

17) Ibid. p. 16.

대들이 생각하는 예전이나 예배의 형태는 이미 오래전부터 달라졌다. 그런데 지금도 아무런 변화가 없다. 예배당에 다양한 악기와 멀티미디어가 설치되었다고 변화가 일어난 것은 아니다. 예배의 시설이 많이 바뀐 것은 사실이지만 사용할 수 있는 인력이 브족하고 이 악기들과 전자기계를 사용하는 것을 허락해야 하는 어른들이 이해하지 못하고 있기 때문이다.

예배를 맡아 섬기는 전도사와 각 부서의 부장과 사역자들은 문화적 영향에 민감해야 한다. 문화의 흐름을 고집으로 이겨낼 수 없다. 전통이라는 이름으로 그냥 고집스럽게 이끌어가게 된다면 아이들은 떠날 수밖에 없는 것이다. 문화를 이해하면 청소년들이 보이게 되는데 문화를 주도하게 된다면 청소년 교육도 주도하게 될 것이다. 이해되지 않는 노래를 우리는 적응해야 하고 문화를 통해 청소년들을 변화시킬 수 있는 힘을 가져야 한다.

청소년들이 교회를 섬기고 있는 사역자에 대한 신뢰감이 퇴색되어 관계성이 되지 않는 상태에 놓인 교회가 많이 있다. 이러한 문제점은 오래전부터 예견된 것인데 모든 사역자들은 거쳐 가는 과정에서 청소년들을 만나게 된다. 또한 일반적인 성도들 중에 청소년들을 가르치는 교사들도 그렇게 오래갈 수가 없는 구조를 가지고 있다. 심각성을 가지고 봐야 하는 것이 무엇보다도 청소년들을 담당하는 목회자가 매년 바뀌고 청소년들에게 정체성의 혼란을 주고 있는데 있다. 신학교를 졸업하고 청소년들을 담당할 수 있는 나이와 기간이 너무나 짧은 것이 사실이다.

2. 청소년들이 빠져있는 것들

상상할 수 없는 문화의 발달로 인해 청소년들은 이겨내기 힘든 유혹들을 직면하고 있다. 그 가운데 학자들이 말하는 다음세대는 디지털 네이티브(Digital Native)라는 말을 사용한다.[18] 디지털 시대가 된 것은 모두가 인정하는 것인데 마치 디지털 장비를 가지고 자연스럽게 사용한다는 뜻에서 만들어진 단어이다. 마치 원주민이 자신의 언어를 사용하듯 원래부터 자신들을 위한 것인 것처럼 디지털 기계를 사용하고 있다. 이러한 단어를 사용하는 것을 볼 때 아날로그 세대와 구별되어 서로가 이해하기 힘든 간격을 발견하게 된다. 어느 세대이든 젊은이들을 못마땅하게 생각하는 문화가 있었다. 그런데 이제는 디지털 기계로 서로 주고받는 문자를 보거나 십대들끼리 사용하는 말들은 마치 외계어처럼 들린다.

많은 영상매체에 노출되어 있는데 입체적인 교육이 되지 않는다면 관심을 끌 수 없는 상황이다. 심지어 예배의 환경도 마찬가지이다. 영상물을 이용하고 컴퓨터를 사용하여 자막과 예배의 진행을 알려주지 않는다면 호응이 떨어지는 상황이 되었다. 그런데 이러한 상황을 알고 있다고 해도 누가 이런 준비를 할 수 있겠느냐는 문제가 발생하고 있다. 규모가 있는 교회에서는 준비할 수 있는 일꾼들이 있지만, 작은 교회들은 교회교육의 환경적 요소들을 어떻게 준비할 것인가의 과제

---

18) Ibid, p. 19.

가 남는다.

대다수의 청소년들의 취미는 '게임'을 즐겨한다. 게임은 청소년들의 놀이이자 문화로서 긍정적인 영향을 주기도 하지만 '게임중독'이라는 문제점을 가지고 있기도 하다. 게임 중독이란, 과도하게 게임에 빠져 있는 상태를 말한다. 이와 같은 현상은 일상생활뿐 아니라 건강에도 악영향을 미치게 되는데, 생활 패턴이 변화하여 수면 부족, 식욕 저하로 이어질 수 있고 대인 관계에도 문제가 생기는 등 여러 부작용을 동반한다. 그럼에도 불구하고 자신을 대신하는 게임 속 캐릭터를 통해 대리만족을 느낄 수 있기 때문에 더욱 빠져들기 쉽다.[19]

예를 들어, 온라인 RPG 게임의 경우 '아바타'가 있다. 아바타는 게임 내부에서 자신을 대신하는 캐릭터인데 주어진 임무를 완수하는 과정에서 다른 아바타들과 싸우기도 하며 경험치를 쌓게 된다. 이런 와중에 다른 아바타들과 함께 게임하기 때문에 가상공간임에도 불구하고 관계, 싸움, 경쟁, 인정, 복수 등과 같은 현실감이 그대로 존재한다. 현실에는 법이 있고 지켜야할 규범이 있어 할 수 없었던 것도 게임 속에서는 가능한 부분이 많기 때문에 대리만족을 느낄 수도 있다. 하지만 이와 같은 게임에 지나치게 몰두하다 보면, 일상생활을 잃어버리게 될 수도 있다.

게임하는 시간이 늘어나게 되면 자연스럽게 가족과 함께하는 시간, 공부하는 시간, 잠을 자야 하는 시간이 줄어들게 된다. 밥을 먹어야 할

---

19) 김균영, 경기도교육청 청소년방송 미디어경청, 2018년 1월2일

때 밥을 먹지 않게 되고 잠을 자야 할 때 잠을 자지 않게 되어 건강이 나빠지게 된다. 식욕도 떨어져서 몸무게가 줄기도 하고, 가족, 친구들과의 대화를 멀리하기도 한다. 게임 자체는 나쁜 것이 아니지만, 게임에만 몰두하다 보면 이와 같은 문제가 생길 수 있다. 스스로 약속하여 게임하는 시간을 정해 놓고 지키는 습관을 길러야 한다. 또한 야외에서 운동을 하거나 스포츠를 즐기는 등 다른 취미 활동을 통해 균형 잡힌 여가시간을 보낼 수 있도록 노력해야 한다.

3. 교사와 청소년 영성

1) 관계형성을 위해 노력하는 교사

과거에는 일방적으로 지식을 전달하고 교육하고자 하는 내용을 강조하면 되었다. 그러나 지금은 너무도 달라진 모습이다. 청소년들 중에 마음의 문을 닫고 남들과 친해지는 것을 별로 좋아하지 않는 친구들이 많다. 특히 청소년시절 교회에서 마음의 문을 쉽게 열고 싶어 하지 않는다. 친구들을 사귀고 싶어 하지 않고 다가오는 교사들을 거부하고 싶어 하는 경우도 많이 있다. 주일에 만나 함께 다정하게 이야기를 나누고 싶어 하는 교사가 있지만, 그냥 시간이 빨리 지나가고 자신을 그대로 버려두었으면 하는 태도를 갖는 청소년이 많이 있다.

그래서 교사들의 입장에서 볼 때 청소년들은 외계인이 맞다. 아예 거리를 두고 가르치고 싶어 하는 교사도 있다. 우리들에게 주어진 사역을 생각할 때 핑계할 수 없다. 마음을 닫아 버린 십대들과 끊임없이 다가서고 노력해서 닫힌 마음의 문이 열리도록 해야 한다. 신앙적인 힘도 필요하고 관계가 형성되면 오히려 다가오는 십대들의 태도를 보게 될 것이다.

　브리지임택트는 '관계 중심'의 사역을 강조한다.[20] 이것은 상식적인 요소이다. 교사의 관계가 목표가 아니기 때문이다. 교사가 다리가 되고 통로가 되어 주님을 만나게 하는 것이 목적이기 때문이다. 관계로 표현되어 있지만 쉽지 않은 표현들이 담겨져 있을 수 있다. 특히 청소년들은 모델을 보고 목표를 바라보기 때문에 교사가 필요하게 되는 것이다. 성경을 가르치기 전에 교사가 친해져야 그 내용을 듣고자 하고 가르침에 순응하게 될 것이다. 또한 과거의 청소년들처럼 야성을 가지고 있어 찾아오는 청소년은 거의 없다. 교사가 다가서야 한다. 교사라고 해서 권위를 인정받는 것이 아니기 때문에 수많은 노력도 필요하고 감정적인 줄다리기도 필요하게 된다.

　청소년부 담당교역자의 외모는 관계를 형성하는 데 많은 부분을 결정하는 요인이 된다고 한다. 잘 생겨야 청소년들이 관심을 보인다는 것이다. 해마다 연 초에 새롭게 만나게 되는 십대들과 순간적으로 친해지려고 애를 쓰지만 쉽지 않다. 물론 이미 소문이 잘 난 교사이거나 멀리서 봐도 호감형인 교역자는 여러 가지로 유리할 것이다. 청소년들은 쉽게 포기하는 교사를 싫어한다. 관계를 위해 자신에게 끊임없

---

20) Ibid, p. 124.

이 다가가는 교사를 원한다. 포기하면 안 된다는 것이다. 꾸준하게 이해하고 조금씩 다가서 주는 교사를 원한다.

청소년부를 담당하게 되는 교역자를 찾을 때 이렇게 힘들게 하지만 십대들이 좋아서 미쳐 있는 교역자를 찾아야 한다는 제안을 한다. 대부분의 청소년부 담당 교역자는 신학교육을 마치고 잠시 거쳐 가는 과정이기 때문에 청소년에 미쳐있는 교역자를 구한다는 것은 쉽지 않다. 그런데 거쳐 가는 과정에서 만난 교역자는 심각한 문제를 야기하기도 한다. 교사 또한 마찬가지이다. 어쩔 수 없어서 청소년부를 맡게 되었다는 생각으로는 감당할 수 없다.

청소년기의 십대들은 마음이 쉽게 변한다. 어제까지 마음을 얻었다고 생각했는데 아무런 일도 없었다고 자부하지만 기분에 따라 뒤돌아서 있는 십대를 경험하게 된다. 부모도 감당하기 힘든 십대를 우리는 사명을 갖고 기도하면서 감당하고 있는 것이다. 지속적인 관계가 필요하다. 계속적으로 보고 싶고 이야기를 들어주고 싶어야 사역이 된다. 이것이 십대들에 대한 관계의 기본이다.

인간적인 가르침으로는 사람이 변화되지 않는다. 성령을 의지하지 않는 가르침으로는 아이들의 영적 변화가 불가능하다는 말이다. 그런데 많은 교사들이 시간이 지나면서 자만에 빠지고 무기력한 교사가 된다. 가장 기본적이고 중요한 이 영적 원리를 지나치고 있기 때문이다. 안타까운 것은 아직도 적지 않은 교사들이 사람의 말로만 가르치려고 한다는 것이다. 단순한 지식 전달을 위해 더 많은 성경 지식을 쌓는 것이 중요하다고 생각한다. 아이들은 분반공부를 하러 교회에 오는 것이 아니다. 성경에 대한 지식을 잘 강의하는 사람을 만나러 오는 것도 아니다.

생각해 보라. 우리가 교육부서에 다닐 때, 정말 탁월한 교사의 성경 강의에 매료되어서 교회를 다니게 되었는가? 아니다. 그것은 성령의 역사다. 성령 충만한 교사의 사랑을 통해 영향을 받은 것이다. 우리에게 인간적 가르침을 주기보다는 성령 안에서 우리의 이야기를 들어주며 삶을 나누었던 분이 계셨기 때문이다.

2) 교사의 영성[21]

참된 교사의 영성이란 무엇인가? 교사의 영성이 상실될 때 가장 먼저 나타나는 현상은 신앙의 노화현상이 일어나게 된다. 이것은 비전이 상실된 상태이고 마치 꿈이 없는 삶을 살아가는 사람들의 특징이 된다. 이러한 특징은 이상의 상실이 보이고 그렇게 강조하고 좋아하던 말씀의 역사가 없어진 상태가 된다. 이것은 성경에 한 예로 드러나고 있다. 엘리라는 제사장의 모습에서 볼 수 있다. 엘리의 신앙을 '늙은이 신앙'으로 표현할 수 있는데 이런 교사에게는 위에서 밝힌 대로 하나님의 말씀이 드물어서 이상이 나타나지 않는다. 이상이 나타나지 않는다는 말씀은 하나님이 직접 말씀하시는 것이 없다는 사실이다.

또 교사들은 직접적으로 말씀하시는 하나님에 대한 갈망도 없다는 것을 의미한다. 또한 성령의 능력으로 부패한 종교적 원리에서 건져

---

21) 부산장로회신학대학교 최무열 교수 강의내용 재인용.

내기 위한 말씀의 필요성조차 느끼지 않고 이만하면 되었다는 안주감을 나타냄으로서 역동적 신앙을 형성할 수 없게 되는 것이다. 이러한 신앙의 노화현상은 영적인 면보다는 우선 재물에 관심하고, 음식에 관심하고, 쾌락적인 삶을 추구하고, 자녀 양육을 게을리 하게 되고, 영적인 면에 관심을 갖지 않는다. 그 가운데 가장 치명적인 사실은 자신의 직무를 하찮은 것으로 인식하여 직무를 게을리 한다는 것이다.

교사의 영성상실은 다음세대의 교육의 몰락을 의미한다. 이처럼 교사의 영성과 교회학교의 활성화는 밀접한 관계를 형성하고 있는 것이다. 그렇다면 교사가 지녀야 할 참된 영성이란 무엇인가? 여호수아 3장은 이 질문에 대한 해답을 분명하게 제시하고 있다. 참된 교사의 영성을 지닌 모델로는 지도자 여호수아의 영성을 들 수 있다.

참된 교사의 영성은 현장에 있다. 비전이 없으면 인간은 방자해진다. 망상을 좇으면 패가망신한다. 야망의 노예가 되면 자신도 해치고 다른 사람도 해치기 마련이다. 우리는 모두 비전의 사람이 되어야 한다. 그 누구, 그 무엇도 아닌, 오직 하나님을 비전으로 삼아야 한다. 우리가 하나님을 비전으로 삼아 하나님의 비전을 이루어 드리는 비전의 사람이 되기 위해서는, 우리 모두 반드시 유념해야 할 사항이 있다.

무엇보다 현장의 중요성이다. 하나님의 비전은 언제나 삶의 현장에서 주어진다. 바울이 책상 앞에 앉아 자신의 비전이 무엇인가 골몰한 끝에 로마의 비전을 얻은 것이 결코 아니다. 만사를 제쳐 놓고 기도원을 찾아 금식기도 하다가 얻은 것도 아니다. 매일매일 주어진 삶에 최선을 다하던 중, 그 삶의 현장에서 자신을 통해 이루기 원하시는 하나님의 비전을 깨달았다. 비전은 결코 삶과 괴리되지 않는다.

하나님을 비전으로 삼은 자는 누구보다 현재 주어진 삶의 현장에 충실해야 한다. 하나님의 비전은 허공에서 이루어지 않는다. 하나님의 비전은 인간을 위한 비전이고, 인간의 삶을 위한 비전이다. 그러므로 지금 내게 주어진 삶의 현실과 현장을 적극적으로 받아들이지 않고서는 하나님을 나의 비전으로 삼을 수도 없고, 하나님께서 나를 통해 이루기 원하시는 비전을 포괄할 도리도 없다.

참된 교사의 영성이란 말씀의 능력을 회복하며 기쁘게 사명을 감당하는 것이다. 비전의 세계를 확장해 나가는 것이 교사의 영성이다. 하나님을 비전으로 삼은 사람은 끊임없이 자기 세계를 확장시켜 가는 자이다.

첫째, 자기 영성의 세계를 키워 가는 것이다. 지금 내게 주어진 상황이 어떠하든, 그 상황 자체의 소중함을 알아야 한다 바로 그 상황을 거치는 것이 그 상황을 내게 주신 하나님의 비전이 이루어지는 길이기 때문이다. 지금 내 손안에 들어 있는 것, 내 주머니 속에 이 순간 지니고 있는 것, 그것이 아무리 하찮아 보여도 그 절대적 가치를 소홀히 하지 말아야 한다. 하나님의 비전은 바로 그것을 도구 삼아 그 실체를 드러내는 법이다.

둘째, 사람의 세계를 확장해야 한다. 소망이 없다고 포기할 것이 아니다. 말도 하지 않고 입을 다물고 있는 청소년들에게 소망이 있다는 것을 끊임없이 선포해야 하기 때문에 마음에 담대함이 필요하다. 이러한 교사의 영성이 모두를 살릴 수 있다. 누구든 이성적 신앙의 소유자라야 하나님의 비전을 바르게 분변할 수 있고, 자신의 전 생애를 그 비전을 실천하는 거룩한 산 제물로 하나님께 바쳐드릴 수 있다.

셋째, 세계를 확장시켜 가야 한다. 자기 세계의 확장이란 실력을 배양하는 것이다. 오늘날의 많은 교사들이 언약궤 메기를 좋아하지 않는다. 오히려 주신 사명을 감격 없이 대하는 경우가 너무나 허다한 것이다. 그러나 분명한 것은 교회학교의 부흥이 없으면 한국교회는 재기할 가능성이 없다는 것이다. 범죄와의 전쟁이 아니라 주일학교 부흥을 위한 전쟁을 선포해야 한다. 교사들이 일어나야 하며 교사들이 영적인 능력을 회복해야 한다. 이는 교사들이 언약궤를 메고 주님의 십자가를 지고 따라가야 결단이 있을 때만 가능하게 되는 것이다.

참된 교사의 영성은 신앙의 모범을 보여 주는 것이다. 초대교회에 7명의 집사를 세울 때 성도들에게 모범을 보여주는 칭찬받는 사람들을 세웠다. 가정을 섬기는 데 모범이었고, 공동체를 섬기는 데 모범이었다. 우리가 신앙의 모범을 보일 때 우리의 자녀들은 걱정할 것 없이 안전하게 우리를 따라오게 된다는 것이다. 나라에서는 대통령이라는 앞바퀴가 잘 굴러가면 국민이라는 바퀴는 저절로 굴러가게 마련이며, 학교에서는 교수라는 앞바퀴가 잘 굴러가면 학생이라는 바퀴는 저절로 정도를 걸어가게 마련이고, 교회에서는 목사라는 바퀴가 잘 구르면 성도라는 바퀴는 저절로 아름다운 궤도를 질주하게 되며, 가정은 부모라는 바퀴가 잘 구름으로서 자녀의 바퀴는 정도를 걸어가게 되고, 교회학교에서는 교사라는 바퀴가 성실히 굴러가야만 주의 백성들이 가나안을 향하여 달려갈 수 있는 것이다.

3) 청소년의 영성

청소년들은 급속한 성장과 사춘기에 즈음하여 육신적, 정신적으로 많은 고민을 안고 있다. 그리고 수시로 그 고민과 내적인 싸움을 벌인다. 그들은 내면적인 고민을 주변의 대인관계를 통해 해결하려는 성향이 강하다. 학급 친구나 동네 친구나 교회 친구들은 그들에게 가장 가까운 대화상대라 할 수 있다. 그런데 자칫 이 같은 대인관계가 잘못되면 도덕적, 영적으로 실족과 올무에 빠질 가능성이 많은 것이다.

이 같은 청소년들에게 영성적인 기초를 세워주는 것은 가장 요긴한 과제일 수밖에 없다. 사춘기는 육체적인 요소가 강력하게 영향력을 발휘하는 불안정한 시기이지만, 동시에 아직 정신적으로 순수한 시기이다. 이 시기에 올바른 신앙을 주입하고 하나님과 만남의 체험을 통해 은혜의 세계에 들어가게 해준다면 일평생 하나님과 동행하고 세상으로부터 자신을 거룩하게 지킬 수 있는 힘을 얻게 될 것이다. 그러므로 우리는 청소년들에게 올바른 영적 변화와 성장의 기회를 풍부하게 공급해야 한다.

그리스도인이라는 것은 그리스도를 믿고 그 안에서 성숙하는 자로서 그리스도의 형상을 닮아 가고자 하는 사람이다. 그리스도인은 그리스도의 형상을 닮아 가는 목적을 두고 길을 걷는 순례자와 같은 자로서 삶의 경험과 삶의 현장 속에서 자신을 살피고 그리스도와 함께 하는 생활을 하는 사람이다. 이 삶의 현장에서 나타나는 모든 문제들 가운데 함께 하시는 하나님을 발견하고 그 분으로부터 인도함을 받는 것이 영적인 생활이라는 결론을 낼 수 있다. 최첨단 시대를 살아가는 청소년들에게 있어서 자신의 삶 가운데 부족함을 느끼지 못하고 풍요로움 속에서 살기 때문에 영적으로 둔해지기가 쉽다. 그래서인지 요즘 한국교회 내에서 영성훈련의 필요성이 강하게 대두되고 있음은 참으로 다행한 일이라 하겠다.

21세기는 그야말로 비인격화의 극치를 보여주는 세기임을 예측할 수 있다. 수많은 단체에서 영적 신비로움을 겨냥한 프로그램이 계발되고, 사람들을 미혹할 것임이 분명하다. 현 시대에서도 영의 미혹함이 우리가 사는 주위에 얼마든지 찾아 볼 수 있다. 오늘날 많은 그리스도인들은 자신의 삶 가운데서 일어나는 모든 사건들 속에서 하나님의 뜻이 무엇인지를 어떻게 발견해야 하는지를 질문한다. 어른들도 변화가 너무 빠른 시대적 요구에 적응하지 못하고 있다. 그런데 자신을 알지 못하는 미완성된 청소년들에게는 더욱 심각할 것이다. 힘들어 할 변화에 교회와 교사들이 절박함에서 이겨낼 수 있는 비결들을 찾아야 할 것이다.

첫째로, 문제가 생겼을 때 훈련된 영성으로 이겨낼 수 있도록 하자. 어느 시대이던지 꿈이 없는 사람은 망하였다. 미래를 꿈꾸고 주어진 사명에 꿈을 꿀 수 있어야 한다. 예고된 문제라면 공부하고 준비하면

되겠지만 예측 불가능한 시대적 상황에서 이겨낼 수 있는 믿음의 사람이 되어야 한다. 수많은 어려움과 역경들 속에서 희망을 잃지 않고 굳건한 믿음으로 서 있게 해야 한다. 자신에게 주어진 목표를 설정하고 그 목표를 향해 눈물을 흘리며 씨를 뿌리는 농부의 심정으로 이 시기를 보내게 될 때에 건강한 사회의 주역으로 자라게 될 것이다.

둘째로, 준비된 영성은 탈선을 막을 수 있다. 청소년들에게 아직 절제할 수 있는 힘은 없다. 스스로 모든 것을 할 수 있을 듯한 체격과 말투는 간혹 책임 있는 행동을 할 것이라고 생각하지간 전혀 그렇지 않다. 훈련되지 않는다면 '여전히 아기였구나'라는 결론에 도달한다. 청소년들에게 아직 기준이 되는 것이 없고 경험이 없기 때문에 행동에 따른 결과가 어떨지 모르고 한다. 삶의 기준이 되는 성경을 가르쳐야 하고 기도훈련을 통해 영적인 감각을 길러주게 될 때 탈선의 위기에서 흔들리지 않을 수 있을 것이다. 뿐만 아니라 교회교육에서 교사들이 멘토가 되어 줌으로 위기가 올 때 대화하게 함으로 길을 잃지 않게 할 수 있다.

셋째로, 지금은 영성이라고 하면 기도원을 생각하지 않는다. 하지만 오랫동안 우리들은 기도원과 영성을 연결시켜왔다. 이제 기도원보다 수련관과 영성훈련원을 더 쉽게 접하게 되었다. 그렇다보니 청소년들도 영성에 대한 유익한 정보를 얻고 훈련 받을 수 있는 곳이 달라지고 있다. 지속적으로 훈련되어 질 수 있는 교회가 프로그램을 제시해야 한다. 특별한 기간을 정하고 이제까지 실시한 수련회도 변화를 추구할 필요가 있는 것이다.

넷째로, 영적인 성숙이 필요하다. 어린이의 영적인 상태에서 벗어나 장성한 분량에 이르기 위해서는 반드시 영적인 훈련이 필요하다. 옛 성품에서 벗어나 새로운 하나님의 창조의 삶으로 성숙하여야 한다. 삶의 현장에서 부딪히는 그리스도인은 훈련을 통해서 경건에 이르며 승리할 수 있다.

다섯째, 사단의 세력이 우리를 노리고 있기 때문에 필요하다. 우리의 환경이 우리들을 노리고 있다. 시기와 질투의 삶을 통해서 노리고 있다. 질풍노도의 시기에 살아가는 청소년들에게 있어서는 너무나 많은 영역이 사단의 세력에 무력하게 노출되어 있다. 그러므로 그리스도인으로서 적극적으로 사단의 세력에 대처함으로 하나님께 영광을 돌리는 삶이 되어야 한다.

4) 청소년들의 영성문제 진단

하나님 없는 곳과 하나님 없는 사람은 망하였다. 문화의 발전과 환경적인 요인과 상관이 없었다. 하나님 중심으로 살았던 시대에는 인간들의 노력 없이도 평안함이 있었다. 우리의 삶의 현장에 위기가 올 때마다 우리는 이것들을 기억해야 한다. 하지만 영적인 세계보다 먹고 사는 문제가 우리에게는 더 절박하기 때문에 간과해 버린다. 우리가 하는 것은 과학이 아니기 때문에 확률을 가르칠 필요도 없고 부자 되는 방법을 가르칠 필요도 없다. 그런데 성공이라고 말하는 것 속에는 대부분 먹고사는 문제와 청소년들에게 좋은 대학을 가는 것이 성공이라는 것을 은연중에 강조하고 있다. 이것이 위기이다. 하나님의 영과 육체의 욕심이 계속적으로 싸우고 있는데 아직도 교회교육 현장에서는 심각하게 생각하거나 변화하고자 하는 의지가 없다.

일부 잘못된 교회에서 교회의 부흥을 위해 인간적인 방법을 동원하여 인간의 감정을 흥분하게 한다든지 하는 모습들은 참다운 영성의 모습이 될 수 없다. 이러한 시점에서 교회교육에서의 영성문제를 아주 조심스럽게 진단하여 올바른 길을 모색하는 모토가 되어 보고자 한다.

① 청소년들의 영성문제 진단

▶영성문제 진단 1

청소년들이 살고 있는 지역을 파악하고 있는 공동체가 많지 않다. 여러 유형의 파악이 필요하다. 영적인 파악과 청소년들이 원하는 것과 무엇을 해야 하는지는 알아야 한다. 그냥 모임이 있으니 모이고 청소년들이 모일 수 있는 시간인지 아니면 과거에 이렇게 모였으니 그대로 하고 있는지 확인해야 한다. 행사의 내용도 마찬가지이다. 수십 년 전에 했던 프로그램을 그대로 하는 경우가 많이 있다. 청소년들에게 있어서 예배시간의 귀중함을 잃어 가는 것은 교회가 성도들에게 예배를 통해서 기쁨과 환희와 소망을 주지 못하고 있다는 증거이기도 하겠다.

이러한 이유는 청소년들이 교회에서 쉽게 접할 수 있는 공간이 부족하다는 점도 있다. 그러나 이러한 이유는 예배가 역동적이고, 능동적으로 드려지게 된다면 어느 정도 해소되리라 생각된다.

청소년들의 모임에 중심이 되어 버린 찬양하는 시간에 대한 것도 점검이 필요하고 성경의 가르침을 어떻게 재미있게 할 수 있는지 점검이 필요하다. 모이면 찬양하는데 40%의 시간을 보내지만 성경을 가르치는 시간은 20% 이하의 시간을 가지고 있다면 어떻게 해야 하는지 고민되어져야 한다. 또한 70년대 열정적으로 외치며 기도하던 모습에서 기도회가 이루어지고 있는지 궁금할 정도로 고민되는 부분이 기도모임이다. 중보기도하고 자신의 영성을 위해 기도하게 지도하는 것이 필요하다. 청소년들은 거룩한 척하고 기도했지만 또 죄를 쉽게 짓고 있다는 것을 모두 알고 있다. 하지만 반복되고 습관이 되고 영성으로 자리 잡도록 기도하는 훈련을 지도해 주어야 한다.

▶영성문제 진단 2

홀로 있는 것이 쉬운 청소년들에게 영성훈련가운데 수련회나 공동체 프로그램은 매우 유익한 것이다. 심리학적인 프로그램도 적용하여 자신들의 성격을 파악하도록 하고 어느 정도 말을 하지 않고 있는지 그리고 생각을 말로 표현하도록 하는 것은 영성에 유익할 것이다. 휴일에 무엇을 해야 할지 모르는 청소년들에게 짧은 MT 형태의 영성교육은 유익하리라 본다.

▶영성문제 진단 3
나눔이 필요하다. 말씀의 나눔, 생활의 나눔, 외로워하면서도 서로가 먼저 손을 내밀지 못하는 교제가 절실한 것이 청소년들이다. 어색하고 어려움이 있겠지만 매일 말씀을 묵상한 것을 나누는 모임을 지도하고 순종한 것을 나누는 훈련이 필요하다. 한 사람 한 사람이 강력한 하나님의 군사로서 사단의 영역에서의 전쟁에서 늘 승리하는, 그리스도인으로서 승리하게 해야 한다. 또한 영적인 성숙함이 곧 하나님의 영으로 인도함을 받아 하나님의 뜻이 무엇인지를 분별하여 그 뜻에 순종하게 되는 것이다. 그러므로 하나님의 백성이 하나님의 영으로 인도함을 받고 그 분의 뜻이 무엇인지를 알고 그 뜻에 순종하도록 하는 영성훈련이 절실하게 요청된다.

▶영성문제 진단 4
신앙적인 훈련을 받을 시간이 없다. 청소년들은 과거에는 친구들을 교회로 초청하는 이유들이 있었다. 그런데 자신의 비전에 따라 바쁜 것이 아니라 세상이 요구하는 것에 따라 움직이다 보니 너무 바쁘고 외로운 생활 속에서 비전이라는 말은 사치에 불과하게 느껴진다. 전도에 대한 단어 자체가 청소년부에서 잘 되지 않고 있다. 또래들과 함께 놀이를 하는 것도 거의 있지 않기 때문에 더욱 전도가 불가능한 상태에 있다. 청소년들에게 개인에게 주신 은사를 활용하여 하나님께 영광을 돌리게 하는 것이, 청소년들이 하나님 앞에서 강한 사람으로 성장하게 하는 것이다.

가르침도 그렇고 세상이 바라는 것도 세상에서 강해보이는 청소년으로 성장하는 것이 목표가 되어있다. 좋은 학교, 좋은 직장, 심지어 좋은 교회를 찾고 있다. 청년들에게 물어보면 결혼을 하기 위해 대형교회 청년부로 교회를 옮겨 간다고 한다. 비전과 아무런 상관이 없다. 약할 때 강함 되시는 하나님을 만나게 한다고 하는데 가르치는 분들이 그렇게 생각하고 있는 가 의문이 된다. 전도와 양육의 훈련은 그 만큼 성도 개인을 하나님의 사람으로서 올바른 순종의 사람으로 변화시키는 결과를 가져오게 되는 것이다.

무엇보다도 다른 사람을 그리스도께로 인도함으로 영적 재생산의 기쁨을 누리게 되고 하나님께서 자신을 통해서 다른 사람이 영적으로 태어나는 놀라운 감격을 얻게 된다. 이러한 감격은 바로 자신이 하나님의 능력으로 살아가고 있다는 확신과 그리스도의 주권에 복종할 수 있는 성숙한 사람이 되게 하는 것이다.

▶ 영성문제 진단 5

청소년들에게 가정이란 어떠한 장소일까? 기독교교육에서는 가정이 신앙교육을 하는 최소의 단위이고 최고의 교육현장이다. 그런데 대학이라는 맘몬 사상에 밀려서 진학을 위해서 청소년들의 가정교육에 대한 모든 것을 포기하고 있는 실정이다. 이러한 현상은 수많은 세월동안 교육학자들이 연구한 이론적인 교육이 가정에 적용 불가능한 모습을 보여주고 있다. 청소년들은 집에 있으면 인터넷 게임을 하게 되고 신앙전수를 위한 시간을 갖는 것은 생각조차 하기 힘든 상황이다. 부모교육이 어려운 상태이고 사회적인 문제로 등장하는 이혼으로 인해 자녀들 신앙교육은 이뤄지지 않고 있다. 기독교 기본진리에 대한 교육이 가정에서 이뤄져야 하고, 생활하는 가운데 신앙이 적용되어 지도록 가정에서 교육이 되어져야 한다. 멈춰버린 가정에서 신앙훈련을 다시 관심을 가져야 겨우 일주일 168시간에 1시간 교회에서 교육하는데 거의 영향을 받지 못하고 있는 청소년들을 가정에서 교육이 되어져 무장되는 일꾼으로 성장될 것이다.

지금까지 청소년 목회현장에서 살펴볼 수 있는 영적인 진단을 내려보았다. 성도들의 전 생활 영역에서 조사되어지고 올바른 진단이 내려져야 올바른 대책이 강구될 수 있겠지만 크게 드러난 몇 가지를 통해서 쉽게 동감할 수 있는 것들을 살펴볼 수 있었다. 한국 교회교육에서 가장 시급하게 정리되어야 할 분야는 영성훈련이 강화되어야 한다고 생각한다. 시급하게 이 문제를 정리하여 하나님의 백성들로 하여금 신앙의 성숙이 균형을 이루게 되었으면 한다.

②교회에서 요구되는 영성관리

청소년들의 영성 관리는 어디에서 해야 하고 누가 이 일을 감당해야 할까? 가끔은 교회교육에 있어 청소년들을 맡기면 다해주어야 되는 것으로 이해를 한다. 우리 아이를 좀 불러가 달라고 요청을 하기도

하고, 교회 선생님이 알아서 해달라는 요청을 한다. 가정에서 기본도 훈련되지 않은 청소년은 방법이 없을 때도 있다. 물론 과거에처럼 성령의 역사라면 성격도 바뀌고, 습관도 바뀐다고 고집할 수 있지만 시대적으로 적용되지 않는 부분이 있다.

아무리 삼손이 힘도 있고 재능이 뛰어난다고 해서 스스로 영성을 관리하지 않는다면 아무런 소용이 없다. 자신의 영성을 관리하게 될 때 얻어지는 유익을 가르쳐야 하고 멘토의 필요성도 함께 강조하는 것이 좋을 듯하다. 아직 성령의 도우심과 가르침을 받아야 하는 대상이라는 것을 인정하게 하는 것이 좋은 방법인 듯하다.

매주마다 1시간의 시간으로 청소년의 영성이 관리되는 것은 전혀 무리인 듯하다. 그렇다고 해서 영성관리를 하지 않고 이렇게 유혹이 많은 캠프서의 생활과 친구관계 그리고 사회적인 생활을 성공적으로 하기에 어려울 것이다. 그렇다면 이들을 안정적으로 훈련시켜서 세워주기 위한 기본적인 대책이 있어야 할 것이다.

첫째, 진리와 기준에 대한 가르침을 준다. 청소년들에게 수많은 정보가 주어지지만 모든 것이 옳은 것이 아닐 것이다. 그렇다보니 전혀 달란트가 없는 아이들이 연예인 지망생이 되어 수많은 시간을 헛되이 보내기도 한다. 진리를 가르치고 기준이 되는 인생의 뼈대를 가르쳐주어야 할 것이다. 그런데 수련회와 성경학교 때도 성경이 없고 진리가 없는 가운데 행사로 진행된다.

둘째, 교회가 해줄 수 있는 것이 너무나 작은 부분이라는 것을 인식하여 또 다른 기관을 연결해주고 취미를 살려주고 직접 경험이 있는 강사들을 통해 경험들을 듣게 해 준다.

셋째, 작은 소그룹모임을 활성화하고 동아리 문화를 연구하여 세미나를 개최한다. 학생들이 가장 연약한 문화를 집중 취재하여 무엇이 문제인지를 발견하고 대책을 논하는 것이다.

넷째, 영성훈련을 위한 프로그램을 개발하여 진행한다.
여기에는 다음과 같은 훈련들을 통해서 청소년들의 영성 관리에 도움을 줄 수 있다.

③청소년들의 영성 훈련 프로그램
성도들에게 하나님 앞에서 예배자로서의 삶을 강조하고, 삶 속에서 예배자로서의 자세는 세상 속에서 사는 그리스도인들에게 너무나 절실한 훈련이 될 것이다. 다음과 같은 예배와 교육프로그램을 가지고 훈련하고 있다.

▶현재 모든 교회마다 이뤄지고 있는 영성프로그램

* 예배
주로 주일 오전 약 1시간 동안 드려진다.

* 예배 후 프로그램(반별모임 또는 소그룹모임)

턱없이 부족한 시간과 부족한 프로그램으로 청소년들의 영성을 책임지고 있다. 그런데 더 문제는 문제가 되고 있다는 것을 인식하고 있는 교회가 거의 없다는 것이다. 지도자들의 생각 속에서도 '부족하다는 것을 인식하고 있을까?'라는 고민이 된다. 한두 군데 교회에서는 예배 전에 충분한 영성훈련 프로그램을 실시하고 예배로 들어가는 것을 제안하여 공감 받고 있다.

예) 10시-11시 30분, 부서별 영성프로그램
 (특강, 성경공부 또는 찬양과 기도의 시간, 나눔), 11시 30분-12시 30분 예배

▶필요한 영성훈련 프로그램

㉠ 특별 강좌: 영성교육의 이론과 실제 방안에 대해 교육한다.

㉡ 성경 나눔: 정해진 주제에 따라 그룹별로 묵상하고 발표, 토의한다.

㉢ 다양한 예배 경험: 찬양예배, 침묵예배,

㉣ 공동체와의 대화: 자기소개, 자기의 희망, 소원을 말하고 서로 중보기도 한다.

㉤ 경건의 일지 기록: 하루 동안 일어났던 일들의 영적인 눈으로 정리하게 한다.

㉥ 기상: 기상과 동시에 침묵 속에서 기도와 묵상을 한다.

㉦ 식사: 식사시간은 소음이 나지 않도록 조심하며 절대 침묵 속에서 조용히 식사한다.

◎ 고백의 시간: 그룹별로 함께 모여 자신의 부끄러운 죄를 공동체 앞에 고백한다. 그리고 함께 기도한다.

▶청소년 영성훈련 실제
기독교 영성훈련들을 잘 분류한 현대 영성가들 중 대표적인 한 사람이 리처드 포스터(Richard Foster)이다. 그는 『영적훈련과 성장』이라는 책에서 영성훈련들을 크게 세 종류로 분류하는데, 내적 훈련, 외적 훈련, 그리고 공동체 훈련이다.[22]

ⓐ 내적 훈련: 묵상, 기도, 금식, 그리고 연구
ⓑ 외적 훈련: 단순성, 고독, 순종, 그리고 봉사
ⓒ 공동체 훈련: 고백, 예배, 인도, 그리고 경축.

1) 성격을 파악하는 MBTI 또는 은사를 발견하게 하는 1일 수련회
짧은 기간의 수련회에서는 주로 인간관계 회복을 통한 공동체 영성 회복을 목표로 삼는다.

2) 2박 3일 영성프로그램
주제가 있는 프로그램을 실시한다(분노, 친구 사귐, 비전, 공부 등). 한 가지 주제를 가지고 2박 3일 동안 집중하는 형태인데 지금

---

[22] Richard Foster, 『영적훈련과 성장』 (서울: 생명의 말씀사, 2009).

의 청소년 수련회는 70년대 프로그램을 그대로 진행하고 있고 청소년들이 좋아하고 교사들이 바꾸고 싶지 않은 형태의 진행을 그대로 하고 있다.

3) 3박 4일 수련회
찬양집회도 하고 하루는 상담을 중심으로 진행하고 그 다음 2일은 비전에 초점을 두고 진행하는 수련회 형태이다.

청소년 영성훈련에 있어서 중요한 것은 사명이 있음을 가르치는 것이다. 우리는 영성훈련을 하면서 청소년들에게 자아부정(self-denial)에 대해 가르친다. 청소년들은 보통 자신을 현재 사회 가운데 존재하는 '나'라고 인식한다. 그러나 이것은 겉으로 드러나는 육적 자아일 뿐이다. 우리는 청소년들에게 자신이 영적으로 그리스도의 자녀라는 사실을 강조하며, 이를 올바로 인식할 수 있도록 도와주어야 한다. 그래서 그와 같은 영적 신분에 합당하게 일생 충성하며 살아가는 삶의 가치를 확실하게 깨닫게 해주어야 한다.

영성훈련에는 자기의 사명을 인식하고 그 길을 가도록 도와주는 프로그램이 있다. 많은 사람들을 만나 상담해보면 세상 직업을 갖고 교회에서 평신도로 오랫동안 봉사하다가 뒤늦게 사명을 깨닫고 목회자의 길을 가는 분들이 왕왕 있다. 이것은 사실상 자기 사명을 낭비했다고 할 수 있는데, 이와 같은 낭비를 막기 위해서라도 일찍 자신의 사명을 인식시켜야 한다.

청소년기는 인생에서 자신의 목표를 세우는 시기이기 때문에, 이때에 하나님의 뜻을 알고 순차적으로 준비하면서 영성인과 사회인의 삶을 살도록 지도해주어야 한다.

그리고 이같이 지도할 수 있는 청소년 영성지도자가 대단히 필요하다. 자신이 풍성한 영적 생활을 하면서 남을 가르치고 지도할 수 있는 경험과 지식과 신앙 그리고 인격을 갖춘 사람들이 교회 안에 필요한 것이다. 그래서 청소년들에게 바른 영성을 일찍 확립시켜 주고 이를 통해 사회의 빛과 소금이 되도록 끊임없는 사랑과 권면으로 지도해야 하는 것이다.

청소년기에는 무엇이든 원대한 꿈을 가져야 한다. 그래야 나태해지지 않고 육신적으로도 건강한 삶을 살아갈 수 있다. 때가 되면 하나님께서 직접 그 자신의 사명을 깨닫게 하고 당신의 뜻을 위해 살도록 만들어주실 것이다.

사람으로서 살아가는데 있어야 할 것과 없어도 되는 것이 분명이 있다. 특히 청소년 시절에 있어야 좋은 것들 중에 꿈이라는 것이 있다. 사람은 누구나 '이것을' 갖고 있다. 아직 발견하지 못한 사람도 있고 이것이 있는지조차 모르는 사람도 있다. 분명 모든 사람에게는 이것이 있다고 단정한다.[23] 어떤 사람은 이것이 산산조각 나버려 가슴 아파하기도 하고, 아직까지 이것을 계발하지 못한 사람도 있다. 그런데 청소년들을 가르치면서 이것은 심어주지 못한다면 힘들게 하는 교

---

23) Wayne Cordeiro, 「꿈을 키워주는 사람」김인화 역, (서울: 도서출판 예수전도단, 2007년), p. 29.

육으로 전락할 것이다. 기독교교육에서 꿈이라는 것을 어떻게 표현할 수 있을까? 크게 보면 비전이라고 할 수 있다. 비전을 성경 때문에 구체화 하지 못한 사람도 있고, 한두 번 시도해보다가 포기해 버린 청소년들도 있다. 청소년들을 가르치다보면 비전 자체가 점점 없어져 가는 것을 보게 된다.

우리는 하나님을 위해 무엇인가를 이루고 싶어 한다. 이 소망을 바로 꿈이라고 표현한다. 이 꿈은 하나님이 우리를 선택하셨을 때부터 우리 속에 심어 주신 것이다. 아직 씨앗 상태로 있는 이 꿈 속에서 하나님이 우리에게 맡기신 임무와 잠재력과 하나님의 뜻을 발견하기도 한다. 이러한 꿈은 철저한 계획 아래에서 우리 속에 가지게 하셨다. 꿈은 씨앗과도 같아서 껍질로 둘러싸인 이 씨앗 속에는 우주 같은 것과 세상 모든 것이 담겨져 있다. 어떻게 발아되어 성장될지 알 수 없는 것이다.

이 잠재력을 펼치도록 도와주는 사람을 빨리 만난다면 훨씬 성장이 빨라질 것이다. 가능성을 가지고 있지만 그 상태로 청소년시절을 보내게 된다면 시작도 하지 않고 꿈만 꾸고 어른이 되어 버린다. 어른이 되어서는 먹고사는 문제에 매달려야 하기 때문에 꿈에 대해 시도하지 못한 상태에서 인생을 보내게 될 가능성이 있다. 일단 누군가에 의해 도움을 받고 불안정한 계획을 도움받기 시작한다면 씨앗이 움트기 시작할 것이다.

전능하신 하나님도 우리 속에 이와 비슷한 영적인 감각과 장치를 심어 놓고 계신다. 우리가 하나님을 알게 하시는 것도 깨닫게 하시는 것도 하나님의 계획 속에 있었다는 것이다. 아마도 우리가 노력한다고 해서 하나님에 대해 알 수는 없었을 것이다. 이것을 신학적으로 수많은 이론으로 증명하고 있다. 그런데 청소년들에게 이러한 것들은 그렇게 영향력이 없다. 사막 한가운데 홀로 서 있는 듯한 느낌을 매일 갖고 있는 청소년들은 어디로 가야할지, 어디까지 가면 될지 정말 조금만 참으면 해결될지, 알지 못하기 때문에 힘들어 하는 것이다.

하나님이 주신 꿈이 실제화 된다면 우리는 많은 이론이 해결하지 못한 것을 쉽게 해결할 수 있을 것이다. 명쾌한 시선으로 볼 수 있을 것이고, 타인과의 비교로 힘들어 하던 것도 부질없는 것이라는 것을 잘 알기 때문에 자신에게 주어진 꿈을 키워나가는데 모든 에너지를 사용하게 되는 청소년이 될 것이다. 꿈이 없어지면 모든 것이 흐려진다. 올바른 인생 항로를 찾기 어렵다는 것은 모두가 알고 있는 상황이다. 이러한 상황을 알기에 교회 내에서 청소년들에게 방향을 제시해 보고자 한다. 이론에 불과한 것이 될 수도 있고 부딪히고 실망할 수 있지만 그래도 다음세대가 우리의 희망이기에 다시 시도해 보고자 하는 것이다.

V. 4차 산업혁명시대의 청소년교육

21세기에 전 세계적으로 가장 큰 변화를 말하자면 4차 산업혁명의 시대가 도래 했다는 점이다. 그것은 사물인터넷(Internet of Things)

과 인공지능(Artificial Intelligence)으로 대표되는 초연결시대, 초지능시대를 의미한다. '사물인터넷'은 세상에 존재하는 유형 혹은 무형의 객체들이 다양한 방식으로 서로 연결되어 개별 객체들이 제공하지 못했던 새로운 서비스를 제공하는 것을 말한다.[24] 기존의 인터넷이 컴퓨터나 무선 인터넷이 가능했던 휴대전화들이 서로 연결되어 구성되었던 것과는 달리, 사물인터넷은 책상, 자동차, 가방, 나무, 애완견 등 세상에 존재하는 모든 사물이 연결되어 구성된 인터넷이라 할 수 있다. 두 가지 이상의 사물들이 서로 연결되어 대화함으로써 사람들을 위한 보다 편리한 기능을 수행할 수 있게 된 것이다.

그리고 '인공지능'이란 컴퓨터에서 인간과 같이 사고하고 생각하고 학습하고 판단하는 논리적인 방식을 사용하는 인간지능을 본 딴 고급 컴퓨터 프로그램을 말한다.[25] 과거의 컴퓨터는 확정된 환경에서 유한 개의 솔루션을 탐색하는 일만을 수행했다. 그러나 AI는 딥러닝(deep learning)을 통해 논리적으로 탐색하면서 빅데이터와 슈퍼컴퓨터를 만들어 낼 수 있다. 정보가 아주 빠른 속도로 증가하고 있고, 지식의 평준화로 인해 지식을 먼저 배운 사람, 즉 선생님은 더 이상 존경받지 못하는 시대가 되었다.

이러한 4차 산업혁명시대가 빠르게 진행되고 있는 가운데 기독교교육은 어떠한 영향을 받고 있는가? 산업의 발달로 인해 최첨단의 환

---

24) 국립중앙과학관, http://www.science.go.cr
25) 이강원, 손호웅, 『지형 공간정보체계 용어사전』(구미서관, 2016).

경에서 생활하고 있는 아이들이 시대의 흐름에 뒤쳐져 있는 교회환경에 매력을 느끼지 못하고 있다. 또한 경제적 발달로 인해 한국사회는 주 5일 근무제를 시행하고 있는데, 그 영향으로 교회는 주일성수의 문제가 심각하게 떠오르고 있다. 가정과 학교에서는 입시위주의 교육을 우선시함으로 교회교육은 우선순위에서 밀리고 있다.

교회교육의 위기는 첫째, 이러한 사회적 현상 속에서 가정의 부모들이 먼저 주일예배를 삶의 우선순위로 두지 않고 있다는 것이다. 자연스럽게 아이들도 주일성수 문제를 대수롭지 않게 생각하는 것이다.

둘째, 입시위주의 교육에 갇힌 청소년들이 주일날에도 학원과 학교에 가거나, 한 주 동안 너무 지쳐서 주일날 오히려 쉬고 싶어서 교회출석이 어렵다는 점이다.

셋째, 포스트모더니즘의 영향으로 다원주의에 빠진 사회 속에서 아이들은 더 이상 교회교육의 본질인 하나님 말씀을 절대적인 진리로 받아들이기가 어려워졌다는 사실이다.

넷째, 수많은 한국교회의 담임목회자들이 성인 중심의 교회성장에 치중하고 있어서 교회학교의 위기를 감지하지 못하고 있다는 점이다.

다섯째, 교회교육 현장에 있는 교육부 목회자들과 교사들이 이러한 시대적 변화를 읽지 못하고 아직도 전통적인 교육방법에 매여 있다는 것이다.

이러한 위기 가운데 교회교육은 먼저 담임목회자를 비롯해서 교회공동체 전체의 각성이 필요하다. 앞에서 통계적으로도 이미 나타났듯이 교회학교 학생 수가 감소하고 있음에 위기를 느끼고 더 늦어지기 전에 개혁을 시도해야만 한다.

지금까지 한국교회는 교회건축과 같은 하드웨어에 집중해서 투자했다. 그러나 앞으로는 사람과 소프트웨어에 집중함으로써 위기극복 방안을 마련해야 할 것이다. 먼저 목회자의 자질을 높이고 복음의 근본 가치를 회복해야 한다. 다원주의가 만연한 시대상황 속에서 성도들의 신앙을 지키게 하려면 성도들의 영성의 수준을 높이기 위한 교육을 실시해야 한다.

아시아미래인재연구소 최윤식박사는 미래 변화 속에서 살아남기 위해 준비해야 하는 것들이 있다고 한다. 그것은 미래 변화에 대한 방향감, 속도, 타이밍, 지역화, 지속가능한 생태계 구축능력 등 다섯 가지에 대한 통찰력이다.[26]

첫째, 미래에 대해 조금이라도 관심을 가지는 것은 미래에 생존가능성을 높인다는 것이다. '나노기술'처럼 혁신적인 기술의 발달로 발전하게 될 미래뿐만 아니라, 예상치 못한 뜻밖의 미래에 대한 방향감을 잡기 위해서는 아주 사소한 정보라도 수집하고 정리해 둘 필요가 있다.

둘째, 변화의 속도에 빠르게 적응하는 것이 아주 중요하다. 세상은 우리가 생각하고 있는 속도보다 훨씬 빠른 속도로 변하고 있다. 머지않아 IT기술, 바이오 기술, 나노 기술, 인공 지능, 로봇 기술들이 서로 융합하는 단계가 되면 그 속도는 훨씬 더 빨라질 것이다. 그러므로 교

---

26) 최윤식, Ibid., p. 281.

회도 사회변화의 속도를 인정하고 적응하기 위한 노력을 해야 한다.

셋째, 변화의 과정에서 새로운 기회를 포착하기 위한 타이밍을 잘 맞추어야 한다. 보수적인 것이 진리인 것처럼 여겨지는 교회 안에서 복음의 본질이 아닌 신앙교육의 방법에 대해서는 변화의 타이밍을 놓치지 않기 위한 노력이 더욱 절실하다.

넷째, 미래 변화 속에서 살아남기 위해서는 '지역화'(Localization)가 필요하다. 지역화란 세 가지로 분류할 수 있다. 새로운 미래 변화 안에서 우리가 선택하고 집중해야 할 영역은 어디인가? 어디가 우리에게 가장 걸맞은 지역 적합성을 띠는가? 끊임없이 변하는 세상이 만들어 내는 새로운 적합성은 무엇인가? 교회교육 또한 학생들의 문제, 욕구, 결핍들을 파악하고 그것을 해소시킬 적합한 교육방법은 어떠한 것인가를 지속적으로 찾아야 한다.

다섯째, 지속가능한 생태계 구축능력을 가져야 한다는 것이다. 4차 산업혁명의 시대는 초연결, 초지능시대, 즉 네트워크가 발달한 사회적 특징을 보인다. 교회도 마찬가지이다. 미래 교회가 살아남기 위해서는 크고 작은 교회들이 서로 연결되어 새로운 사역을 만들어 내어야 한다.

교회교육 현장에서도 변화가 필요하다. 청소년들에게 가장 밀접하게 영향을 주고 있는 교사들은 엄청난 시대적 변화를 인지하는 일이 시급하다. 4차 산업혁명의 시대가 진행될수록 오히려 사람의 마음은 공허해질 것이기 때문에, 교회학교 교사들은 이때 청소년들을 진심을 다해 사랑하는 모습을 가지고 다가가야 한다. 급변하는 시대적 흐름을 먼저 깨닫고 아이들에게 마음의 힘을 길러주는 교사가 되어야 한다.

교회는 다시금 청소년들이 교회를 찾을 수 있는 교육적 환경을 만들어주고, 교사는 아이들로 하여금 시대를 분별할 줄 아는 분별력과 통찰력을 가질 수 있도록 지도해야 한다. 마땅히 행할 바를 아이에게 가르칠 때 가장 효과적인 교육방법은 교사가 먼저 모범을 보이는 것이다. 모두가 교육의 위기라고 하는 이때에 오히려 교사의 진실한 사랑과 실천하는 리더십이 교회교육을 위기에서 건져낼 대처방안이 될 수 있을 것이다.

epilogue
에 필 로 그

　21세기에 접어들면서 신앙교육은 이제까지의 교육방법에 대해 회의를 품는 가운데 많은 청소년들은 교회에서 떠나고 있다. 신학과 과학이 발전하였지만 오직 말씀만 강조하는 지도층에 의하여 신앙교육은 아직도 과거에 머물러 있다. 이미 20세기 초반에 유럽 여러 국가가 문답식의 교육방법에서 청소년들에게 흥미를 줄 수 있는 교수방법을 고안하고자 노력하였다. 이러한 노력의 결과로 국제학술회의가 개최되고 신앙교육은 많은 발전을 하였다.

　국제학술회의는 다변화되어 가는 현시대에 맞게 신앙교육 방법과 신학적 기초를 제시하여 다각적인 면에서 신앙교육을 바라보게 해 주었고, 지역 특색에 맞는 신앙교육을 강조하였다. 현대에 오면서 다양한 교수 방법론이 등장하게 되었다. 교육을 중시하는 교수 방법론은 이제까지의 신앙교육 방법에 교육학을 접맥시킴으로써, 신앙교육을 체계화한 것이었다. 그래서 신앙교육이 다른 어떤 형태의 교육과도 다르지 않다는 기본 통찰을 전제로 한 교육을 중시하는 신앙교육은 형식적 교육을 통해 신앙과 종교를 전수함을 중요시한다.

　그렇게 언급하지 않았던 해석학적 접근이론에 입각한 구체적인 청소년교육의 방법으로서 교육현장을 이해하기 위한 이론적 접근을 목적으로 삼았다. 1970년대에 들어서면서 기독교교육에 새로운 방향을 제시하는 교수방법론이 등장하였는데 해석학을 방법론의 기초 이론으로 삼고, 기독교교육에 해석학을 접맥시킨 해석학적 방법론이 등장한 것이다.

해석학은 인간의 '이해'를 추구하는 학문이다. 그래서 해석학적 방법론을 이용한 기독교교육은 '내용'을 전달하려는데 중점을 두었던 이제까지의 교육방법과는 달리 가르치는 방법을 중심으로 하여, 학습자인 청소년들에게 관심을 둔다. 이런 이해를 위해 배워야 될 내용과 개인적 삶을 '대화'라는 매개로 가르치는 방법 안에 연결하여, 내용의 이해와 더불어 이해된 내용을 학습자가 어떻게 삶 안에서 실천할 지를 스스로 결단케 한다. 이는 교육을 통해 인간이 내용을 '이해'하는데 그치는 것이 아니라, 내용에 대해서 '이해를 추구하는' 신앙인을 형성시키게 하여 삶 속에서 실천하는 신앙인을 육성하게 해준다.

이런 해석학적 방법론을 통한 신앙교육방법을 모색하기 위해 PART 2, 제1장에서는 전통적으로 여러 학자들이 청소년을 어떻게 이해하였는가를 알아보았다. 에릭슨은 프로이드의 심리성적인 발달이론을 바탕으로 하여 인간의 발달을 심리사회적인 측면에서 그의 새로운 이론을 전개했으며, 삐아제는 인지라는 개념을 단지 지적 과정이나 산물에 국한시키지 않고 의식, 사고, 상상, 추론, 문제해결 등과 같은 고등 정신 과정을 의미하는 것으로 정의하면서, 인간의 지능은 개인과 환경과의 끊임없는 상호작용의 결과로서 발달한다고 가정하고 인지발달이론(cognitive developmental theory)을 주장했다.

또한 인간의 도덕적 발달에 대해서는 콜버그의 이론이 대표적인데, 그는 듀이의 교육철학에 근거하여 삐아제의 인지발달이론을 도덕적 사고를 바탕으로 상세히 설명하며 완성하였다. 또한 파울러는 각 개인의 신앙의 형태는 유형화할 수 있다고 보고 신앙 발달을 일으키는 '구조적 특징'을 일곱 가지로 제시하였다.

이러한 전통적인 이론을 기초로 하여 PART 2, 제 2장에서는 하나의 새로운 접근 방법으로 청소년들의 현재의 상황, 전통적인 성서의 해석, 내면화된 가치들을 비판적으로 성찰하여 새로운 비전을 향해 나갈 수 있도록 하는 해석학적 교육모델을 구성하였다. 기독교교육의 효과를 높이기 위해 교육방법을 위한 전제를 제시하였는데 그 구체적인 해석학적 교육모델로서 그룹의 5단계 해석과정을 적용해 교육모델의 이론을 설명했다. 나아가 5단계 해석과정을 통한 교육모델의 실제적 적용이 가능한 것인지를 이론화 해 본 것이다.

개인의 생애에 있어서 독특한 시기로 설명하기 힘든 특징을 보이는 청소년기에 대한 교육접근은 다양한 행동으로 표출되는 청소년기의 여러 가지 일면은 짧게 규정지어서 교사에 의해 주도되는 수업식, 설득식의 교육으로는 교육의 적절한 효과를 기대하기 힘든 일이다. 청소년들이 보여주는 자아관이나 세계관 및 정서를 반영하는 그들의 문화와 행동, 언어를 분석하여 실존적 체험 속에서 청소년교육이 이루어져야 한다.

해석학적 교육은 청소년들이 기독교 신앙이 아는(knowing) 신앙이 아니라 배우는(learning) 교육이 되도록 하여 실천하는 신앙이 되게 함에 있다. 이것은 기독교 신앙이 지적 신앙위주로 발전해 온 것을 비판하고 기독교적 비전을 자신의 삶에 연결시켜 보도록 격려한 뒤 현재적 관점에서 재해석된 성서의 근본정신을 실생활에 이루어 나가도록 돕는 교육방법이다.

PART 3에서는 청소년교육에 있어서 해석학적 접근과 교육모델을 제시하였다. 그룹은 현재 청소년들의 경험과 과거의 기독교 전통과 미래의 비전사이의 변증법적인 해석활동을 함에 있어 유용한 모델을 제시하였다. 그 모델은 몫을 나누어 참여하는 실천 모형을 제시한 것이다. 몫을 나누어 참여하는 실천 모형은 청소년들의 현재적 상황 및 경험을 기독교 신앙 전통과 관련지어 비판적으로 성찰하게 함으로서 실천적 행동에 대한 결단을 하게 하는 교육방법으로 현재의 행동, 비판적 성찰, 대화, 기독교 이야기, 비전 등이 그 구성요소이다. 이러한 틀을 수용하여 교육모델을 구성하기에 앞서 청소년에 대한 해석학적 이해를 선행적으로 하고, 다음으로 해석학적 패러다임으로서의 '교육'을 살펴봄으로서 현실적 교육에서 무엇이 요구되는지 이해한 것이다.

청소년들은 그들 나름대로의 문화를 형성하여 자신들의 바람직한 삶의 방향으로 유도할 뿐만 아니라 성인 주도문화에 새로운 자극을 주며 그 사회가 앞으로 지향해야 할 방향에 가장 민감한 반응을 보여준다. 청소년들에게는 그들만의 생활방식이 있고 또래들끼리 만들어 내는 문화가 있다. 급격한 신체발달 및 성적 성숙으로 나타나는 여러 가지 심리적 변화에도 청소년들은 성인으로 성숙되어 간다.

어른들의 입장에서는 청소년들의 문화가 마치 비행의 전조처럼 보일 수도 있지만, 자기 정체성을 찾기 위해 일상적인 전통성과 권위에 도전하는 이들의 문화는 나름대로의 정당성과 매력이 있다. 매일 학교와 가정을 오가며 진학을 위해 모든 것을 참아야 하는 청소년들에게 여가문화가 필요하고 여가활동을 통해 청소년들은 사회생활을 영위하는데 필요한 사회적 역할 수행의 기술을 터득할 수 있고, 조화로운 인간관계를 형성할 수 있는 능력과 기술을 터득함으로 타인과 원만한 공동생활 속에서 문화적 유산을 계승하고 새로운 문화를 창조할 수 있게 된다. 여가생활을 위한 교육은 평생 교육적 측면에서도 학교와 교회에 중요하게 다루어져야 한다.

그리고 청소년들의 문화적 특성 중에 언어는 청소년의 의지의 표현과 가치 척도를 알 수 있는 것으로 청소년들의 언어문화도 하나의 현대 언어로 중요한 위치를 차지하고 있다. 청소년 언어문화는 공통성과 보편성은 없지만 일정한 사회계층의 특수한 언어로 이해된다. 한국 사회의 청소년 문화는 아직은 문화 접촉과 변용, 전이의 과도기적 단계에 있는데 지나치게 외국 문화를 흉내 내는 형태로 문화적 사대주의 등의 문화적 해독과 부작용이 나타나기도 한다.

기독교 교육에 있어서 문화 학습만이 목표가 아니다. 교육은 문화 학습을 통한 사회화의 과정만이 아닌 것이다. 거기에는 비극적인 인간의 죄에 대한 고발이 있어야 하고 우주적이고 실존적인 하나님의 치유 행위가 병립되어야만 기독교 교육의 진정한 책임 한계가 파악될 수 있을 것이다. 교회 속에서 청소년 문화도 인정받지 못하는 실정인데 교회의 지도부의 정책이 성인들을 위한 것이므로 청소년들은 문화 접촉과 과도기적 단계에서 '한국화 된 새로운 청소년 문화'의 정립을 위해 교회적 차원에서 노력해야 한다.

청소년들을 이해하고 효과적인 교육구조를 알아보기 위해 청소년들을 청소년들의 성격 중에 또래집단에 대해 살펴보았다. 교회교육을 하다보면 또래들의 움직임을 쉽게 발견할 수 있는데 청소년들의 심리

사회발달의 특성으로 또래집단의 특성이 잘 나타나고 있다. 또래집단이 가지고 있는 가치와 태도, 성격특성과 사회적 행동을 광범하게 형성하여 영향을 미치고 있다. 청소년들 간에는 특별한 관계를 가질 수 있는 또래집단을 형성하고자 하는 욕구가 있다. 또래집단이 형성되었을 때 그 모임에 대한 귀속감도 높아지며 또래집단이 함께 하게 되는 학습은 즐겁게 되는 것이다. 교회 내에서도 또래집단에서 그 지위 분화요인으로 여러 요인들이 복합적으로 작용하겠지간 주된 요인에는 학급집단마다 큰 차이가 없는 일정한 경향성이 있을 것이므로 성경학습에 또래집단의 활용은 효과가 있게 될 것이다.

    PART 4, 제 2장에서는 청소년의 또래집단의 특성이 크리스천의 인격과 성격 형성을 위해서 소그룹 교육으로 효과성이 있음을 살펴보았다. 앞에서 언급한 바와 같이 또래집단을 활용한 소그룹 교육 방안이 교사와 청소년이 가장 가깝게 효과성이 있는 교육을 할 수 있다는 것이다. 소그룹이란 두 사람 이상의 집합체로 일정한 회원이 되어 소속감을 갖고 공동의 관심으로 목적을 위해 상호 의존하는 집단이라고 볼 때 교회 내에서 쉽게 찾을 수 있는 것이 또래집단으로 볼 수 있는데 또래집단의 응집력과 의존성을 활용하여 창조적인 교육이 가능하다. 서로의 인격을 존중하고 있으며 같은 상황을 맞이하고 있어 사귐과 관계는 다른 집단에 비해 탁월하다.

인간이 고착적인 존재가 아니고 끊임없이 변화 성장하는 존재로서 또래들이 미래에 바르게 성장할 것을 예상하고 교육한다는 것은 투자성이 있다. 청소년 소그룹 활동을 활성화하게 될 때 청소년들로 하여금 예수 그리스도를 인격적으로 영접하게 하고, 그들을 신앙으로 훈련시켜서 관계를 회복시킴으로 진정한 정체성을 형성시키고, 기독교의 다음세대 일꾼으로 양육할 수 있다.

이러한 소그룹을 활용한 교육의 장점은 새로운 세대에 적용하기 위해서 정보 매체활용을 통해 교육해야 하는데 대부분의 청소년들의 감각에 맞는 교육이 필수적이라는 의견과 함께 적절한 프로그램이 개발되어야 한다는 것이 강조된다. 정보시대의 주역인 청소년들을 이끌 수 있는 것은 구체적인 이해와 교육의 통로가 된 정보도구들을 사용해야 한다.

오늘 주변 상황은 하루가 다르게 변화하며 전개되고 있으나, 교회에서 시행되고 있는 교육 방법은 구태의연한 상태로 그대로 답보하고 있다. 하나의 예배실에서 예배와 교육, 친교, 회의 모든 것이 이루어지고 있다. 이에 새로운 교회학교 개발과 실천이 요구되어 기독교적인 정보사회생활에 적응하고 오히려 정보사회를 이용한 교회교육을 할 수 있도록 해야 한다.

청소년 교육모델로서 소그룹 성경공부의 역할과 중요성 그리고 한

◆

국교회 청소년 교육과 관련하여 성서공부의 실태를 살피고 올바르고 효과적인 방향성을 제시하기 위해 몇 가지 교육 방법을 언급하였다.

청소년들의 지적 사고 능력과 종교적 사고와 관련하여 성경의 주제와 생활주제를 청소년들의 삶과 관련하여 적절하게 가르쳐야한다는 것을 제시하게 되는데 기독교교육의 핵심인 예배가 청소년들의 외면에서 능동적인 참여를 유도할 수 있는 프로그램과 직접 기획한 예배를 드리도록 하여 참여하는 예배가 되도록 노력해야 하는 것이다.

또한 성경공부도 교회에서 환경적인 지원도 있어야 하겠지만 소그룹별 대화법을 이용한 인격적 만남의 교육을 기본으로 하였다. 성경공부와 함께 교회에서 청소년들에게 강조되고 있는 교제를 통해 교육하고자 하였다. 한 개인이 집단의 구성원에게 수용되고 가치를 인정받는 것을 목표를 하고 친교를 통해 하나님의 사랑을 확인하며 모임과 또래들 간에 관계에서 능동적인 관계를 이룰 수 있도록 하는 방안이다.

마지막으로 또래들을 활용한 전도체험을 말했는데 이는 소그룹을 통한 활동의 장점이 각자의 체험한 삶을 나누며 소그룹 구성원 간에 하나 됨의 친교를 갖게 하여 교회 밖에서 그리스도인으로 봉사하는 모습이라는 것이다. 청소년들의 하나님에 대한 사랑을 실천하는 한 모습으로 전도를 하게 하여 자기중심적 삶에서 이웃에 대한 관심과 세상에 대한 관심을 갖게 하는 교회교육방법을 찾아본 것이다.

청소년은 사회의 일원으로 아직 부족한 면을 갖고 있는 상태인데 정체성 형성을 위한 또래집단을 활용한 소그룹단위의 교육방법을 근거로 하여 청소년들이 참여한 예배와 성서공부, 교제와 체험현장으로 전도를 교육방법으로 제시하여 하나님의 형상을 회복하고 하나의 인격적 개체로서 또한 사회의 일원으로 교회의 다음세대의 일꾼으로 형성될 것이다.

Part 5에서는 최근 통계자료를 가지고 우리나라 출산율 저하 현상과 인구감소현상을 알 수 있었다. 이런 인구학적인 현상이 교회학교 학생 수의 감소로 나타나는 교회의 위기에 대해서 교회공동체는 어떤 방안을 마련해야 하는가에 대해서도 살펴보았다. 교회학교의 위기는 교회공동체의 붕괴로 이어질 위험이 있음을 기억해야 한다. 시대적 변화에 대해서 교회공동체 전체가 열린 자세로 다음세대를 살리기 위해서 협력해야 하는 과제를 또한 인식해야 한다. 교회교육의 위기를 극복하기 위해서는 좋은 교사가 필요하다. 매년 임명된 교사를 대상으로 교사수련회를 실시함으로 준비된 교사를 투입해야 한다.

사회변화 속의 교회교육진단과 함께 청소년 문화와 영성을 함께 살펴봄으로써 청소년 교육의 변화를 모색해 보았다. 청소년 문화의 특징을 짚어보면서 교사와 청소년 영성문제를 진단해 보았다. 또한 급변하고 있는 4차 산업혁명시대를 살아가면서 교회교육은 무엇을 준비해야 하는지도 함께 생각해 보았다.

앞에서 살펴본 이러한 교육모델들이 현실적으로 요청되어지고 받아들여야 하는 교육방법이지만 교육현실과 연관시켜 생각해 볼 때 몇 가지 극복되어야 하고 보완되어야 할 제한성이 있다. 우선 교육의 틀을 계획하는 지도자가 교육모델에 대한 충분한 이해가 있어야 하겠고, 한국교회에서 지나치게 교육 부서를 담당하는 지도자가 자주 바뀌게 되어 교육의 틀을 수정하는 일이 없어야 하겠다. 또한 해석학적 청소년을 이해하는 지식을 가진 교사가 준비되어 학생들을 대화나 토론에 적극 참여하게 하며 장년부 위주로 모임에 참여하는 일이 없어야 한다.

지속적인 교사교육과 청소년들의 삶의 현장에서 경험하는 다양한 양식들을 성서적 입장에서 오늘날 우리에게 주어지는 말씀으로 재해석하고, 비판, 성찰하여 교육과정이 수립되어 가야한다. 신앙함과 행함이 동시적으로 함께 있어야 함에도 불구하고 현실적인 형태는 그렇게 보여주고 있지 않다. 많은 그리스도인들이 많은 것을 알고 있지만 많은 것에서 힘을 잃고 있다. 특히 기독교교육이 장년들 위주로 계획되어 있다. 청소년들이 기독교교육을 외면함에도 불구하고 새로운 해석이 되지 않고 있다. 신앙은 행함 속에 있다고 한다면, 전통적인 가르침으로는 이러한 교육을 완전하게 할 수 없는 다원화 사회가 되었다. 몫을 나누어 실천할 수 있는 기독교교육이 됨으로 이론과 실제가 상호작용을 할 수 있는 교육이 이루어지리라 기대한다.

이 책에서 제시한 해석학적 관점에서 본 청소년교육모델과 소그룹 교육모델로 교회교육에 작은 빛을 찾을 수 있길 바란다. 그리고 청소년 문화에 대한 보다 포괄적인 이해를 통해서 청소년 영성을 위한 대안을 찾을 수 있기를 바란다. 급변하는 사회변화를 마주하면서 교회교육은 더 늦어지기 전에 대안을 마련해야 할 것이다. 그리하여 교회교육을 통해서 기독교의 근본정신인 하나님의 형상을 회복하여 하나님의 나라를 소망할 수 있을 것이라 생각된다.

참/고/문/헌

국내서적

강신덕, "해석적 접근에 의한 기독교 교육 패러다임에 관한 연구," 서울신학대학원, 1995.
강희천, 『기독교 교육의 비평적 성찰』 서울: 대한기독교서회, 1999.
_____, 『기독교교육사상』 서울: 연세대학출판부, 1991.
_____, "경험신학과 기독교 교육과정," 『신학 논단』 제 27 집.
고용수, "기독교 교육의 새 패러다임," 제 1 회 기독교 교육 공개 세미나, 2000.
고원석, "H. G. Gadamer의 역사해석학과 그룹의 해석학적 기독교 교육론 연구," 연세대 연합 신학대학원, 1996.
고웅규, "기독교 고등학교 종교교육에 관한 조사연구," 경북대학교 교육대학원 석사학위논문, 1996.
권용근, "기독교교육과 커뮤니케이션," 신학과 목회 제 Ⅶ 집, 영남신학교, 1993.
권용근, "교회 청소년 지도와 상담," 영남신학대학교 학생생활연구소. 2000.
권이종, 『청소년 교육』 서울: 한국방송통신대학교, 1992.
김균영, 경기도교육청 청소년방송 미디어경청, 2018년1월2일
김만형, 『SS혁신 보고서』 서울: 규장 문화사, 1998.
김성중, "청소년 감소현상과 교회교육의 대처방안," 목회와 신학 2017년 7월호.
김영수, "미디어 리터러시 교육," 교육학 연구 제 3권 제 1호, 1987.
김진숙, "학급내 인기아와 피배척아의 자아개념과 학업 성취도에 관한 일 연구," 서울: 연세대학교 교육대학원 석사학위논문, 1983.
김청봉, "성서교수-학습의 해석학적 패러다임: 월터 윙크(Walter Wink)의 변증법적 해석학을 중심으로," 한신대 신학대학원, 1992.
김치성, "기독교 교육의 해석학적인 접근에 대한 연구: 몰트만의 십자가신학을 근거삼아," 장로회 신학대학 대학원, 1991.
김소영, 『현대예배학개론』 서울: 한국장로교출판사, 1999.
김종서, 황종건, 『학교와 지역 사회』 서울: 익문사, 1973,
김재권. 『효과적인 성서교수법』 서울: 박영사, 1998.
김형국, "교회학교 교육에 있어서 교수매체 활용에 관한 연구," 대구대학교 교육대학원 석사

　　　　학위논문, 1994.
김형모, 『10대를 이렇게 도우세요』 서울: 말씀사, 1991.
김태련, 장휘숙, 『발달 심리학』 서울: 쪽지출판, 1991.
김화선, "기독교 교육에 있어서 해석학적 접근의 의의와 그 적용: Mary E. Moore의 교육이론에 기초하여," 장로회신학대 대학원, 1991.
김희자, "프로부모를 육성하는 교회와 가정의 연대," 목회와 신학, 2017년 7월호.
맹명관, 『메시지 전달 혁명』 서울: 규장 출판사, 1999.
문현상, 전정태 『신교육 사회학』 서울: 법문사, 1995.
박봉수, "기독교 교육의 해석학적 접근에 있어서 새로운 모델 설정을 위한 연구," 1988.
박신경, "Piaget의 인지발달 이론에 관한 새로운 논의들: 취학전 아동의 이해를 중심으로," 신학과 목회 제 V 집, 영남신학교, 1991.
박신경, "도덕적 발달에 있어서 역할 취하기: 콜버그의 인지적·발달심리학적 이론," 신학과 목회 제 IV 집, 영남신학교, 1990.
박용헌, 최정숙, 『교육사회학』 서울: 한국방송통신대학교, 1994
박정애, "해석학적 청년 교육 방법에 대한 일 연구," 이화여대 교육 대학원, 1995.
박향숙, "한국교회 후기 청소년의 기독교적 앎을 위한 교육방법에 관한 연구: 해석학적 접근을 중심으로," 서울 신학대 대학원, 1999.
서용선, "아동의 자아개념과 동료간 인기도 및 학업성취의 상관관계," 서울: 연세대학교 교육대학원 석사학위논문, 1980.
손원영, 『기독교교육과 프락시스』 서울: 한국장로교출판사, 2001.
손원영, 『프락시스와 기독교 교육과정』 서울: 대한기독교서회, 2001.
손종국, "교회와 청소년," 서울: 청소년교육선교회, 2000년 3.4.7.8월호
송병순, 차경수, 『학교와 지역사회』 서울 : 학문사, 1979.
양금희, "교육학에 있어서의 해석학의 위치," 연세대학교 대학원, 1985.
여광응 외 3인, 『교육 심리학』 서울: 양서원, 1995.
양주승, "2018 성만교회 '꿈을 먹고 살지요'," 부천타임즈, 2018년 5월 8일.
윤정륜, 『학교교육심리학』 서울: 형설출판사, 2002.
은준관, 『실천적 교회론』 서울: 대한기독교서회, 1999.
은준관, 『교육신학』 서울: 대한기독교서회, 1990.
오세훈, "Paul Ricoeur의 해석학과 새로운 신학적 전망," 감리교 신학대학 신학대학원, 1992.

오인탁, 은준관, 정웅섭, 고용수, 김재은 외 9인, 『기독교교육론』 서울: 대한기독교교육협회, 1985.

오인탁 외, 『기독교교육사』 서울: 도서출판 교육목회, 1992.

유혜경, 『여가 교육에 관한 일 연구』 서울: 고려대학원, 1980.

윤태림, 『청년 심리학』 서울 : 법문사, 1981.

이강원, 손호웅, 『지형 공간정보체계 용어사전』 구미서관, 2016.

이동환, "교사의 헌신과 교회의 지지가 다음 세대를 살린다," 목회와 신학, 2017년 7월호.

이연길, 『소그룹 성경의 이론과 방법』 서울: 대한예수교장로회출판국, 1991.

이성언. 정원식, 『교육과 심리』 서울: 한국방송통신대학교, 1993.

이성희, 『밀레니엄 조직 리포트』 서울: 규장, 1999.

이원일, "기독교교육과정론 이해," 영남신학대학교, 2000.

이현숙, "기독교 고등학교 종교수업에 관한 연구: Thomas H. Groome의 해석학적 교육모형을 중심으로," 이화여대 교육대학원, 1993.

임형수, "H. G. Gadamer의 역사해석학에 대한 기독교교육적 접근," 연세대 교육대학원, 1999.

정신철, "그리스도교 신앙교육 방법론에 관한 연구: Thomas H. Groome의 교육 이론을 중심으로," 수원 카톨릭대학교 대학원, 1993.

정웅섭, 『기독교 교육 개론』 서울: 대한 기독교 교육 협회, 1976.

차학주, "신앙 교육을 위한 해석학적 접근에 관한 연구," 서울신학대 대학원, 1989.

최윤식, 『2020·2040한국교회 미래지도』 서울: 생명의 말씀사, 2013.

최정웅, 『교육사회학』 서울: 형설출판사, 1987.

한완상, 『현대사회와 청년문화』 서울 : 법문사, 1974.

허숙·유혜령 편, 『교육현상학과 재 개념화 : 현상학 해석학 탈 현대주의적 이해』 서울: 교육과학사, 1997.

현수철, "부모와 소통하며 변화를 이끄는 교육목회," 목회와 신학, 2017년 7월호.

황종건, 『교육사회학』 서울: 형설출판사, 1975.

국립중앙과학관, http://www.science.go.cr
문화선교연구원, http://www.cricum.org/931, 2018년 7월 18일
십대사역 세우기, 도서출판 예수전도단.
주간시사매거진, 네이버포스트, 2018년 2월 28일.

외국서적

- A. J. Schwartz, 『교육사회학』 이해성 역, 서울: 문음사, 1985.
- Alfons Auered, Konturen Heutiger Theologie, 『현대신학의 동향』 서인석외 공역, 경북: 분도출판사, 1984.
- Burgess, H. W., An Invitation To Religious Education, 『기독교교육론』 오태용 역, 서울: 정경사, 1987.
- D. Campbell Wyckoff, 『기독교교육과정의 이론과 실제』 김국환 역, 서울: 성광문화사, 1990.
- Ebelling, G., Das Wessen Des Christichen Glaubens, 『신앙의 본질』 허혁 역, 서울: 대한기독교출판사, 1974.
- Fowler, J. W., Stages in Faith, 『신앙의 단계들』 이재은 역, 서울: 대한기독교출판사, 1986.
- Groome, Thomas H., Christian Religious Education, 『기독교적 종교교육』 이기문 역, 서울: 대한예수교장로회총회교육부, 1983.
- Habermas, Jürgen, Knowledge and Human Interests, 『이론과 실천』 홍윤기, 이정원 공역, 서울: 종로사, 1986.
- _____, Technik und Wissenshaft ais Ideologie, 『사회과학과 논리』 임성수 역, 서울: 문예출판사, 1986.
- Heidegger, M., Sein und Zeit, 『존재와 시간』 전영범 역, 서울: 시간과 공간사, 1992.
- Iris V. Cully, 『아동 성장과 기독교교육』 권명달 역, 서울: 보이스사, 1988.
- Jack D. Eggar, 『청소년 제자훈련원리』 윤석근 역, 서울: 생명의 말씀사, 1979.
- J. J. Von Allmen, 『예배학 원론』 정용섭 외 (서울: 대한기독교출판), 1991.
- Kennneth O. Ganhel, Howard G. Hendricks 외, 『참된 기독교 교육자를 만드는 교수법』 유명복. 홍미경역, 서울: 파이디온 선교회, 1994.
- Lewis Joseph Sherrill, 『만남의 기독교교육』 김재은. 장기옥 역, 서울: 대한기독교출판사, 1990.
- Moltman, J., Der qekleuzigt Gott, 『십자가에 달리신 하나님』 김균진 역, 서울: 한국신학연구소, 1979.
- Nelson, C. Ellis, Where Faith Begins, 『신앙교육의 터전』 박원호 역, 서울: 한국장로교출판사, 1996.
- Paul H. Vieth, 『기독교 교육과 예배』 김소영 역, 서울: 한국장로교출판, 1991.

- Richards, Lawrence O., Creative Bible Teaching, 『창조적인 성서교수법』권혁봉 역, 서울: 생명의 말씀사, 1972.
- _____, A Theology of Christian Education, 『교육신학 실제』 문창수 역, 서울: 정경사, 1980.
- Richard Foster, 『영적훈련과 성장』생명의 말씀사, 2009.
- Rogers, Carl R., Freedom to Learn, 『학습의 자유: 인간 중심교육』연문희 역, 서울: 문음사, 1996.
- Stenburg, R. J., The Psychology of Human Thougt, 『인간사고의 심리학』 이영애 역, 서울: 교문사, 1992.
- Song, Choan Seng, Tell Us Names : Story Theology from an Asian Perspective, 『아시아 이야기 신학』 이덕주 역, 경북: 분도출판사, 1988.
- Wayne Cordeiro, 『꿈을 키워주는 사람』김인화 역, 서울: 도서출판 예수전도단, 2007.
- Webber. Robert. E, 『예배학』김지찬 역, 서울: 생명의 말씀사, 1988.
- Westerhoff, III, John H., Will our children have faith?, 『교회의 신앙교육』 정응섭 역, 서울: 대한기독교교육협회, 1983.
- Zuck Roy, 『교회와 청소년교육』 박영호 역, 서울: 기독교문서선교회, 1991.
- Zuck Roy, Warren S. Benson, 『교회 청소년 교육의 이론과 실제』 천장웅 역, 서울: 말씀의 집, 1990.

- Adolescent Behavior and Society(N. Y.: Random House) Dexter C. Dunphy, Peer Group Socialization, in Rolf E. Muss, 1980.
- Boys, Mary C., Education For Citezenship And Discipleship, The Pilgrim Press, 1989.
- _____, Education In Faith: Maps and Visions, Harper & Row, Publishers, 1989.
- Burgess, Harold W., An Invitation To Religious Education. Religious Education Press, 1975.
- Clarke's Commentary(six vols. ; New York : T. Mason and G. Lane, 1837).
- Dewey, John, Experience and Education, New York: The Macmillan Company, 1938.
- Erikson, Erik H., Childhood and Society, Penguin Book, 1965.
- Findley B. Edge, 『Teaching for Results』 Broadman Press, Nashville. 1956.
- Freire, Paulo, Cultural Action for Freedom, Harvard University Press, Mass. 1970.
- Freud, Sigmund, The Standard Adition Of The Complete Psychologica Works Of Sigmund

- Freud, London: Hogarth, 1953.
- Groome, Thomas H., Christian Religious Education: Sharing Our Story and Vision, Harper & Low, 1980.
- _____ , Shared Christian Praxis, Lumen Vitae, vol. 3, 1976.
- _____ , Sharing Faith: A Comprehensive Approach to Religious Education and Pastoral
- Ministry-The way of Shared Praxis, Harper San Francisco, 1991.
- Hare, Padraic O", Transformation and Tradition in Religious Education, Religious Education Press, 1979.
- Harlold Best, Music Offerings of Creativity, Christianity Today (May6, 1977).
- James Blair Miller, Teaching Resources for Christian Learning, Marvin J. Taylor(ed.), An Introduction to Christian Edecation (Nashville: Abingdon, 1980).
- Lee, James Michel, The Flow of Religious Instruction: A Social Science Approach. Birmingham, Ala: Religious Education Press, 1973.
- _____, Forging a Better Religious Education in the Third Millennium, Religious Education Press, 2000.
- Moore, Mary E., Education For Continuity & Change: A New Model For Christian Religious Education, Abindon Press, 1983.
- Oletta Wald, The Joy of Discovery(Minneapolis : Bible Banner Press, 1956).
- Paul H Vieth, The Church and Christian Education, (St Louis: The Bethany Press), 1947.
- Paul Orjala, Secularism and Church Music, Nazarene Theological Seminary, (January 27-28, 1977).
- Piaget, J. & Inhelder B., The Child's Conception of Space, London: Routledge and Kegan Paul, 1956.
- R.A. Schmuck and P.A Schmuck, Group Processes in the Classroom, Dubue, Iowa: Wmc. Brown, 1971.
- Robert Rained, New Life in the Church, (New York: Harper & Row, 1961).
- Roy B. Zuck, The Holy Spirit in Your Teaching, (Wheaton. III: Scripture Press Publications. Inc., 1963).
- Roy B. Zuck and Warren S. Benson, Youth Education in the Church, The Moody Bible Institute of Chicaco, 1978.

- Roberta Hestenes, Using the Bible in Groups, The Westminster Press, Philadelphia, 1983.
- Robert S. Cathcart and Larry A. Samovar, Small Group Communication (Dubuque: Wn. C. Brown Company Publishers, 1975).
- Saymour, Jack L. & Donald E. Miller, Contemporary Approaches Christian Education, Abingdon Press, 1982.
- Snowman, Jack & Robert Biehler, Psychology Applied to Teaching, Houghton Mifflin, 2002.
- Ted W. Engstrom. All Out for Youth, Moody Monthy, LV II : 25(July, 1951).
- Wayne R. Rood, The Art of Teaching Christianity(Nashville & New York: Abingbon press, 1968).

초판 1쇄 _ 2018년 8월 27일
지은이 _ 장봉림
펴낸이 _ 김현태
디자인 _ 디자인 창 (디자이너 장창호)
펴낸곳 _ 따스한 이야기
등록 _ No. 305-2011-000035
전화 _ 070-8699-8765
팩스 _ 02- 6020-8765
이메일 _ jhyuntae512@hanmail.net

따스한 이야기 페이스북
https://www.facebook.com/touchingstorypublisher

따스한 이야기는 출판을 원하는 분들의 좋은 원고를 기다리고 있습니다.

가격 13,000원